Christoph Wulf

Theorien und Konzepte der Erziehungswissenschaft

Juventa Verlag München

MEINEN ELTERN

CIP-Kurztitelaufnahme der Deutschen Bibliothek

Wulf, Christoph
Theorien und Konzepte der Erziehungswissenschaft.
— 3. Aufl. — München: Juventa Verlag, 1983.
(Juventa-Paperback)
ISBN 3-7799-0539-6

ISBN 3-7799-0539-6

3. Auflage 1983
1977 © Juventa Verlag München
Printed in Germany
Druck: Brönner & Daentler KG, Eichstätt

Inhalt

1. Kapitel
Einleitung: Die Frage nach dem gegenwärtigen Standort
der Erziehungswissenschaft 9

2. Kapitel
Die geisteswissenschaftliche Pädagogik 15

Einführung 15
Die Geschichtlichkeit der Erziehung und der Erziehungs-
wissenschaft 19
Die Bedeutung der Hermeneutik für die Erziehungswis-
senschaft 27
Der Anspruch der Erziehung und der Erziehungswissen-
schaft auf relative Autonomie 35
Das pädagogische Verhältnis 42
Das Theorie-Praxis-Verhältnis in der Erziehung . . . 47
Zusammenfassende und weiterführende Thesen 56

3. Kapitel
Empirische Erziehungswissenschaft 60

Einführung 60
Der empirische Ansatz in der Erziehungswissenschaft:
historische Perspektiven 65
  Die experimentelle Pädagogik Lays und Meumanns, S. 66 —
  Die pädagogische Tatsachenforschung Else und Peter Peter-
  sens, S. 70 — Die deskriptive Pädagogik Aloys Fischers und
  Rudolf Lochners, S. 74 — Die »realistische Wendung« in der
  Erziehungswissenschaft (Heinrich Roth), S. 77
Der Kritische Rationalismus in der Erziehungswissenschaft
(Brezinka) 80
  Erziehungswissenschaft, S. 82 — Philosophie der Erziehung,
  S. 88 — Praktische Pädagogik, S. 92 — Zur Kritik, S. 94
Das Wissenschaftsprogramm des Kritischen Rationalismus   97
  Definition und Explikation von Begriffen, S. 98 — Opera-
  tionalisierung von Begriffen, S. 101 — Wissenschaftliche
  Aussagen, S. 102 — Theorien, Hypothesen und ihre Über-
  prüfung, S. 105 — Technologie als Anwendungsfeld von
  Theorien, S. 112 — Werturteil, Wertbasis und Wertungen,
  S. 114 — Neuere Entwicklungen im Kritischen Rationalis-
  mus, S. 116
Empirische Forschung mit emanzipatorischen Zielsetzungen   120
Zusammenfassende und weiterführende Thesen 129

4. Kapitel

Kritische Erziehungswissenschaft 137

Einführung 137

Die Kritische Theorie: historische Perspektiven 140
Traditionelle und Kritische Theorie (Horkheimer), S. 141
— Dialektik der Aufklärung (Horkheimer/Adorno), S. 144
— Negative Dialektik (Adorno), S. 146 — Der eindimensionale Mensch (Marcuse), S. 149 — Erkenntnis und Interesse (Habermas), S. 152

Zentrale Begriffe der Kritischen Theorie 157
Aufklärung, S. 157 — Emanzipation, S. 162 — Verdinglichung, S. 166 — Kritik, S. 168 — Gesellschaft, S. 173 —
Kommunikation — Diskurs, S. 179 — Theorie-Praxis-Verhältnis, S. 182

Kritische Theorie der Erziehung 190
Ansätze kritischer Erziehungstheorie, S. 195 — Ansätze kritischer Bildungstheorie, S. 198 — Theorien zum Erziehungsprozeß, S. 199

Zusammenfassende und weiterführende Thesen 203

5. Kapitel

Perspektiven für eine handlungsorientierte Erziehungswissenschaft 208

Einführung 208

Aspekte des Theorie-Praxis-Verhältnisses im Rahmen
handlungsorientierter Erziehungswissenschaft 212

Methodologische Probleme handlungsorientierter Erziehungswissenschaft 214

Kommunikation und Kooperation zwischen Wissenschaftlern und Praktikern 225

Ausblick 231

Literatur 233

Vorbemerkung

Die erste Fassung dieses Buches bildete eine umfangreichere, nicht veröffentlichte Untersuchung, die während meiner Tätigkeit als wissenschaftlicher Mitarbeiter in der zunächst von Walther Schultze und dann von Wolfgang Mitter geleiteten Abteilung »Allgemeine und Vergleichende Erziehungswissenschaft« im Deutschen Institut für Internationale Pädagogische Forschung in Frankfurt entstand. Unter dem Titel »Erziehungswissenschaft zwischen Hermeneutik, Empirie und Kritik« wurde diese Arbeit im Sommersemester 1975 vom Fachbereich Erziehungswissenschaften der Philipps-Universität Marburg als Habilitationsschrift angenommen.

Für manche Anregungen, die in die vorliegende Arbeit eingegangen sind, möchte ich den Siegener, Marburger und Frankfurter Studenten meiner Seminare danken.

Besonderen Dank schulde ich Edith Schiller und Monika Vogel für das mühevolle Schreiben des Manuskripts.

Christoph Wulf

1. Kapitel
Einleitung: Die Frage nach dem gegenwärtigen Standort der Erziehungswissenschaft

Die vorliegende Arbeit unternimmt den Versuch, in den gegenwärtigen Diskussionsstand der Erziehungswissenschaft einzuführen. Sie will diesen Diskussionsstand überschaubar machen, indem sie wesentliche Positionen, die heute in der Erziehungswissenschaft vertreten werden, vorstellt und die allgemeinen theoretischen Hintergründe dieser Positionen ausweist. Indem sie die jeweils spezifischen Leistungen, aber auch die offenen Probleme und möglichen Defizite der einzelnen Positionen überprüft, will sie den Leser zu einer kritischen Einschätzung der unterschiedlichen Standorte befähigen.

Der Versuch einer solchen Bestandsaufnahme wendet sich vor allem an zwei Adressatengruppen. Zu diesen gehören einmal die Studierenden im Bereich der Pädagogik. Für diese kann es durchaus sinnvoll sein, sich zur Einführung in die Erziehungswissenschaft zunächst mit einer bestimmten Position, einem spezifischen theoretischen Ansatz zu befassen. Die kritische Einschätzung einer bestimmten Position erfordert jedoch auch eine Orientierung über die vorhandenen kontroversen Ansätze und Theorien, für die diese Arbeit eine Grundlage liefern will. Die zweite Adressatengruppe sind die Praktiker, also die Lehrer und die Erzieher in den verschiedenen schulischen und außerschulischen Institutionen. Die vorliegende Arbeit könnte Lehrer und Erzieher dazu anregen, sich die theoretischen Konzepte, die sie in ihrem erzieherischen Handeln steuern, bewußt zu machen und sie auf ihre Gültigkeit und ihre Grenzen zu überprüfen. Eine solche Überprüfung erfordert eine Auseinandersetzung mit der gegenwärtigen wissenschaftlichen Diskussion, in der viele neue, für das Verständnis der Erziehungspraxis wichtige Gesichtspunkte entstanden sind.

Vielleicht ist der gegenwärtige Zeitpunkt für den Versuch einer solchen Ortsbestimmung der Erziehungswissenschaft besonders geeignet. Das früher relativ geschlossene System der pädagogischen Theorie wurde in den letzten Jahrzehnten von verschiedenen Ansätzen aus in Frage gestellt. Dabei schien sich zunächst eine eindeutige Wendung abzuzeichnen, in deren Verlauf eine geradlinige Ablösung traditioneller Positionen durch verschiedene Neuorientierungen erfolgte. Aber dabei ist es nicht geblieben. Die Erziehungswissenschaft setzte sich zunehmend mit den Kontroversen unterschiedlicher, nicht nur auf die Erziehungswissenschaft bezogener theoretischer Positionen auseinander. Dabei verlor sie ihren monolithischen Charakter. Es entwickelten sich verschiedene Richtungen, die sich in immer schärferen Auseinandersetzungen voneinander abgrenzten. Je intensiver das Engagement bei diesen Auseinandersetzungen wurde, desto weniger blieb Platz für einen kritischen abwägenden Überblick über das Gesamtterrain. Nun sind zwar diese Kontroversen keineswegs ausgetragen — das wird sich auch in dieser Arbeit deutlich zeigen —, aber es hat ein gewisser Klärungsprozeß stattgefunden, der es nahelegt, eine Bestandsaufnahme zu versuchen. Ein wesentliches Ziel einer solchen Bestandsaufnahme ist es, die Stärken und Schwächen der jeweiligen Theorien und Konzepte herauszuarbeiten, die sich gerade in der Konfrontation der unterschiedlichen Positionen ergaben. Damit versteht sich die vorliegende Arbeit als eine Art »Zwischenbilanz«, mit deren Hilfe Problemstellungen herausgearbeitet werden sollen, die für die Weiterentwicklung der Erziehungswissenschaft wichtig sind.

Die Gliederung der Arbeit zeigt bereits an, daß es drei Richtungen sind, die das gegenwärtige Selbstverständnis der Erziehungswissenschaft vor allem bestimmen: die geisteswissenschaftliche Pädagogik, die empirische Erziehungswissenschaft und die kritische Erziehungswissenschaft. Jede dieser Richtungen hat ihre spezifischen Fragestellungen entwickelt, ist mit unterschiedlichen Methoden und Verfahren die Beantwortung dieser Fragen angegangen und hat auf ihre Weise den Bezug zur pädagogischen Praxis bestimmt. Schon eine kurze Skizze der zentralen Bezugspunkte dieser Richtungen kann dies verdeutlichen.

Im Rahmen der *geisteswissenschaftlichen Pädagogik* wurde die Geschichtlichkeit der Erziehung erkannt und ihre Bedeutung für das Verständnis der Erziehungspraxis herausgearbeitet. Zugleich entdeckte man die Wichtigkeit hermeneutischer Methoden für das Verständnis der Erziehungswirklichkeit und betonte die »relative Autonomie« der Erziehung und der Erziehungswissenschaft gegenüber den

»gesellschaftlichen Mächten«. Erziehung wurde vor allem nach dem Modell des »pädagogischen Bezugs« als ein Interaktionsprozeß zwischen einem Erwachsenen und einem jungen Menschen begriffen. Sich selbst verstand die geisteswissenschaftliche Pädagogik als Theorie der Erziehung für die Erziehung.

In Abgrenzung gegenüber der geisteswissenschaftlichen Pädagogik versuchte die *empirische Erziehungswissenschaft* die Bedeutung der Empirie für die Erziehungswissenschaft herauszuarbeiten. Nur mit Hilfe der Empirie erscheint eine Unterscheidung zwischen dem, was in den Erziehungsfeldern *ist*, und dem, was in ihnen sein *soll*, möglich. Eine solche Unterscheidung ist erforderlich, um erkennen zu können, wo die Unzulänglichkeiten der Erziehungspraxis liegen. Die Erkenntnis dieser Unzulänglichkeit ist die Voraussetzung für eine Verbesserung der untersuchten Praxis. Im Verlauf der Herausbildung empirischer Erziehungswissenschaft erfolgte eine allmähliche Entwicklung von einer Ausrichtung am positivistischen Wissenschaftsideal zu einer Orientierung an den Maßstäben des Kritischen Rationalismus, dessen Wissenschaftslehre für die meisten empirischen Untersuchungen gegenwärtig den Orientierungsrahmen bildet.

Die *kritische Erziehungswissenschaft* hat sich in Folge der Rezeption der Kritischen Theorie herausgebildet. In ihrem Rahmen wird der gesellschaftliche Charakter der Erziehung und der Erziehungswissenschaft betont. Erziehung und Erziehungswissenschaft sind den Zielen Kritischer Theorie verpflichtet. Ihnen geht es um den Beitrag, den der Bereich der Erziehung zur Aufklärung und Emanzipation des Menschen liefern kann. Eine Voraussetzung für die Verwirklichung emanzipatorischer Erziehungsprozesse ist die ideologiekritische Analyse der gesellschaftlichen Zusammenhänge, in denen Erziehung steht; im Verlauf einer solchen Analyse müssen die Abhängigkeiten aufgedeckt werden, von denen sich die jungen Menschen befreien können. Um derartige Erziehungsprozesse zu verwirklichen, bedarf es außerdem einer konstruktiven Anleitung durch eine kritische Theorie der Erziehung.

Aufgabe einer Standortbestimmung der gegenwärtigen Erziehungswissenschaft, wie sie mit dieser Arbeit versucht wird, ist es, diese hier kurz skizzierten Positionen im einzelnen zu entfalten und unter durchgängigen Fragestellungen darzustellen. Dabei zeigt bereits diese kurze Charakterisierung, daß es sich bei den erwähnten Positionen nicht nur um eindeutig auf die Erziehungswissenschaft beschränkte Konzepte handelt, sondern daß die verschiedenen Richtungen in umfassendere wissenschaftstheoretische Positionen eingebunden sind. Die Kontroversen zwischen der geisteswissenschaftlichen Pädagogik, der empirischen und der kritischen Erziehungswissenschaft entsprechen den Auseinandersetzungen zwischen der Hermeneutik, dem Kritischen Rationalismus und der Kritischen Theorie. Das bedeutet, daß eine Bestandsaufnahme der erziehungswissenschaftlichen Diskussion nicht möglich ist, ohne auch jeweils die umfasssenderen wissenschaftstheoretischen Positionen ins Blickfeld zu rücken, um dadurch die Bezugspunkte und Hintergründe der Kontroversen verständlich zu machen. Insofern beschränkt sich die vorliegende Arbeit nicht nur auf pädagogische Problemstellungen im engeren Sinne, sondern vermittelt auch jenes »Gerüst« sozialwissenschaftlicher Theorien, das zum Verständnis der gegenwärtigen Situation der Erziehungswissenschaft notwendig ist.

Der Aufweis der Zusammenhänge zwischen den einzelnen Richtungen der Erziehungswissenschaft und umfassenderen wissenschaftstheoretischen Positionen hat darüber hinaus folgende Funktion: Er macht deutlich, daß die Unterscheidung zwischen den hier vorgestellten Positionen kein mehr oder minder formales Gliederungssystem ist, sondern daß die Unterscheidung aufgrund von Kriterien erfolgt, wie sie in dem von Kuhn entwickelten Begriff des Paradigmas enthalten sind. Kuhn versteht unter einem Paradigma die Gesamtheit der Elemente, die »den Mitgliedern einer wissenschaftlichen Gemeinschaft gemein ist« (Kuhn 1972, S. 288). Dazu gehört die Einheit des Wissenschafts-, Gesellschafts- und Weltverständnisses, aber auch die Übereinstimmung in den Normen, den Inhalten von methodologischen Konzepten sowie in den Verfahren und Instrumenten wissenschaftlicher Arbeit. Mit Hilfe des Paradigma-Begriffs lassen sich die wichtigsten wissenschaftlichen Bezugs- und Regelsysteme in ihrer Widersprüchlichkeit herausarbeiten und verdeutlichen. Insofern bietet der Paradigma-Begriff auch einen wichtigen Ansatz für den dieser Arbeit zugrundeliegenden Versuch, das jeweilige Koordinationssystem der verschiedenen erziehungswissenschaftlichen Richtungen zu vermitteln. In dieser Hinsicht hat der Begriff des Paradigmas einen bedeutenden heuristischen Wert. Man kann aber von ihm keine Erklärung dafür erwarten, wie es zum »Übergang« von einer wissenschaftlichen Richtung zu einer anderen kommt und welche gesellschaftlichen Entwicklungen einem solchen »Übergang« zugrundeliegen. Auch liefert er keine Kriterien für eine Entscheidung zwischen »richtigen« und »falschen« Theorien.

An welchen Maßstäben soll sich nun aber eine kritische Bestandsaufnahme der verschiedenen Theorien und Konzepte der Erziehungswissenschaft orientieren? Wie gewinnt man die kritische Distanz zu den jeweils vertretenen Positionen? Ein erster Ansatz dazu ergibt sich aus der jeweils immanenten Kritik innerhalb eines Paradigmas. Die einzelnen Richtungen, wie sie hier vorgestellt werden, sind keine geschlossenen Lehrmeinungen, sondern Ergebnisse von Denkprozessen, die keineswegs geradlinig verlaufen. So ergeben sich bereits aus der Diskussion innerhalb der einzelnen Richtungen Ansatzpunkte für kritische Rückfragen. Zum zweiten aber haben gerade die Kontroversen zwischen den verschiedenen Positionen dazu geführt, jeweils die Bruchstellen oder auch die Leerstellen der einzelnen Konzepte auszuweisen. Ein dritter Gesichtspunkt für eine kritische Beurteilung der verschiedenen Wissenschaftsrichtungen besteht schließlich in der Frage, welches Verständnis des Theorie-Praxis-Verhältnisses jeweils vorliegt und welcher Beitrag zu einer kritischen Anleitung der Erziehungspraxis in den verschiedenen Paradigmen geleistet wird. Eine Untersuchung dieser Fragen zielt darauf hin, aus der Analyse der verschiedenen Wissenschaftsrichtungen Perspektiven für eine kritische handlungsorientierte Erziehungswissenschaft zu gewinnen. Diese Perspektiven gilt es zu systematisieren, zu ergänzen und daraufhin zu untersuchen, welchen Beitrag sie zur Entwicklung der Erziehungswissenschaft als *Wissenschaft von der Erziehung und für die Erziehung* leisten können (vgl. Kap. 5).

Ein solches Verständnis der Erziehungswissenschaft ist erforderlich, da das erzieherische Alltagsbewußtsein nicht mehr ausreicht, das erzieherische Handeln angemessen zu lenken. Zu komplex sind die gesellschaftlichen und institutionellen Zusammenhänge, in denen die Erziehung steht und die unmittelbar auf den Erziehungsprozeß einwirken. Erst wenn diese Bedingungen mit Hilfe der Erziehungswissenschaft dem Studierenden, der sich auf ein erzieherisches Praxisfeld vorbereitet, und dem bereits in einem Erziehungsfeld tätigen Lehrer oder Erzieher durchschaubar werden und wenn diese Erkenntnisse durch eine Anleitung bzw. Supervision in den Praxiszusammenhängen ergänzt werden, kann eine kritische und zugleich konstruktive Orientierung erzieherischen Handelns verwirklicht werden. Für diese Erweiterung und Ergänzung des erzieherischen Alltagsbewußtseins kann die Auseinandersetzung mit den zentralen Theorien und Konzepten der Erziehungswissenschaft einen wesentlichen Beitrag leisten.

2. Kapitel
Die geisteswissenschaftliche Pädagogik

Einführung

Auf Schleiermacher (1768—1834) zurückreichend und in ihren Anfängen nachhaltig von Dilthey (1833—1911) beeinflußt, breitete sich die geisteswissenschaftliche Pädagogik seit den zwanziger Jahren in Deutschland immer mehr aus. Bis 1933 setzte sie sich an den deutschen Universitäten und pädagogischen Hochschulen als die Wissenschaftsrichtung durch, die fast ausschließlich das Wissenschaftsverständnis der Pädagogik dieser Jahre bestimmte. Zu ihren führenden Vertretern gehörten schon damals Herman Nohl (1879—1960), Theodor Litt (1880—1962), Eduard Spranger (1882—1963), Wilhelm Flitner (geb. 1889) und Erich Weniger (1894—1961). Auch nach dem Zusammenbruch des Nationalsozialismus bestimmten sie und ihre Schüler die Entwicklung der Pädagogik bis in die sechziger Jahre hinein. Damit war die Kontinuität zwischen dem »Neuanfang nach 1945 und der Zeit vor 1933« (Klafki 1971) augenfällig. Sie wurde auch von ihren Schülern aufrechterhalten, zu denen unter anderen Otto Friedrich Bollnow (geb. 1903), Fritz Blättner (geb. 1891), Elisabeth Blochmann (1892—1972), Georg Geissler (geb. 1902), Hans Wenke (1903—1971) gehörten und die in der Folgezeit die Entwicklung der Pädagogik stark beeinflußten. Dabei war es besonders die »Göttinger Schule« Nohls und Wenigers, aus der zahlreiche der führenden Vertreter der Erziehungswissenschaft (wie z. B. Wolfgang Klafki, Herwig Blankertz, Klaus Mollenhauer) hervorgegangen sind, deren Verständnis von Erziehungswissenschaft ohne die »Vorarbeiten« der geisteswissenschaftlichen Pädagogik kaum erfaßt werden kann.

Die geisteswissenschaftliche Pädagogik entstand unter dem Einfluß von Dilthey und insbesondere Nohl in den ersten Jahrzehnten dieses Jahrhunderts in deutlicher Abgrenzung gegenüber den traditionellen Entwürfen normativer Erziehungswissenschaft, deren gemeinsames Anliegen es war, die Ziele der Pädagogik aus Werten und Normen herzuleiten, die eine überzeitliche Gültigkeit beanspruchten (König 1975; Benner 1973). Insbesondere gegenüber Her-

bart (1776—1841) und den Herbartianern (unter anderen
Ziller, Rein, Stoy, Waitz) versuchte sich die geisteswissenschaftliche Pädagogik abzugrenzen. Wenn Pädagogik als
Teil der Geisteswissenschaften begriffen wird, darf nicht
länger davon ausgegangen werden, daß die Probleme der
Praxis schon dadurch zu lösen sind, daß aus ethischen
Normen Forderungen an die Praxis abgeleitet werden
und dann versucht wird, diese unmittelbar im erzieherischen Handeln zu verwirklichen. »Nur aus dem Ziel des
Lebens kann das der Erziehung abgeleitet werden, aber
dies Ziel des Lebens vermag die Ethik nicht allgemeingültig zu bestimmen« (Dilthey, Ges. Schriften VI, S. 57).
In dieser Forderung nach Begründung der Ziele der Erziehung, die Dilthey der traditionellen (normativen) Pädagogik entgegensetzte, wird eine Reihe der Charakteristika
sichtbar, die für die geisteswissenschaftliche Pädagogik konstitutiv sind. So ergibt sich aus der Herausstellung der
Vorrangigkeit des »Lebens« gegenüber der Ethik zugleich
auch die Vorrangigkeit der Erziehungspraxis gegenüber
ethischen Setzungen bzw. normativen Theorien. Für die
geisteswissenschaftliche Pädagogik ist diese Verhältnis-
bestimmung zwischen Theorie und Praxis im Sinne eines
Primats der Praxis vor der Theorie stets gültig geblieben.
Man ging davon aus, daß die Erziehungswirklichkeit bzw.
Erziehungspraxis immer schon allen theoretischen bzw.
wissenschaftlichen Erkenntnissen vorgegeben ist. Erziehungswissenschaft wurde demzufolge in erster Linie nicht
als eine theoretische, sondern als eine *praktische* Disziplin
begriffen. Als solche war sie eine »Theorie der Praxis für
die Praxis« (Klafki), die ihre Aufgaben von den Problemen der Praxis erhielt. Die Erziehungspraxis wurde als
Teil der gesellschaftlichen Praxis angesehen, als deren zentrales Merkmal ihre *Geschichtlichkeit* herausgestellt wurde.
Dieses Bewußtsein beinhaltete für die Erziehungswissenschaft den Verzicht auf den Anspruch, in gleicher Weise für
alle Zeiten und Völker Geltung zu erhalten, wie dies zum
Teil noch in der traditionellen Pädagogik vorausgesetzt
wurde. Somit konnte nun auch die Erziehungswissenschaft
nur noch eine historisch relativierte, situationsvariante
Gültigkeit beanspruchen.
Mit dem neuen Anspruch der Pädagogik, Theorie einer
historisch-gesellschaftlichen Praxis im Dienste dieser Praxis

zu sein, verband sich das Ziel, zur Verbesserung dieser Praxis beizutragen. Dies geschah in einer im Rahmen der Zeit durchaus kritischen Weise. Die Pädagogik begriff sich als Instanz, die darüber zu wachen hatte, daß von gesellschaftlichen Kräften wie Kirche, Wirtschaft und Staat keine ungerechtfertigten Ansprüche an die Erziehung der Kinder gestellt wurden. Daß die geisteswissenschaftliche Pädagogik ihrem eigenen Anspruch aus unserer Sicht nicht genügend gerecht geworden ist, lag zum Teil daran, daß sie sich noch nicht auf eine kritische Gesellschaftstheorie stützen konnte, die ihr die Kriterien hätte liefern können, zu entscheiden, welche Ansprüche ungerechtfertigt sind und welche anerkannt werden können.

In der Zuwendung zur Erziehungspraxis und im Bewußtsein ihrer Geschichtlichkeit entwickelt die geisteswissenschaftliche Pädagogik ein starkes Interesse an der Einmaligkeit und Besonderheit jeder erzieherischen Situation und der in ihr vorgefundenen Voraussetzungen pädagogischen Handelns. Dilthey sieht die Aufgabe der Pädagogik als Geisteswissenschaft darin, »das Singuläre, Individuale der geschichtlich-gesellschaftlichen Wirklichkeit zu erfassen, die in seiner Gleichförmigkeit wirksamen Gesetze zu erkennen, Ziele und Regeln seiner Fortgestaltung festzustellen« (Ges. Schriften I, S. 27). Demzufolge bemüht sich die geisteswissenschaftliche Pädagogik darum, die jeweils gegebenen individuellen Bedingungen — auf dem Hintergrund allgemeiner Strukturen — zu erkennen und aus ihrer Erforschung Hilfe für die Bewältigung der Erziehungspraxis zu gewinnen. In der Verwendung *hermeneutischer Verfahren,* die auf die Interpretation der jeweiligen Situation zielen, sieht sie die Möglichkeit gegeben, die Einmaligkeit und Individualität der gegebenen Bedingungen angemessen zu verstehen. Der dabei ablaufende Prozeß wird von Dilthey so beschrieben (Ges. Schriften V, S. 318 f.):

»Erst durch einen Vorgang der Nachbildung dessen, was so in einzelnen Zeichen in die Sinne fällt, ergänzen wir dies Innere. ... Wir nennen den Vorgang, in welchem wir aus Zeichen, die von außen sinnlich gegeben sind, ein großes Inneres erkennen: Verstehen.«

Dieser mit dem Begriff des Verstehens angesprochene Prozeß stellt das Bindeglied zwischen der Theorie der Erziehung und ihrer jeweiligen Erziehungspraxis dar.

Eine weitere Zielbestimmung der hermeneutisch ausgerichteten geisteswissenschaftlichen Pädagogik bestand darin, dem jungen Menschen zur Verwirklichung seines Rechts auf Erziehung zu helfen; um die Interessen des jungen Menschen auch gegen die »gesellschaftlichen Mächte« verteidigen zu können, wurde die Forderung nach der *relativen Autonomie* der Pädagogik erhoben; damit wurde eine Maxime aufgestellt, die bis in die Gegenwart herein ihre Bedeutung behalten hat.

Schließlich bemühte sich die geisteswissenschaftliche Pädagogik um die Entwicklung einer *Theorie des erzieherischen Prozesses,* des »pädagogischen Verhältnisses«. In diesem durch eine Reihe »unaufhebbarer« Merkmale bestimmten interpersonalen Verhältnis sah sie den Kern der Erziehung. In der Gestaltung dieses durchaus ungleichgewichtigen Verhältnisses zwischen einem jungen Menschen und einem Erwachsenen im Interesse der Selbstverwirklichung des jungen Menschen sah die geisteswissenschaftliche Pädagogik vor allem ihre Aufgabe. Hierin sollte die Erziehungswissenschaft den erziehenden Erwachsenen unterstützen; eine verstehende Analyse der erzieherischen Beziehung zwischen dem jungen Menschen und dem Erwachsenen sollte dafür die Voraussetzung bieten.

Der bislang hier gemachte Gebrauch vom Begriff »geisteswissenschaftliche Pädagogik« darf nicht darüber hinwegtäuschen, daß darunter viele, zum Teil durchaus divergierende Auffassungen subsumiert werden, die sich zudem noch im Laufe der annähernd fünfzigjährigen Wirkungsgeschichte dieser Wissenschaftsrichtung verändert haben. Die Berechtigung, dennoch von einer einheitlichen Wissenschaftsrichtung zu sprechen, leitet sich aus einer Reihe gemeinsamer Voraussetzungen ab, die ihren Ursprung in der Wissenschaftstheorie Diltheys haben. Bedenkt man die Bedeutung, die die geisteswissenschaftliche Pädagogik für die Erziehungswissenschaft heute hat, so ist es verwunderlich, daß es bislang keine systematische Darstellung dieser Wissenschaftsrichtung gibt (vgl. Uhle 1976; König 1975; Lassahn 1974; Benner 1973; Zenke 1972).

Im Verlauf dieses Kapitels wollen wir nunmehr einige der bis heute das Selbstverständnis der Erziehungswissenschaft bestimmenden Elemente dieser geisteswissenschaftlichen Theorie der Erziehung näher untersuchen. Dabei handelt es sich um die folgenden Charakteristika geisteswissenschaftlicher Pädagogik (vgl. Klafki 1971):

1. die *Geschichtlichkeit* der Erziehung und der Erziehungswissenschaft;
2. die zentrale Bedeutung der *Hermeneutik* für die Erziehungswissenschaft;
3. den Anspruch der Erziehung und der Erziehungswissenschaft auf *relative Autonomie*;
4. das *pädagogische Verhältnis*;
5. das für die Erziehungswissenschaft konstitutive *Verhältnis von Theorie und Praxis.*

Die Geschichtlichkeit der Erziehung und der Erziehungswissenschaft

Nachdem Herman Nohl (1949; 1949a), Max Frischeisen-Köhler (1962) und Georg Reichwein (1963) den Grundgedanken Diltheys von der Geschichtlichkeit der Geisteswissenschaften auf die Pädagogik übertragen und damit Diltheys eigene Bemühungen um die Pädagogik im Hinblick auf ihre Geschichte und die Grundlinien ihres Systems (Ges. Schriften IX) sowie im Hinblick auf die »Möglichkeit einer allgemeingültigen pädagogischen Wissenschaft« (Ges. Schriften VI) weitergeführt hatten, wurde für die geisteswissenschaftliche Pädagogik die Erkenntnis der Geschichtlichkeit der Erziehung eine zentrale Voraussetzung ihres Selbstverständnisses. Sie blieb es über die Arbeit von Spranger, Litt, Weniger und Flitner hinaus bis zu ihren Schülern und in die Gegenwart herein, in der sich von neuem eine Verstärkung der historischen Orientierung der Erziehungswissenschaft unter systematischem Aspekt und unter Einbeziehung der Sozialgeschichte und Sozialisationsgeschichte abzuzeichnen beginnt.

Die von Dilthey wiederholt herausgearbeitete Bedeutung der Geschichte und der historisch orientierten Geisteswissenschaft für das Selbstverständnis und die Bildung des Menschen zeigt sich in Äußerungen wie den folgenden:

»Der Mensch erkennt sich nur in der Geschichte, nie durch Introspektion. Im Grunde suchen wir ihn alle in der Geschichte. ... Die Bedeutung der Geisteswissenschaft und ihrer Theorie kann zunächst nur darin liegen, daß sie uns zu dem helfen, was wir in der Welt zu machen haben, was wir aus uns machen können, was wir mit der Welt anfangen können und diese mit uns« (Ges. Schriften V, S. 279 f.).

»Das *historische Bewußtsein* von der *Endlichkeit* jeder geschichtlichen Erscheinung, jedes menschlichen oder gesellschaftlichen Zustandes, von der Relativität jeder Art von Glauben ist der letzte Schritt zur Befreiung des Menschen. Mit ihm erreicht der Mensch die Souveränität, jedem Erlebnis seinen Gehalt abzugewinnen, sich ihm ganz hinzugeben, unbefangen, als wäre kein System von Philosophie oder Glauben, das Menschen binden könnte« (a.a.O., S. 290 f.).

Nur aus der Interpretation der Geschichte kann der Mensch zur Selbsterkenntnis kommen; nur durch die Einsicht in die Endlichkeit und Relativität jeder geschichtlichen Erscheinung kann er seine eigene Geschichtlichkeit erkennen; nur mit Hilfe der historisch orientierten, auf das Verstehen der Geschichte des Menschen gerichteten Geisteswissenschaften kann der Mensch eine Selbstdefinition erreichen, die ihm die Souveränität gibt, sich selbst zu bestimmen. Aufgrund dieser Bedeutung der Geschichte und der Geisteswissenschaften für die Selbsterkenntnis und die Handlungsfähigkeit des Menschen kommt ihnen auch eine entscheidende Funktion für die Bildung des Menschen zu, die in der geisteswissenschaftlichen Pädagogik eine zentrale Stellung gewinnt.

Dieser Gedanke von der Bildungsfunktion der Geschichte wird in Diltheys Abhandlung »Über die Möglichkeit einer allgemein-gültigen pädagogischen Wissenschaft« weiter präzisiert. So heißt es dort (Ges. Schriften VI, S. 57):

»Nur aus dem Ziel des Lebens kann das der Erziehung abgeleitet werden, aber dieses Ziel des Lebens vermag die Ethik nicht allgemeingültig zu bestimmen. Dies kann schon aus der Geschichte der Moral erkannt werden. Was der Mensch sei und was er wolle, erfährt er erst in der Entwicklung seines Wesens durch die Jahrtausende und nie bis zum letzten Worte, nie in allgemeingültigen Begriffen, sondern immer nur in den lebendigen Erfahrungen, welche aus der Tiefe seines ganzen Wesens entspringen. Dagegen hat sich jede inhaltliche Formel über den letzten Zweck des Menschenlebens als historisch bedingt erwiesen. Kein moralisches System hat bisher allgemeine Anerkennung erringen können.«

Sinn und Ziel der Erziehung kann nach Dilthey angemessen nur aus dem »Leben« und seiner Geschichte erkannt werden. Die Ethik und die Geschichte der Moral können dabei nur Teilerkenntnisse liefern. Für Dilthey ist eine zeitlose, ihre eigene Geschichtlichkeit nicht einbeziehende invariante Erkenntnis nicht möglich. Sinn und Ziel der Erziehung können immer nur geschichtlich, also bezogen auf eine bestimmte historisch-gesellschaftliche Situation bestimmt werden. Diese Einsicht in die »Unmöglichkeit der jahrhundertelang für nötig gehaltenen Letztbegründung, die Unmöglichkeit also der Beantwortung der klassischen Rechtfertigungsfrage« (Krausser 1968, S. 211), darf aber nicht so mißverstanden werden, als wollte Dilthey einem vollständigen Relativismus und Historismus das Wort reden. Diltheys Ziel dürfte vielmehr darin gelegen haben, eine Theorie der Wissenschaft einschließlich der Pädagogik zu entwickeln, »die sowohl einen absoluten Wertapriorismus als auch einen absoluten Relativismus und Dezisionismus zu vermeiden gestattet« (a.a.O., S. 214 f.).

Die von Dilthey in der Nachfolge Schleiermachers herausgearbeitete Erkenntnis der Geschichtlichkeit der Erziehung ist von allen Vertretern der geisteswissenschaftlichen Pädagogik übernommen, jedoch mit unterschiedlicher Konsequenz und nicht immer der gleichen Problemeinsicht vertreten worden (Krausser 1968; Herrmann 1971; Zöckler 1975). So heißt es bei Nohl (1949a, S. 119) in deutlicher Anlehnung an Dilthey dazu:

»Die Erziehungswirklichkeit in ihrer Doppelseitigkeit von pädagogischem Erlebnis und pädagogischen Objektivationen ist das phaenomenon bene fundatum (das gut begründete Phänomen, Ch. W.), von dem die wissenschaftliche Theorie auszugehen hat. Von hier aus ergibt sich die Bedeutung der Geschichte der Pädagogik: sie ist nicht eine Sammlung von pädagogischen Kuriositäten oder ein interessantes Bekanntmachen mit allerhand großen Pädagogen: sondern sie stellt die Kontinuität der pädagogischen Idee dar in ihrer Entfaltung. Was Erziehung eigentlich ist, verstehen wir, wenn wir nicht bei dem immerhin beschränkten persönlichen Erlebnis stehen bleiben wollen, nur aus solcher systematischen Analyse ihrer Geschichte.«

Für Nohl und die geisteswissenschaftliche Pädagogik umfaßt die Erkenntnis der Geschichtlichkeit der Erziehungswirklichkeit die Einsicht in die Historizität von Erziehungsprozessen, von Erziehungsinstitutionen sowie von erziehungswissenschaftlichen Konzepten, Methoden und Instrumenten.

Aus einer historischen Analyse der Erziehungswirklichkeit sollen sich nach Nohls Auffassung die *Strukturelemente der Erziehung* ergeben, die für die Gegenwart und die Zukunft relevant sind. Die historische Analyse der Erziehungswirklichkeit geschieht damit auf der Grundlage eines Interesses, das unmittelbar auf die *Gewinnung einer erzieherischen Handlungsfähigkeit* und damit auf die *Bewältigung der historisch entstandenen Erziehungspraxis* ausgerichtet ist. Allerdings bleibt bei Nohl noch die Frage weitgehend unbeantwortet, wie und inwieweit eine historische Analyse der Erziehungswirklichkeit in der Lage ist, die Relevanz der in der Erziehungswirklichkeit anzutreffenden Ziele, Formen und Prozesse der Erziehung für das praktische erzieherische Handeln zu erfassen und zu beurteilen.

Darüber hinaus muß kritisch gefragt werden, ob bei Nohl die Einsicht in die Geschichtlichkeit der Erziehung und der Erziehungswissenschaft konsequent genug durchgehalten wird. So deutet z. B. die Bezugnahme auf die »Kontinuität der pädagogischen Idee«, die sich aus der historischen Analyse für die Pädagogik ergeben soll, den Rückgriff auf eine »überhistorische« ontologische Größe an, die als invariante gesetzt wird, anstatt selbst in den Prozeß der Geschichte einbezogen zu sein. Dieser Verdacht auf eine nicht konsequent durchgehaltene Auffassung von der Geschichtlichkeit der Erziehung bei Nohl verstärkt sich bei Formulierungen, die an platonische Vorstellungen erinnern. In diesen Formulierungen ist z. B. die Rede von einer »allgemeingültigen Theorie der Bildung«, die »für alle Zeiten und alle Völker gilt, weil sie nur die in sich variable Struktur des Erziehungslebens aufzeigt, aus der sich dann alle ihre geschichtlichen Formen verständlich machen und herleiten lassen« (Nohl 1949a, S. 120 f.). Solche Ausführungen legen den Schluß nahe, daß Nohl zwar in der Nachfolge Diltheys prinzipiell die Geschichtlichkeit der Erziehung erkannt, sie aber noch nicht radikal genug aufgefaßt hatte.

Bereits Weniger, Litt und Flitner haben deutlich gesehen, daß Nohl die Einsicht in die geschichtliche Bedingtheit der Erziehungswirklichkeit nicht konsequent genug durchgehalten hat. Am Beispiel Wenigers läßt sich zeigen, inwieweit — über Nohl hinausgehend — im Rahmen der geistes-

wissenschaftlichen Pädagogik die Einsicht in die Geschichtlichkeit der Erziehung und der Erziehungswissenschaft entwickelt wurde. Der Rückgriff auf Wenigers Werk bietet
sich dazu vor allem aus drei Gründen an. Einmal widmete
Weniger den Fragen nach der Geschichtlichkeit der Erziehung zeit seines Lebens ein besonderes Interesse. Zum
anderen hatte er sich bereits 1926 intensiv mit Aspekten
der Geschichtlichkeit des Unterrichts, insbesondere des
Geschichtsunterrichts befaßt. Und schließlich gelangte im
Werk Wenigers die geisteswissenschaftliche Pädagogik an
den »Ausgang ihrer Epoche«, wie es zu Recht der pro-
grammatische Titel seiner Gedenkschrift feststellt (vgl.
Dahmer/Klafki 1968). Die besondere Leistung Wenigers
besteht darin, daß er deutlicher als die anderen zeitgenös-
sischen Vertreter der Pädagogik die Möglichkeiten und
Grenzen geisteswissenschaftlicher Geschichtsphilosophie für
die Pädagogik und ihre Theorie herausgearbeitet hat.
Das im Vergleich zu Nohl konsequentere Einbringen der
Erkenntnis der Geschichtlichkeit der Erziehung in die Pädagogik läßt sich vielleicht am besten am Beispiel von
Wenigers Abhandlung über den Geschichtsunterricht verdeutlichen. In dieser, seiner Habilitationsschrift von 1926,
geht er von der *Geschichtlichkeit des Geschichtsunterrichts*
aus und nicht etwa von der Geschichtswissenschaft, der
Geschichtsphilosophie oder der Bildungstheorie, die erst
auf der Grundlage einer Aufarbeitung der Geschichte des
Geschichtsunterrichts stärker herangezogen werden. Aufschlußreich für unsere Darstellung der Erkenntnis der
Geschichtlichkeit der Erziehung im Rahmen geisteswissenschaftlicher Pädagogik sind dabei die folgenden Ausführungen aus der Einleitung zu den »Grundlagen des Geschichtsunterrichts« (Weniger 1926, S. 5):

»Gewichtige Gründe rechtfertigen den Versuch, die Grundlagen
einer geisteswissenschaftlichen Didaktik zunächst für den
Geschichtsunterricht zu gewinnen. Die Historisierung aller Geisteswissenschaften hat der Geschichte einen besonderen Rang
gegeben. Sie kann sogar wohl als *die* Geisteswissenschaft im
engeren Sinne erscheinen und alle anderen Geisteswissenschaften
nur als ein Bestandteil der nun freilich gewaltig erweiterten
Geschichtswissenschaft. ... Ferner sind geschichtliche Elemente
mehr und mehr in das Weltbild des modernen Menschen ein-
gedrungen und haben es von Grund auf umgestaltet. Jede Weltanschauung ist historisch bedingt, und Klarheit über ihre Zusam-

menhänge, bewußte Gestaltung des Weltbildes ist nur zu gewinnen, wenn die Geschichte zu Hilfe genommen wird. ... Nicht etwa nur die Wissenschaft ist historisiert, das Leben selbst ist von diesem Umwandlungsprozeß ergriffen.«

Die Schule scheint Weniger nicht durch ein Zuviel an Historismus gekennzeichnet zu sein, sondern dadurch, daß der Bildungswert der Geschichte in ihrem Rahmen noch gar nicht entdeckt worden sei. Statt dessen werde die Geschichte noch immer zu ihr »wesensfremden Zwecken« mißbraucht. Daher gelte es, die Bedeutung der Geschichte für die Erziehung zu erfassen und für die Schule und das Leben fruchtbar zu machen. Im weiteren wird deutlich, wie stark Weniger Unterricht, Geschichte, Leben, Weltanschauungen, Erziehung und Schule als historisch geworden begreift und wie er versucht, diese Erkenntnis auf aktuelle pädagogische Probleme zu beziehen. Dabei erwartet er von der historischen Analyse nicht den Gewinn unmittelbarer Handlungshilfen im Sinne der Lösung des Theorie-Praxis-Problems der Erziehung. Aus der Einsicht in die konstitutive Bedeutung der Geschichte für die Theorie der Erziehung folgt bei Weniger auch keine unkritische Geschichtsgläubigkeit; vielmehr wird die historische Überlieferung kontinuierlich der Kritik unterzogen:

»Eine Kritik, deren Ziel es ist, Theorie geschichtlich zu fundieren und zu legitimieren, darf den Vorwurf der Zersetzung nicht scheuen. Sie entlarvt den ›flächenhaften Augenblick‹, ihn mit der geschichtlichen Tiefe konfrontierend, in seiner Vordergründigkeit und wendet sich gegen ein simples Fortschrittsdenken. Aber sie zerstört auch den naiven Glauben, daß geschichtlich notwendiges Handeln per se sittlich sei, der Rückgang auf die Geschichte also die positiven Handlungsmöglichkeiten selbstverständlich potenziere« (Dahmer 1968, S. 59).

Weniger erkannte zu Recht, daß die Erziehungswissenschaft von der Geschichtlichkeit der Erziehung ausgehen muß und daß eine historisch-hermeneutische Analyse bestimmter historischer Erziehungszusammenhänge wichtige Aspekte pädagogischer Fragestellungen herausarbeiten kann. Doch kann ein solches Vorgehen noch keine Aufgabenbestimmung der Pädagogik insgesamt erbringen. Denn Pädagogik ist nach Auffassung der geisteswissenschaftlichen Pädagogik eine *eigenständige Disziplin*. Dementsprechend muß sie ihre spezifischen Frage- und Aufgabenstellungen in Theorie und Praxis jeweils bestimmen. Wegen des historischen Charakters dieser Bestimmung kann sich in der historischen Analyse keine übergeschichtliche, für die Gegenwart verbindliche *Idee einer allgemeinen Pädagogik* zeigen, wie das noch Nohl vermutet hatte. Die historische Analyse der Erziehungswirklichkeit kann nur insofern einen Beitrag zur Lösung pädagogischer Fragen leisten, als sie die Vorgeschichte der jeweiligen Fragen und Probleme aufdeckt. Die Eigenständigkeit der Pädagogik zeigt sich somit gerade auch gegenüber ihrer eigenen Vorgeschichte. Weniger versuchte, die Frage nach der pädagogischen Relevanz historischer Hermeneutik »durch eine Klärung des Verhältnisses von Vorgeschichte, pädagogischer Frage und deren aufgegebener Lösung zu beantworten, welche sowohl der prinzipiellen Negativität historischer Analyse bezüglich der in der Erziehungswirklichkeit sich stellenden Aufgaben als auch der prinzipiellen Offenheit der pädagogischen Frage gegenüber ihrer Vorgeschichte gerecht werden soll« (Benner 1973, S. 212). Zugleich trug Weniger durch die hier angesprochenen Ausführungen über die Frage der »relativen Autonomie« der Erziehung und ihrer Wissenschaft sowie über das Theorie-Praxis-Verhältnis in der Erziehung zur Überwindung der bei Dilthey und Nohl noch vorwiegend »historisierenden Hermeneutik« bei.

Doch auch Weniger bleibt deutlich dem Geschichtsverständnis der geisteswissenschaftlichen Pädagogik verhaftet, das unter der Geschichtlichkeit der Erziehung vorwiegend ihre historische Bedingtheit im Rahmen der Geistesgeschichte verstand. So kam es auch bei ihm noch nicht zu einer Überwindung des Verständnisses von Geschichte als Ideen-, Problem- und Institutionsgeschichte. Insgesamt kann man daher also festhalten: Die geisteswissenschaftliche Pädagogik hat das Prinzip der Geschichtlichkeit nicht konsequent durchgehalten. Denn sie reduzierte »die geschichtlichen Zusammenhänge, die sie untersuchte, in der Mehrzahl der Fälle doch vorwiegend auf Geistes- und Theoriegeschichte, und das Prinzip der Autonomie der Pädagogik verführte nicht selten dazu, die politischen, gesellschaftlichen und wirtschaftlichen Zusammenhänge, in die pädagogische Probleme verflochten waren und verflochten sind, nicht im nötigen Ausmaße zu erforschen« (Klafki 1971, S. 361).

In der gegenwärtigen Situation der Erziehungswissenschaft ist dies tendenziell anders. Zahlreiche Bemühungen zielen darauf, das Prinzip der Geschichtlichkeit radikaler zu fassen (vgl. Herrmann 1976; Sandkühler 1973; Heydorn/ Koneffke 1973). Dies geschieht vor allem dadurch, daß man die zentrale Bedeutung der wirtschaftlichen, politischen und gesellschaftlichen Bedingungen für das Verständnis der Erziehung in einer geschichtlichen Periode betont. Diese Ausweitung und partielle Umorientierung des Interesses an der Geschichte der Erziehung folgt daraus, daß sich Erziehungswissenschaft gegenwärtig nicht mehr in erster Linie als Geistes-, sondern als *Sozialwissenschaft* versteht. Dieses Verständnis von Erziehungswissenschaft erfordert es geradezu, daß nach den »konkreten sozialen Voraussetzungen und Folgen des Erziehens, Unterrichtens und Ausbildens im Kontext umfassender gesellschaftlicher Systeme« gefragt wird (Herrmann 1976, S. 283—289). Zudem bedarf die »Analyse von Sozialisationsprozessen, die *als solche* nur in einem konkreten historisch explizierbaren Kontext sozialen Wandels verständlich werden«, der Ergänzung um »die sozialgeschichtliche und vergleichende Perspektive«. Weiter präzisiert Herrmann den Stand der gegenwärtigen Diskussion zusammenfassend (a.a.O., S. 285):

»Historische Pädagogik fragt so nach den faktischen Bedingungen von Sozialisationsprozessen im Hinblick auf die ›Bestimmung des Menschen‹. Sie zielt auf die Rekonstruktion des historischen Subjekts hinsichtlich seiner Zukunft, erfragt in kritischer Absicht das Selbstverständnis und die soziale Funktion der Erziehungswissenschaft, des Erziehers, der Sozialisationsinstanzen bzw. der pädagogischen Institutionen i. w. S., analysiert die faktischen und ideellen Bedingungen der Personagenese unter den Bedingungen der Zeit.«

Damit ist allerdings erst das Programm einer Erziehungswissenschaft als Sozialwissenschaft in historischer Absicht formuliert, wie es dem gegenwärtigen Reflexions- und Forschungsstand entspricht. Auf seinem Hintergrund ergeben sich zahlreiche neue Perspektiven für eine *Sozialgeschichte der Erziehung*, mit deren Ausarbeitung langfristig auch ein neues »realistischeres« Verständnis der Geschichtlichkeit der Erziehung und der Erziehungswissenschaft gewonnen werden kann. Um dieses Programm einlösen zu können, müßte die historische Pädagogik auch als *historische Sozialisationsforschung* betrieben werden, in deren Rahmen eine Analyse der Sozialisationsprozesse in den Institutionen des Erziehungssystems unter sozialgeschichtlich-ideologiekritischem Gesichtspunkt erfolgen müßte. Auch dürfte eine Analyse des »Ablösungsprozesses der Generationen« für die Erziehungswissenschaft heute von konstitutiver Bedeutung sein, da sie neue Dimensionen im Verständnis der Geschichtlichkeit der Erziehung erschließen könnte. Schließlich ist eine Weiterentwicklung der Wissenschaftsgeschichte der Erziehungswissenschaft erforderlich, in deren Rahmen gegenwärtig auch ethnomethodologische Perspektiven zum Tragen kommen müßten (vgl. Weingarten/Sack/Schenkein 1976).

Eine Ausarbeitung des hier skizzierten Programms einer »historisch-systematischen Erziehungswissenschaft« könnte — in Weiterentwicklung und Neuorientierung der Einsicht der geisteswissenschaftlichen Pädagogik in die Geschichtlichkeit der Erziehung — vielleicht dazu beitragen, das in der Gegenwart noch immer beträchtliche *Desinteresse* an der Geschichte der Erziehung und an der historischen Dimension in der Erziehungswissenschaft zu überwinden.

Die Bedeutung der Hermeneutik für die Erziehungswissenschaft

Untrennbar von der Einsicht in die Geschichtlichkeit der Erziehung war für die geisteswissenschaftliche Pädagogik die Erkenntnis der zentralen Bedeutung der Hermeneutik für die Geisteswissenschaften. Im Anschluß an Schleiermacher, Droysen und Dilthey ging es der geisteswissenschaftlichen Pädagogik vornehmlich darum, das *hermeneutische Verfahren des Verstehens* zu entwickeln. Untersuchungsgegenstand für diese Methode waren zunächst vor allem sprachliche Quellen, aus denen es die pädagogischen Theorien und Programme der Vergangenheit zu rekonstruieren galt, dann aber auch die *Erziehungswirklichkeit* mit ihren aktuellen Problemen, zu deren Verständnis und Lösung man zunächst die historischen Hintergründe aufzudecken versuchte, um »aus der problemgeschichtlichen Analyse heraus zu eigenen, systematischen Aussagen vorzudringen, die auf die Lösung der betreffenden aktuellen Probleme hinzielten« (Klafki 1971, S. 362). Die Erziehungswirklichkeit wurde einmal als historisch gewordene

Wirklichkeit, zum anderen als Praxisfeld »pädagogischer Akte« zum Thema hermeneutischer Reflexion. Damit waren zwei Bestimmungen für die Anwendung hermeneutischer Verfahren gegeben, die bis heute wirksam sind.

Wie bei der Entwicklung des Theorie-Praxis-Verhältnisses griff die geisteswissenschaftliche Pädagogik zur Entwicklung ihres Verständnisses von Hermeneutik zunächst auf Schleiermacher zurück. Schleiermacher hatte sich nicht mehr damit begnügt, im Rahmen einer »Kunstlehre des Verstehens« erlernbare Interpretationsregeln als Kern der Hermeneutik zu begreifen. Vielmehr war er über ihre Bedeutung für den Verstehensprozeß ins Zweifeln gekommen. Mit diesem Zweifel begann er, »den Weg für eine von den dogmatischen und pragmatischen Bindungen der Theologie gelöste, hermeneutische Reflexion auf die Bedingungen der Möglichkeit des Verstehens frei« zu machen (Apel 1976, S. 278). Schleiermacher erkannte, daß die bloße Historizität eines Werkes noch nicht die Gewähr für sein Verständnis bot. »Statt des Verstehens rückte er jetzt das verstehende bzw. mißverstehende Subjekt in den Mittelpunkt der Aufmerksamkeit« (Kamper 1974, S. 42). Denn nicht das *Verstehen*, sondern das Nicht-Verstehen der Lebensäußerungen anderer Menschen erschien ihm als das Selbstverständliche. Mit dieser, erst von Gadamer (1972, S. 172 f.) widerlegten Behauptung, trug Schleiermacher zur Relativierung des erkennenden Subjekts bei. Seitdem ist bis in die Gegenwart die Erkenntnis gültig geblieben, daß das individuelle, subjektive Moment im Prozeß des Sinn-Verstehens nicht ausgeschaltet werden kann.

In Diltheys Werk findet sich keine eindeutige Bestimmung dessen, was er unter Hermeneutik versteht. Er verwendet den Begriff vor allem in zweifacher Absicht. Einmal bezeichnet »Hermeneutik« bei Dilthey den Versuch, »den Geisteswissenschaften ihren wissenschaftlich begründeten Ort im Gesamtrahmen der gesellschaftlichen Praxis zuzuweisen« (Zöckler 1975), für den Dilthey im Laufe seiner Entwicklung durchaus unterschiedliche Bezeichnungen findet wie »Selbstreflexion der Geisteswissenschaften, Einleitung in die Geisteswissenschaften, Hermeneutik der Geisteswissenschaften, Hermeneutik des Lebens« (Zöckler 1975, S. 7). Zum anderen bezeichnet Dilthey mit »Hermeneutik« auch die Wissenschaft des »kunstmäßigen Auslegens von Texten«. So versucht Dilthey den »Begriff der Hermeneutik als Wissenschaft der Textauslegung ineins zu entwickeln mit dem als Wissenschaft des Verstehens geistiger Objektivationen überhaupt« (a.a.O., S. 8). In beiden Fällen müßte sich jedoch die Dialektik der verstehenden Vermittlung zwischen Subjekt und Objekt »in die methodologische Denkfigur des offenen ›hermeneutischen Zirkels‹ der wechselseitigen Voraussetzung und Korrektur der subjektiven und objektiven Voraussetzungen des Verstehens . . . transformieren« (Apel 1976, S. 279). Demzufolge beschreibt Dilthey das Verstehen, das die Grundlage der Hermeneutik bildet, folgendermaßen:

»*Das Verstehen* setzt ein Erleben voraus, und das Erlebnis wird erst zu einer Lebenserfahrung dadurch, daß das Verstehen aus der Enge und Subjektivität des Erlebens hinausführt in die Region des Ganzen und des Allgemeinen. Und weiter fordert das Verstehen der einzelnen Persönlichkeit zu seiner Vollendung das systematische Wissen, wie anderseits wieder das systematische Wissen abhängig ist von dem lebendigen Erfassen der einzelnen Lebenseinheit. Die Erkenntnis der anorganischen Natur vollzieht sich in einem Aufbau der Wissenschaften, in welchem die untere Schicht jedesmal unabhängig von der ist, die sie begründet: in den Geisteswissenschaften ist vom Vorgang des Verstehens ab alles durch das Verhältnis *gegenseitiger Abhängigkeit* bestimmt« (Ges. Schriften VII, S. 143).
Und weiter heißt es an anderer Stelle:
»So gibt es hier nur ein freies Verhältnis zwischen Voraussetzung und Fortschreiten von ihr zu einem an sie sich Anschließenden: das Neue ergibt sich nicht formal aus der Voraussetzung. Vielmehr geht das Verständnis von einem erfaßten Zug weiter zu einem Neuen, das von ihm aus verstanden werden kann. Das innere Verhältnis ist in der Möglichkeit des Nacherzeugens, Nacherlebens gegeben. Dies ist die allgemeine Methode, sobald das Verstehen die Sphäre von Worten und den Sinn derselben verläßt und nicht einen Sinn von Zeichen sucht, sondern den viel tieferen Sinn von Lebensäußerung« (Ges. Schriften VII, S. 234).

Diese Ausführungen müssen hier genügen, um einige Grundzüge des Hermeneutik-Verständnisses Diltheys zu skizzieren, dem es um das *nachlebende Einfühlen* in den Lebensausdruck geht, der Teil des methodologischen Zusammenhangs der hermeneutischen Begriffsbildung »im Sinne des hermeneutischen Zirkels der Vermittlung zwischen Subjekt und Objekt« ist.

Der Versuch Diltheys, Hermeneutik als Wissenschaft der Textauslegung und des Verstehens geistiger Objektivationen (z. B. Institutionen, Lehrpläne, erzieherische Handlungen etc.) zu entwickeln, ist von der geisteswissenschaftlichen Pädagogik übernommen worden. In ihrem Rahmen bewirkte die Verbindung dieser beiden Anliegen zweierlei. *Einmal* richtete sich das Interesse der geisteswissenschaftlichen Pädagogik auf *historische Texte* als Quellen wissenschaftlicher Erkenntnis. Zu solchen Texten gehörten z. B. Gesetze, Schulordnungen, Biographien und die Arbeiten »großer« Pädagogen. Sie wurden zum Gegenstand intensiver Textauslegung gemacht. Dabei galt es, den Sinn dieser Texte unter Bezugnahme auf ihre Entstehungssituation und ihre Wirkungsgeschichte bis in die jeweilige Gegenwart hinein zu erfassen. Insofern solche Texte eine Kodifizierung geistiger Objektivationen darstellten, wurde von der Interpretation dieser Texte ein Beitrag zum Verständnis der Objektivationen erwartet, die über ihre eigene geschichtliche Zeit hinaus bis in die Gegenwart wirken. *Zum anderen* ging man aber auch davon aus, daß die *Erziehungswirklichkeit* das Ergebnis geistiger Objektivationen ist und somit wie historische Texte hermeneutisch erschlossen werden kann. Dieses Verfahren ist in der geisteswissenschaftlichen Pädagogik dann häufig auch als »Hermeneutik der Erziehungswirklichkeit« bezeichnet worden.

Wie für die geisteswissenschaftliche Pädagogik die Erziehungswirklichkeit eine historisch entstandene, aus dem »Leben erwachsende« Realität ist, die es im Hinblick auf ihre geschichtliche Vergangenheit und in bezug auf die in ihr wirkenden Kräfte der Gegenwart zu begreifen gilt, wird anschaulich aus folgenden Ausführungen Nohls deutlich (1949a, S. 119):

»Der wahre Ausgangspunkt für eine allgemeingültige Theorie der Bildung ist die Tatsache der Erziehungswirklichkeit als eines sinnvollen Ganzen. Aus dem Leben erwachsend, aus seinen Bedürfnissen und Idealen, ist sie da als ein Zusammenhang von Leistungen, durch die Geschichte hindurchgehend, sich aufbauend in Einrichtungen, Organen und Gesetzen — zugleich sich besinnend auf ihr Verfahren, ihre Ziele und Mittel, Ideale und Methoden in den Theorien — eine große objektive Wirklichkeit ... unabhängig von den einzelnen Subjekten, die in ihr tätig sind, und von einer eigenen Idee regiert, die in jedem echt erzieherischen Akt wirksam ist und doch wieder nur faßlich wird in ihrer geschichtlichen Entfaltung.«

Eine ihren eigenen Erkenntnissen gerecht werdende geisteswissenschaftliche Pädagogik hätte also sowohl die *historische Rekonstruktion* und *geschichtliche Deutung* als auch die unmittelbare *verstehende Sinndeutung* der Erziehungswirklichkeit als eines »sinnvollen Ganzen« zur Aufgabe. Dabei gilt es bei beiden im Werke Nohls und in der geisteswissenschaftlichen Pädagogik insgesamt verschränkt gedachten Ansätzen, aus der historischen Analyse und dem unmittelbaren Sinnverstehen zum Verständnis der Erziehungswirklichkeit zu gelangen. Beide Aufgaben hermeneutischer Verfahren sind bis in die Gegenwart herein wichtig geblieben.

Angesichts dieser Einsicht in die doppelte Aufgabe der Hermeneutik im Bereich der Erziehungswissenschaft ist es erstaunlich, wie stark die geisteswissenschaftliche Pädagogik auf die Interpretation historischer Texte bezogen blieb und wie wenig sie sich der Interpretation der Erziehungswirklichkeit im Sinne einer hermeneutischen Erforschung der erzieherischen Realität ihrer Zeit zuwendete. Dabei hätte doch gerade eine konsequente Verbindung dieser beiden Ansatzpunkte die Erziehungswissenschaft in erkenntnistheoretischer, methodologischer und praktischer Hinsicht erheblich weiterbringen können. Sie hätte z. B. zeigen können, wie stark jede — auch empirische — Erforschung und Deutung der Erziehungswirklichkeit von historisch-gesellschaftlich vermittelten Voraussetzungen abhängig ist und wie diese Voraussetzungen auf die Erziehungsprozesse formend einwirken. Vor allem hätte es die geisteswissenschaftliche Pädagogik vor manchen Verkürzungen bewahrt, wenn sie diese — durchaus vorhandene — Erkenntnis auf ihre eigene wissenschaftliche Arbeit angewendet hätte. Doch der Bereich der (hermeneutischen) Erforschung der Erziehungswirklichkeit blieb weithin zugunsten einer Konzentration auf die (hermeneutische) Interpretation historischer Texte unterbelichtet.

Nohl, den man durchaus als den eigentlichen Begründer geisteswissenschaftlicher Pädagogik begreifen kann, konzentrierte sein Interesse vor allem auf die Herausarbeitung der Geschichtlichkeit der Erziehung und auf die Notwendigkeit historischer Studien zum besseren Verständnis der

Erziehungswirklichkeit. Dabei zeigen sich bei ihm zugleich auch deutlich die Grenzen historischer Analysen für die Lösung der in der Erziehungswirklichkeit vorhandenen pädagogischen Probleme. Im Grunde genommen kann die geschichtliche Betrachtungsweise nur dazu beitragen, daß bestimmte Elemente der Erziehungswirklichkeit der Gegenwart fraglich werden. Eine entsprechende Analyse kann ihre Entstehung nachzeichnen und sie prinzipiell als veränderbar ins Bewußtsein rücken. Sie kann aber als *historische* Analyse nicht die Veränderung der entsprechenden Elemente der Erziehungswirklichkeit bewirken. Damit zeigt sich eine Schwierigkeit geisteswissenschaftlicher Pädagogik. Sie besteht darin, daß die Eigenständigkeit der Pädagogik, die sie immer wieder gegenüber anderen Bereichen wie der Theologie, Politik und Wirtschaft betont hatte, auch gegenüber ihrer eigenen Geschichte besteht. Aus dieser Einsicht in die Grenzen der Möglichkeit historischer Analyse, die Lösung aktueller pädagogischer Schwierigkeiten zu bewirken, ergibt sich zugleich die Möglichkeit der Pädagogik, im Bewußtsein der Geschichtlichkeit der Erziehungswirklichkeit, diese Erziehungswirklichkeit als eine prinzipiell zukunftsoffene zu begreifen, die auch handelnd verändert werden kann.

Hier setzt Wenigers Bemühen an, die relative Autonomie der Pädagogik zu begründen und mit seinen Vorstellungen zur Struktur des Theorie-Praxis-Verhältnisses der Lösung dieser Schwierigkeit näherzukommen (vgl. S. 35 ff. und S. 47 ff.). Wenigers Werk kann hierin also durchaus als der Versuch gekennzeichnet werden, die geisteswissenschaftliche Pädagogik aus ihrer symbiotischen Bindung an eine vorwiegend historisch orientierte Hermeneutik zu lösen.

Auch bei Flitner erfolgte eine Relativierung der Bedeutung historisch orientierter Untersuchungen für die Erziehungswissenschaft, die in seiner Unterscheidung zwischen historisch-hermeneutischen und pragmatisch-hermeneutischen Fragestellungen und Untersuchungsansätzen deutlich zum Ausdruck kommt. Trotz ihrer unterschiedlichen Orientierung an der Geschichte bzw. an der jeweils gegebenen Erziehungswirklichkeit ist beiden Ansätzen jedoch die kritische Haltung gegenüber den Ansprüchen gemeinsam, die von normativen, deduktiv verfahrenden Systemen und empirisch-positivistisch — nur durch Abstraktion — gewonnenen Gesetzmäßigkeiten an die Erziehungswirklichkeit gestellt werden. Nach Auffassung Flitners kommt es im Bereich der Pädagogik vor allem auf ein in pragmatisch-hermeneutischer Absicht gewonnenes Verständnis der Erziehungswirklichkeit an. Dieses erschließt sich aber nur, wenn auch die in einer bestimmten historischen Situation gegebenen »existentiellen und normativen« Elemente erfaßt werden (Flitner 1963, S. 23). Damit sieht Flitner deutlich die Standortgebundenheit jeder pädagogischen Interpretation der Erziehungswirklichkeit sowie jedes pädagogischen Handelns. Von daher fordert er, über das bei Nohl und Weniger vorhandene Hermeneutik-Verständnis teilweise hinausgehend, daß die Erziehungswissenschaft eine »réflexion engagée« enthalten müsse, worin eine existential-philosophische Argumentationsweise anklingt:

»Die ... Reflexion am Standort der Verantwortung des Denkenden ist die Mitte dessen, was in strengem Sinne pädagogische Wissenschaft heißen darf. Sie faßt alle Erziehungslehren zusammen, welche in einem Kreis gemeinsamen Lebens von den Praktikern als wahr erkannt werden. Sie vereinigt sie, ordnet sie einem universalen pädagogischen Grundgedanken ein, prüft sie, verbindet diesen Grundgedanken mit der wissenschaftlichen Reflexion in ihrer Gesamtheit, kritisiert die Erziehungslehren von da aus, reinigt sie von Irrtümern und Beengtheiten und klärt den Standort auf, an dem sie praktiziert werden. In diesem Sinne ist die pädagogische Wissenschaft durchaus *réflexion engagée*. Ein verantwortliches Denken, das eine geistige Entscheidung bei sich hat, klärt sich auf, versteht sich aus seinen Voraussetzungen und prüft sich in diesem seinem Wollen und seinem Glauben« (Flitner 1963, S. 18).

Im Rahmen der geisteswissenschaftlichen Pädagogik bot sich hier die Möglichkeit, von einer hermeneutischen Auslegung der Erziehungswirklichkeit in historischer und pragmatischer Absicht zu einer auch gesellschaftskritisch engagierten Erziehungswissenschaft zu kommen; diese Möglichkeit konnte jedoch erst Jahre später unter dem Einfluß der »Frankfurter Schule« genutzt werden.
Somit kann man in dem Rahmen des in der geisteswissenschaftlichen Pädagogik vorhandenen Hermeneutik-Verständnisses durchaus wie Benner (1973) eine Entwicklung von einer eher historisch orientierten Hermeneutik bei Nohl über eine stärker auf die Struktur des Erziehungs-

prozesses bezogene Hermeneutik bei Weniger bis zu einer engagierten Hermeneutik bei Flitner feststellen.

Nach dieser Skizzierung des Hermeneutik-Verständnisses der geisteswissenschaftlichen Pädagogik wollen wir noch einmal auf die Unterscheidung der beiden bis in die Gegenwart hinein wichtigen Aufgaben hermeneutischer Analysen zurückkommen: die historisch-hermeneutische Untersuchung von (historischen) Texten, die für die Erziehungswissenschaft relevant sind, und die hermeneutische Erforschung der Erziehungswirklichkeit. In bezug auf beide Aufgaben der Hermeneutik in der Erziehungswissenschaft ist die Diskussion gegenwärtig über den Erkenntnisstand der geisteswissenschaftlichen Pädagogik hinausgelangt.

Im Hinblick auf die Entwicklung der historischen Pädagogik wurde am Ende des vorherigen Abschnitts bereits die Richtung angedeutet, in der sich die gegenwärtige Diskussion bewegt. Unter dem Gesichtspunkt historisch-hermeneutischer Methodologie sei hier noch auf ein Beispiel verwiesen, an dem Klafki (1971a) die Arbeitsweise hermeneutischer Forschung anhand der Interpretation eines Humboldtschen Textes überzeugend darstellt. Der historisch-hermeneutischen Untersuchung geht es dabei um eine »rationale, methodisch durchdachte überprüfbare Auswertung von sinnhaltigen Dokumenten«. Hermeneutik als Teildisziplin der Wissenschaftstheorie wird (danach) als »die Theorie der hermeneutischen Verfahren oder Methoden« verstanden (a.a.O., S. 128). Im Verlauf seiner exemplarisch durchgeführten Interpretation eines historischen Textes unterscheidet Klafki folgende Grundeinsichten historischer Methodologie, die auch als Kriterien zur Beurteilung eines entsprechenden Vorgehens herangezogen werden können:

»— Einsicht in die Standortgebundenheit jeder Interpretation und in die Notwendigkeit der Offenlegung der in der Interpretation gemachten Voraussetzungen;
— fortwährende Überprüfung des Vorverständnisses am Text;
— Quellen- bzw. Textkritik;
— Berücksichtigung des semantischen Aspekts in der Interpretation;
— Herausarbeitung des spezifischen Charakters einer im Text angesprochenen Position durch Einbeziehung des jeweiligen Gegenspielers in die Interpretation;
— Berücksichtigung sowohl textimmanenter als auch textübergreifender Zusammenhänge;

– angemessene Einbeziehung der Syntax eines Textes in die
Interpretation;
– übersichtliche Herausarbeitung der gedanklichen Gliederung
eines Textes;
– Überprüfung der Argumentationsstruktur eines Textes;
– Textinterpretation als hermeneutische Spirale;
– Berücksichtigung der ideologiekritischen Perspektive bei der
Interpretation« (a.a.O., S. 134 ff.).

Auf das zweite im Rahmen der geisteswissenschaftlichen
Pädagogik bereits herausgearbeitete wichtige Anwendungsfeld hermeneutischer Verfahren, den Bereich der
Erforschung der Erziehungswirklichkeit bzw. des pädagogischen Feldes, soll im 5. Kapitel im Zusammenhang mit
den dort behandelten Fragen näher eingegangen werden.
Abschließend sei hier noch darauf verwiesen, daß im Rahmen der Philosophie durch Gadamers »Wahrheit und
Methode« (1972) und den an Gadamers Werk anschließenden Hermeneutik-Streit (Apel u. a. 1971) eine neue Diskussion entfacht wurde (vgl. Kamper 1974; Bubner 1975;
Uhle 1976), die die Frage nach der Bedeutung der Hermeneutik für das Selbst- und Weltverständnis des Menschen noch grundsätzlicher stellt, als es in diesem Zusammenhang möglich ist.

Der Anspruch der Erziehung und der Erziehungswissen-
schaft auf relative Autonomie

Von zwei Ansätzen her hat sich die geisteswissenschaftliche
Pädagogik um die Begründung der »relativen Autonomie«
der Erziehung und der Erziehungswissenschaft bemüht.
Einmal ging es Schleiermacher, Dilthey und Nohl vor
allem darum, die Pädagogik aus ihrer Abhängigkeit von
der Ethik und der Psychologie zu befreien und somit die
Pädagogik als eine eigenständige Disziplin zu begründen.
Zum anderen ergab sich die Aufgabe, die »relative Autonomie« der Pädagogik zu begründen, aus der Intention,
das Eigenrecht des Kindes gegenüber den Erwachsenen und
gegenüber gesellschaftlichen Gruppen zu behaupten, die auf
die Erziehung der Kinder Einfluß ausüben. Dabei wußten
sich Dilthey, Nohl, Spranger, Litt, Weniger und Flitner in
Übereinstimmung mit einer historischen Bewegung, die für
die Eigenständigkeit der Kindheit, der Jugend und der

Erziehung eingetreten war. Ausgegangen war die Bewegung von Rousseau, der in den genannten Zielvorstellungen eine notwendige Voraussetzung und Ergänzung des Rechts des Menschen auf Selbstbestimmung sah. So heißt es bereits auf den ersten Seiten des »Emile«:

»Man kennt die Kindheit nicht, und infolge der falschen Vorstellungen über sie verirrt man sich weiter, je weiter man geht. Die Weisesten fassen ins Auge, was dem Erwachsenen zu wissen nützlich ist, sie bedenken aber nicht, was Kinder davon zu lernen imstande sind. Sie suchen immer den Erwachsenen im Kinde, ohne daran zu denken, was es ist, ehe es ein Erwachsener wird« (Rousseau 1962, S. 8).

Diese im Zusammenhang mit den entsprechenden Emanzipationsbestrebungen des aufsteigenden Bürgertums entstandene Forderung Rousseaus, das Eigenrecht der Kindheit zum Ausgangspunkt der Erziehung zu machen, hatte auf die Pädagogik des 18., 19. und 20. Jahrhunderts einen erheblichen Einfluß. Diese Entwicklung vollzog sich:

»... in einer ersten Phase bei Pestalozzi, Fröbel und Diesterweg, Herder, Humboldt, Herbart und Schleiermacher, wieder aufgenommen in einer zweiten Phase, nämlich in der Kulturkritik der letzten Jahrzehnte des 19. Jahrhunderts, bei Nietzsche, Lagarde und Langbehn und dann in einer dritten Phase — nämlich in der Jugendbewegung und der eng mit ihr verknüpften pädagogischen Reformbewegung etwa seit 1900 — ausmündend in ein breites Spektrum praktisch-pädagogischer Konsequenzen und neuer Initiativen: Landerziehungsheimbewegung und Kunsterziehungsbewegung, ›Pädagogik vom Kinde aus‹ und ›Erlebnis- und Spontaneitätspädagogik‹, Arbeitsschulprinzip und Gemeinschaftsschulbewegung, Volkshochschulbewegung und moderne sozialpädagogische Bewegung einschließlich der Bemühungen um eine grundlegendere Form des Jugendstrafvollzugs« (Klafki 1971, S. 359).

Auf dem Hintergrund dieser allgemeinen, noch in die geisteswissenschaftliche Pädagogik hineinwirkenden Emanzipationsbewegung muß man die Bemühungen der geisteswissenschaftlichen Pädagogik und die Begründung der »relativen Autonomie« der Pädagogik sehen. Insbesondere Weniger hat diesem — bis in die Gegenwart aktuellen — Anspruch der Erziehungswissenschaft seine Aufmerksamkeit zugewandt. Schon in dem Titel der Sammlung seiner in den zwanziger und dreißiger Jahren entstandenen Aufsätze »Die Eigenständigkeit der Erziehung in Theorie und Praxis« zeigt sich ein entsprechendes Interesse. In die-

ser Aufsatzsammlung, die zu seinen wichtigsten Veröffentlichungen gehört, versucht Weniger, die »Eigenständigkeit
der Pädagogik« zweifach zu begründen. Einmal verweist er
auf die Unfähigkeit anderer Wissenschaften, die *Erziehungswirklichkeit* und die erzieherisch relevante Lebenswelt der Kinder und Jugendlichen zu erfassen. Zum anderen arbeitet er die Angewiesenheit der erzieherischen
Praxis auf eine pädagogische Theorie heraus, deren Entwicklung zu den Aufgaben der Erziehungswissenschaft
gehört. Die Abhängigkeit der erzieherischen Praxis von
der pädagogischen Theorie besteht darin, daß die pädagogische Praxis ohne Anleitung durch die Theorie ihre Aufgaben nicht angemessen erfüllen kann.

»Die Pädagogik als Geisteswissenschaft hat eine doppelte Wur-
zel: Sie entstammt einerseits der Unzulänglichkeit der übrigen
Wissenschaften, der Erziehungswirklichkeit Genüge zu tun und
ihre wahren Lebensverhältnisse zu treffen, andererseits der
Ohnmacht der bloßen Praxis, die pädagogischen Aufgaben sach-
und sinngemäß zu bewältigen; denn jede Praxis bedarf ja
solcher theoretischen Sicherungen. Aber die Autonomie des pädagogischen Verhaltens ist nicht etwa abhängig von der Lage der
Pädagogik als Wissenschaft, sie wird nur gefördert oder gehemmt
durch sie« (Weniger 1953a, S. 76).

Im weiteren wird die Autonomie der Erziehung als »ein
aus der Verantwortung und dem Amt des Erziehers
erwachsenes Verhalten« gekennzeichnet, das in der »Parteinahme des Erziehers für den ihm anvertrauten Menschen« besteht, und das seinen Ursprung im »Konflikt
zwischen Pflichten und Ämtern und Machtansprüchen der
Wirklichkeit« hat (a.a.O., S. 77 f.). Aus dem »Eigenrecht
des Jugendalters« erhebt sich »die Forderung an den Lehrer, Anwalt der Zukunft im Kinde, uninteressiert an den
vorübergehenden Forderungen des Augenblicks« und
»Verteidiger der Vergangenheit des Kindes gegen seine
Gegenwart und Zukunft« zu sein, »die von Staat, Wirtschaft, Kultur, Familie, Beruf in Anspruch genommen
wird«. Schließlich folgert Weniger: »Die Mächte des
Lebens wollen in der Jugend die Nachfolge, die Diener
und Amtsträger, sie wollen den Menschen mit Haut und
Haaren. Da heißt Autonomie: das Bestehen auf der Freiheit des Menschen, auf seiner inneren Zustimmung und auf
seinem Willen« (a.a.O., S. 81 f.). Der »Anspruch auf
Sicherung der Bedingungen der Möglichkeit erzieherischen

Handelns ist gemeint, wenn von der Autonomie der Pädagogik« die Rede ist (Weniger 1953b, S. 154). Dabei ist es natürlich selbstverständlich, »daß die Eigenständigkeit, die Autonomie, nur eine relative sein kann ...« (a. a. O., S. 154 f.). Wenigers Argumentation für die relative Autonomie erzieherischen Handelns bezieht sich zunächst auf die Praxis der Pädagogik, richtet sich aber auch zugleich auf die entsprechenden *institutionellen Bedingungen.* »Gewiß liegt es nahe, aus der Autonomie des pädagogischen Verhaltens und Tuns die Autonomie der Institutionen zu folgern ...« (Weniger 1953a, S. 76). Die in der geisteswissenschaftlichen Pädagogik gegebene, im Begriff der Pädagogik enthaltene enge Verbindung von erzieherischem Handeln und Theorie des erzieherischen Handelns sowie die Unzulänglichkeit der übrigen Wissenschaften im Hinblick auf die Wahrnehmung der erzieherischen Aufgaben tragen also dazu bei, daß sich die Forderung nach relativer Autonomie auch auf die Pädagogik als Wissenschaft, als Erziehungswissenschaft, erstreckt.

Dadurch daß die Pädagogik sich mit dafür verantwortlich fühlt, daß das Kind bzw. der Jugendliche zu seinem Recht auf Selbstverwirklichung kommt, muß sie auch dem Lehrer bzw. dem Erzieher das Bewußtsein vermitteln, daß er eine ethische Verpflichtung gegenüber dem Educandus (dem zu Erziehenden) hat. Von diesem jeweils historisch vermittelten normativen Anspruch her gewinnt das in der geisteswissenschaftlichen Pädagogik angelegte Konzept von Erziehung und Erziehungswissenschaft die Möglichkeit der *kritischen Distanz* zur gesellschaftlichen Wirklichkeit und den sie beherrschenden gesellschaftlichen Kräften. So wird eine »erzieherische Kritik an der Welt« möglich. Dabei werden unter »Welt« die institutionellen Bedingungen der Erziehung, die individuellen Lebensbedingungen sowie die allgemeinen gesellschaftlichen Bedingungen verstanden. Diese werden jeweils an den historisch vermittelten, aus dem Eigenrecht des Kindes bzw. des Jugendlichen auf Selbstverwirklichung begründeten normativen Ansprüchen der Pädagogik gemessen. Wenn die in der »Welt« gegebenen Bedingungen diesen Ansprüchen nicht genügen, so muß hier die Kritik ansetzen, um die Diskrepanz zwischen Soll-Zustand und Ist-Zustand auf den Begriff zu bringen. Allerdings ist es der geisteswissenschaftlichen Pädagogik kaum gelungen, diese Kritik als *Selbstkritik der Erziehung* an den Erziehungsprozessen und -institutionen reflexiv fruchtbar zu machen. Nur vereinzelt ist die hier einsetzende Kritik zu einer Kritik der Aufgaben geworden, die der Pädagogik von der Gesellschaft oder gesellschaftlich einflußreichen Gruppen angetragen wurden. So ist in der geisteswissenschaftlichen Pädagogik der »ohnehin schon bei Schleiermacher lockere Zusammenhang zu gesellschaftlichen Sachverhalten wie Herrschaft, Ökonomie, Politik ... noch weiter verdünnt worden« (Mollenhauer 1972, S. 21). Der geisteswissenschaftlichen Pädagogik ist es nicht gelungen, das Konzept der »relativen Autonomie« der Pädagogik dadurch zu begründen, daß in der Praxis und in der Theorie »die Wende von der Kritik an der Erziehung zur erzieherischen Kritik an der Welt vermittelt wird über eine kritische Analyse eben jener Funktionen, die der Erziehung von der Gesellschaft zugewiesen und in der Praxis erfüllt werden« (Benner 1973, S. 215).

Eine solche Kritik wurde in der Erziehungswissenschaft erst unter dem Einfluß der Kritischen Theorie der »Frankfurter Schule« möglich, und zwar durch die Entwicklung *ideologiekritischer* Fragestellungen. Insofern die Erziehungswissenschaft darauf zu achten hatte, daß keine ideologischen, d. h. aus »falschem Bewußtsein« entstehenden Ansprüche an die Erziehung gerichtet werden, wurde die Ideologiekritik zu einem wichtigen Element der Erziehungswissenschaft (vgl. Kap. 4). Bis in die Gegenwart herein gilt: Ideologiekritik fragt nach dem Geltungsanspruch von Aussagesystemen; sie hat »ihr Ziel in der Erkenntnis-Kritik« und richtet ihre korrigierende Absicht »vornehmlich auf solche Ideen, Begriffe und Aussagen ..., deren Falschheit in einem praktischen Interesse gründet« (Blankertz 1976, S. 302). Eine solche Kritik wurde historisch aber erst in dem Augenblick möglich, als Theorie und Praxis sich aus der engen Verschränkung miteinander lösten, von der die geisteswissenschaftliche Pädagogik stets ausgegangen war. Erst nachdem Theorie und Praxis sich nun grundsätzlich zueinander in Distanz begeben hatten, wurden sie einander kritisierbar. Zugleich gewann die Frage nach dem in der bisherigen Sichtweise problematisch gewordenen Theorie-Praxis-Verhältnis zunehmend an Bedeutung, da ja nicht nur die Praxis der Theorie, sondern jetzt auch die Theorie sich selbst fragwürdig geworden war.

Mit der Einbeziehung der Ideologiekritik wird die Erziehungswissenschaft in stärkerem Maße in die Lage versetzt, Ansprüche begründet abzuweisen, die die »relative Autonomie« der Erziehung und ihrer Wissenschaft einschränken wollen. Das trifft genauso für Forderungen zu, die aus einem unreflektierten Gesellschaftsverständnis entstehen, wie für Ansprüche, die das Eigenrecht der Kindheit, wie es sich historisch herausgebildet hat, zu beschneiden drohen. Durch die Einbeziehung der Ideologiekritik in die Theorie der Erziehung ist das Problem der »relativen Autonomie« der Erziehung und der Erziehungswissenschaft zunächst nur auf der Ebene der Theorie ein Stück weiter geklärt worden, als es in der geisteswissenschaftlichen Pädagogik möglich gewesen war. Die Frage nach der »relativen Autonomie« der Erziehungswissenschaft stellt sich aber auch auf der Ebene der *Organisation und Institutionalisierung* der Erziehungswissenschaft. Wie kann die Erziehungswissenschaft organisiert und institutionalisiert werden, damit sie ein möglichst hohes Maß an Unabhängigkeit gegenüber den verschiedenen gesellschaftlichen Gruppen erhält? Auf diese Frage, von deren Beantwortung die gesellschaftliche Relevanz der Erziehungswissenschaft auch abhängig ist, kann hier nicht näher eingegangen werden (vgl. Senatskommission für Erziehungswissenschaft der DFG 1976; Deutscher Bildungsrat 1975; Klüver/Wolf 1973). Und noch drängender stellt sich die Frage nach der »relativen Autonomie« der Erziehungswissenschaft im Hinblick auf das Verhältnis zwischen der Erziehungswissenschaft und den anderen Sozialwissenschaften. Während die geisteswissenschaftliche Pädagogik das Eigenrecht ihrer Disziplin gegenüber den anderen Wissenschaften aus ihrer spezifisch praxisbezogenen Fragestellung begründen konnte, ist diese Begründung für die moderne Erziehungswissenschaft kaum mehr ausreichend. Im Laufe der Entwicklung der Erziehungswissenschaft zur Sozialwissenschaft ist es aufgrund zunehmender interdisziplinärer Fragestellungen und Forschungen zur »Auflösung« des von der geisteswissenschaftlichen Pädagogik als ihren Gegenstand beanspruchten eng umgrenzten Aufgabenfeldes gekommen. Daher muß sich die Erziehungswissenschaft heute als eine Disziplin begreifen, die in enger Kooperation mit den anderen Sozialwissenschaften versucht, die zahlreichen mit der Erziehung zusammenhängenden Problemfelder zu bearbeiten, die aufgrund zunehmender Spezialisierung von der Erziehungswissenschaft allein nicht mehr bewältigt werden können. Diese Situation hat dazu geführt, daß die Erziehungswissenschaft heute häufig als *Integrationswissenschaft* begriffen wird, die sich bemüht, die vielen im Rahmen der Sozialwissenschaften für die Erziehung relevanten Erkenntnisse aufzugreifen und zu integrieren (Deutscher Bildungsrat 1975). Doch reicht eine solche Aufgabenstellung zur Begründung der Erziehungswissenschaft als Wissenschaft von der Erziehung aus? Die Erörterung dieses Problems ist für die Frage nach der »relativen Autonomie« der Erziehungswissenschaft als Wissenschaft gegenwärtig von zentraler Bedeutung.

Schließlich muß das Problem der »relativen Autonomie« der Pädagogik auch auf der Ebene erzieherischen Handelns in der erzieherisch-gesellschaftlichen Praxis erörtert werden. Denn hier wird die Abhängigkeit des Erziehungswesens von den Strukturen der Gesellschaft als besonders zwingend erfahren. Im Vergleich zur geisteswissenschaftlichen Pädagogik wird diese Abhängigkeit heute von der Erziehungswissenschaft viel grundsätzlicher — die Strukturen des Erziehungssystems bis in die Handlungen des einzelnen hinein bestimmend — gesehen (vgl. Baethge 1970; Altvater/Huisken 1971; Mollenhauer 1972; Offe 1972, 1975; Fend 1974; Hurrelmann 1975). Angesichts dieser Abhängigkeit des Erziehungswesens von den Strukturen der Gesellschaft haben Autoren wie Bourdieu/Passeron (1971) darauf hingewiesen, daß die Auffassung, im Erziehungssystem sei eine relative Autonomie von den Zwängen der Gesellschaft möglich, leicht dazu führen könne, daß die fundamentale Abhängigkeit des Bildungssystems vom Gesellschaftssystem verschleiert werde. Wenn dies geschieht, kann das Bildungswesen unproblematisiert seinen klassen- bzw. schichtenspezifischen Charakter beibehalten und unkritisch seine vor allem das »Bildungsbürgertum« begünstigende Selektion der Schüler vornehmen. Allerdings darf die Einsicht in die nur recht begrenzten Möglichkeiten relativer Autonomie im Erziehungswesen und in der Erziehungswissenschaft nicht dazu führen, daß das Streben nach einem relativ

autonomen, das Eigenrecht des Kindes vertretenden und
den Anspruch der Gesellschaft auf »vernünftige Zustände«
berücksichtigenden erzieherischen Handeln aufgegeben
wird. Dies muß und kann vor allem insofern vermieden
werden, als kein »Erziehungsvorgang durch Rekurs auf
seine politischen Komponenten und Implikationen vollständig und zureichend erklärt« werden kann (Mollenhauer 1972, S. 12).

Das pädagogische Verhältnis

Unter der Vorstellung vom »pädagogischen Bezug« bzw.
»pädagogischen Verhältnis« versuchte Nohl eine Theorie
der Erziehung zu entwickeln, in deren Mittelpunkt das
personale Verhältnis zwischen Educandus und dem Erzieher stand. Er ging dabei auf Vorstellungen zurück, die
bereits Dilthey ansatzweise formuliert hatte, als er schrieb:
»Die Wissenschaft der Pädagogik ... kann nur beginnen
mit der Deskription des Erziehers in seinem Verhältnis
zum Zögling.« Hierin sahen Dilthey, Nohl und mit ihnen
die geisteswissenschaftliche Pädagogik insgesamt den Kern
der Erziehung. In Anlehnung an Klafki (1970, S. 58 ff.)
lassen sich die Nohlschen Überlegungen zur Theorie des
erzieherischen Verhältnisses wie folgt skizzieren:
1. Nohl bestimmt als die Grundlage der Erziehung »das
leidenschaftliche Verhältnis eines reifen Menschen zu einem
werdenden Menschen, und zwar um seiner selbst willen,
daß er zu seinem Leben und seiner Form komme« (1949a,
S. 134). Erziehung erfolgt also in einer Beziehung, die
»um des jungen Menschen willen« geschieht. In dieser
Beziehung hat der Erzieher das Eigenrecht des jungen
Menschen auf Entwicklung und Selbstverwirklichung
gegen ungerechtfertigte Ansprüche zu verteidigen. Vor
allem muß er ihm aber dabei helfen, mit den gerechtfertig-
ten Ansprüchen der Gesellschaft fertig zu werden. Aus dieser Aufgabenstellung resultiert die Forderung nach der
Übernahme *pädagogischer Verantwortung* für den jungen
Menschen zur Wahrung seiner Interessen.
2. Welche Konsequenzen sich daraus herleiten, daß erzieherisches Handeln »um des jungen Menschen willen«
geschieht, kann immer nur im jeweiligen *historisch-gesell-*

schaftlichen Kontext und nicht ein für allemal bestimmt werden. Die Beantwortung dieser Frage unterliegt also dem historischen Wandel.

3. Das pädagogische Verhältnis ist ein *Interaktionsverhältnis*; in ihm stehen der erziehende Erwachsene und der junge Mensch in einer Wechselbeziehung. Der Educandus ist nicht nur Objekt erzieherischer Interventionen, sondern er wird als ein Subjekt begriffen, dem das Recht zur Mitgestaltung des pädagogischen Verhältnisses eingeräumt wird. Die Beziehung zwischen dem Erzieher und dem jungen Menschen ist dadurch gekennzeichnet, daß sie von Vertrauen und erzieherischer Zuwendung bestimmt wird.

4. Das erzieherische Verhältnis kann nicht erzwungen und durch Manipulation erzeugt werden. Es enthält — wenn es gelingt — stets ein *Moment der Freiwilligkeit*. Außerdem ist es auch von irrationalen Momenten wie Sympathie und Antipathie bestimmt, die sich teilweise einem rationalen Zugriff entziehen.

5. Die im pädagogischen Verhältnis als Voraussetzung enthaltene Bindung des jungen Menschen an einen Erwachsenen muß von Anfang an als vorläufig verstanden werden. »Das pädagogische Verhältnis strebt ... von beiden Seiten dahin, sich überflüssig zu machen und zu lösen« (1949a, S. 153). Nur wenn der Educandus lernt, sich allmählich aus der Bindung an den Erwachsenen zu lösen, kann das Ziel der Erziehung, die Fähigkeit zum selbstbestimmten mündigen Handeln, erreicht werden. Das *Spannungsverhältnis zwischen Drang nach Bindung und nach Selbständigkeit* »richtig« zu gestalten, gehört zu den schwierigen, eine »pädagogische Haltung« und »pädagogischen Takt« erfordernden Aufgaben.

6. Die pädagogische Bemühung des Erwachsenen um den jungen Menschen ist durch eine »dunkle Orientierung« gekennzeichnet. Einerseits muß sich der Erzieher auf die *gegenwärtige Situation* des jungen Menschen, seine augenblicklichen Interessen, Bedürfnisse usw. richten, andererseits muß er sich in seinen pädagogischen Bemühungen auf »noch nicht verwirklichte Möglichkeiten« des jungen Menschen beziehen. In den Worten Nohls ausgedrückt: »Das Verhältnis des Erziehers zum Kind ist immer doppelt: von der Liebe zu ihm in seiner Wirklichkeit und von der Liebe zu seinem Ziel, dem Ideal des Kindes, beides aber nun

43

nicht als Getrenntes, sondern als ein Einheitliches: aus diesem Kinde machen, was aus ihm zu machen ist, das höhere Leben in ihm entfachen und zu zusammenhängender Leistung führen, nicht um der Leistung willen, sondern weil in ihr sich das Leben des Menschen vollendet« (Nohl 1949a, S. 135 f.).

Ohne Zweifel haben diese von der geisteswissenschaftlichen Pädagogik entwickelten Vorstellungen von Erziehung das Selbstverständnis der Erziehungswissenschaft bis in die Gegenwart beeinflußt. Insofern das Modell des »pädagogischen Bezugs« einen der ersten Versuche im Rahmen der Erziehungswissenschaft darstellt, das »erzieherische Verhältnis« zu erklären, verdient es selbst dann Beachtung, wenn es angesichts neuerer Forschungen zur Analyse pädagogischer Interaktion in vieler Hinsicht nicht mehr Gültigkeit beanspruchen kann. Die in den letzten Jahren in der Erziehungswissenschaft über das Konzept des »pädagogischen Bezugs« entwickelten Einschätzungen reichen von einer anerkennend kritischen Beurteilung (Klafki 1970; Bartels 1970; Kluge 1973) über kritisch distanzierte (Zenke 1972; Ulich 1976) bis zu radikal ablehnenden Urteilen (Gamm 1974; Gröll 1975). Angesichts dieser Situation stellt sich nun auch hier die Frage, wie dieses Modell des pädagogischen Verhältnisses in der Erziehungswissenschaft insgesamt einzuschätzen ist. Um diese Frage zu beantworten, sollen thesenartig einige Gesichtspunkte erörtert werden, aus denen sich eine Einschätzung der geisteswissenschaftlichen Theorie des pädagogischen Verhältnisses gewinnen läßt.

(1) Das Konzept des »pädagogischen Bezugs« weist nachdrücklich auf die Bedeutung einer vertrauensvollen Beziehung zwischen dem Erwachsenen und dem jungen Menschen hin, in der eine entscheidende Voraussetzung für das Gelingen von Erziehungsprozessen gesehen wird. Auch im Rahmen der Sozialpsychologie (Ulich 1976) und der Kommunikationstheorie (Watzlawick u. a. 1974) ist die Wichtigkeit einer »positiven« Beziehungsdefinition für das Gelingen von Interaktions- und Kommunikationsprozessen nachdrücklich bestätigt worden. So wird auf der Ebene der zwischenmenschlichen Beziehung weitgehend bestimmt, wie die einzelnen Elemente der zwischenmenschlichen Interaktion zu verstehen sind. Insofern stellt die

Beziehungsebene im Vergleich zur Ebene inhaltlicher Kommunikation eine höhere Ebene der Kommunikation, die Ebene der Metakommunikation, dar (Siller 1976; Moser 1976).

(2) Unzulässigerweise übergeht nun aber die geisteswissenschaftliche Pädagogik die Tatsache, daß es nicht allein in das Belieben des Erwachsenen und des Jugendlichen gestellt ist, wie sie ihre erzieherische Beziehung regeln. Vielmehr wird ihre Beziehung auch durch die Rolle bestimmt, die sie im Rahmen einer Erziehungsinstitution wie Schule oder Familie innehaben. So stellt z. B. die schulische Erziehungssituation eine asymmetrische, Lehrer und Schüler in ihren Kommunikationsmöglichkeiten einschränkende Beziehung dar. In ihr wird dem Lehrer gegenüber dem Schüler eine bestimmte gesellschaftlich und institutionell gesicherte Macht eingeräumt, die notwendigerweise ihre Beziehung beeinflußt. So muß der Lehrer Funktionen ausüben (z. B. die Leistungsbewertung), bei deren Wahrnehmung er häufig nicht umhinkommt, gegen das von Nohl formulierte Postulat zu verstoßen, »um des jungen Menschen willen« zu handeln und die Interessen des jungen Menschen gegenüber der Institution Schule sowie gegenüber den »gesellschaftlichen Einflüssen« wahrzunehmen, die seiner Entwicklung abträglich sind.

(3) Die in der Wirklichkeit von Erziehungsprozessen gegebenen einschränkenden Bedingungen hat die geisteswissenschaftliche Pädagogik aufgrund der Vernachlässigung einer erfahrungswissenschaftlichen »Überprüfung« ihrer Theorie nicht angemessen berücksichtigt. Anstatt dem Erzieher gegebenenfalls dabei zu helfen, dieses Modell des pädagogischen Verhältnisses in der Praxis zu verwirklichen, hat sie die der Realisierung des pädagogischen Verhältnisses widerstehenden Verhältnisse idealisierend »übersehen«. Insofern muß der geisteswissenschaftlichen Pädagogik der Vorwurf gemacht werden, die bereits zu ihrer Zeit gegebenen historisch-gesellschaftlichen Bedingungen der Erziehung nicht angemessen berücksichtigt zu haben und damit hinter ihren eigenen Anspruch zurückgefallen zu sein.

(4) Die unzulängliche Berücksichtigung historischer Bedingungen wird auch insofern deutlich, als die Konzeption des »pädagogischen Verhältnisses« auf der Grundlage

eines Erziehungsmodells entworfen wurde, das vielleicht für eine Zweier- oder eine Kleingruppen-Beziehung Gültigkeit beanspruchen kann, das aber z. B. als Modell für die Strukturierung schulischer Erziehung unzureichend ist. Denn unschwer erkennbar liegt diesem Modell nicht die Unterrichtssituation zugrunde, die durch eine große Schülergruppe gekennzeichnet ist, sondern vielmehr die Hauslehrer-Zögling-Erziehung bzw. die erzieherische Situation der Klein-Familie. Von den konkreten Bedingungen dieser Situation abstrahierend, wird diese Kleingruppen-Erziehungssituation jedoch unzulänglicherweise von der geisteswissenschaftlichen Pädagogik zu *dem* Modell der Erziehung erhoben.

(5) Kritisch muß gefragt werden, inwieweit dieses Modell der Erziehung nicht ein mittelschichtspezifisches Erziehungsmodell darstellt, auf dessen Grundlage vom Erwachsenen und vom jungen Menschen Verhaltensweisen erwartet werden, die nicht in allen gesellschaftlichen Schichten die gleiche Wichtigkeit wie in der Mittelschicht haben.

(6) Zweifel muß sich auch dagegen erheben, daß Erziehung ausschließlich als ein intensives (beinahe dyadisches) personales Verhältnis begriffen wird. Ein weniger »leidenschaftliches« Verhältnis zwischen Erwachsenen und jungen Menschen eröffnet auch Möglichkeiten der Selbstverwirklichung, die bei einer Konzentration der Erziehung auf ein intensives personales Verhältnis u. U. ausgeschlossen werden, zumal ein Erziehungsverhältnis nach dem Modell des »pädagogischen Bezugs« subtile, schwer durchschaubare und schwer relativierbare Formen der Abhängigkeit schafft, die es dem jungen Menschen nur bedingt ermöglichen, unabhängig und autonom zu werden.

(7) Ferner muß sich Kritik darauf richten, daß Sinn und Ziel der Erziehung zu stark in das personale Erziehungsverhältnis verlagert werden. Es scheint beinahe, als sei die Beziehung »an sich« das Ziel der Erziehung. Durch die damit verbundene Überbetonung des individuellen und subjektiven Charakters der Erziehung werden andere, den Erziehungsprozeß beeinflussende Faktoren ausgeklammert. So fehlt z. B. die Anbindung des erzieherischen Prozesses an gesellschaftliche Funktionen der Erziehung. Auch wird von der Angabe inhaltlich bestimmter Ziele der Erziehung zugunsten der Hypostasierung des »pädagogi-

schen Bezugs« abgesehen, wodurch die Perspektive unzulässig verkürzt wird.

Diese Gesichtspunkte dürften ausreichen, um deutlich zu machen, daß das Modell des »pädagogischen Bezugs« heute nicht mehr als angemessenes Modell für die Analyse bzw. Normierung des Erziehungsprozesses angesehen werden kann. Eine Theorie der Erziehung und der Erziehungsprozesse kann heute nur in kritischer Auseinandersetzung mit dem Modell des »pädagogischen Bezugs« entwickelt werden.

Das Theorie-Praxis-Verhältnis in der Erziehung

Bereits mehrere Male sind wir im Verlauf unserer problemgeschichtlichen Darstellung der geisteswissenschaftlichen Pädagogik auf die Frage gestoßen, in welchem Verhältnis Theorie und Praxis in der Erziehung und in der Erziehungswissenschaft zueinander stehen. In der geisteswissenschaftlichen Pädagogik hat diese Frage eine im weiteren näher zu untersuchende Antwort gefunden; im Verlauf unserer Ausführungen wird sich zeigen, daß in den anderen noch zu behandelnden Paradigmen der Erziehungswissenschaft zu diesem Problem jeweils unterschiedliche Perspektiven entwickelt werden.

Um angemessen verstehen zu können, wie sich in der geisteswissenschaftlichen Pädagogik das Verhältnis von Theorie und Praxis dargestellt hat, bedarf es zunächst eines Rückgriffs auf Herbarts Verständnis des Theorie-Praxis-Verhältnisses. Denn sein Verständnis dieses Problems bildete den Hintergrund, von dem sich Schleiermacher und die sich auf ihn und seinen Schüler Dilthey beziehende geisteswissenschaftliche Pädagogik abzusetzen versuchten. Schließlich wollen wir das Theorie-Praxis-Verhältnis am Beispiel Wenigers untersuchen, der diesem Problem zeit seines Lebens besondere Aufmerksamkeit zugewendet hat.

Schon in Herbarts »Allgemeiner Pädagogik« wird das Theorie-Praxis-Verhältnis vorwiegend von der Theorie her verstanden und konzipiert. So heißt es dort etwa:

»Was man *wolle*, indem man erzieht und Erziehung fordert, das richtet sich nach dem Gesichtskreise, den man zur Sache mitbringt« (a.a.O., S. 28). »Vom Erzieher habe ich Wissenschaft und Denkkraft gefordert« (a.a.O., S. 32). »Pädagogik ist die Wissenschaft, deren der Erzieher *für sich* bedarf. Er soll auch Wissenschaft besitzen zum *Mitteilen*. Und ich gestehe gleich hier, keinen Begriff zu haben von Erziehung *ohne Unterricht*« (a.a.O., S. 33). »Die Menschheit selbst erzieht sich fortdauernd durch den Gedankenkreis, den sie erzeugt« (a.a.O., S. 41).

Bereits diese wenigen Zitate machen deutlich, daß Herbart, ganz der Aufklärung verhaftet, davon ausgeht, daß die vornehmliche Aufgabe der Erziehung die Klärung des Gedankenkreises mit Hilfe von Wissenschaft sei. Dazu erfolgt eine Trennung von Pädagogik als »Wissenschaft« und Pädagogik als »Kunst«. Pädagogik als »Wissenschaft« beschäftigt sich mit den Zielen und Zwecken der Erziehung, mit dem Aufgabenkreis der Praxis, Pädagogik als »Kunst« mit der Entwicklung der für den Unterricht notwendigen Fertigkeiten. Diese Unterscheidung zwischen Pädagogik als »Wissenschaft« und als »Kunst« ist zugleich eine Unterscheidung zwischen einer eher der Theorie und einer eher der Praxis zugewandten Pädagogik; zwischen beiden ergibt sich eine Kluft, die nicht ohne weiteres zu schließen ist. Sie zu überbrücken, wird als die Aufgabe des *»pädagogischen Takts«* bestimmt, der dem Erzieher allmählich während der Praxis erwächst. Zugleich wird der pädagogische Takt auch durch die Theorie bestimmt, mit deren Hilfe der Gedankenkreis des Erziehers geformt wird:

»Es gibt also ... eine *Vorbereitung auf die Kunst durch die Wissenschaft*. ... Im Handeln nur lernt man die Kunst, erlangt man Takt...; aber selbst im Handeln lernt die Kunst nur *der*, welcher vorher im Denken die Wissenschaft gelernt« hat (Päd. Schriften I, S. 127 f.).

Aus den angeführten Überlegungen wird deutlich, daß für Herbart die theoretische Bestimmung der Zwecke der Erziehung Vorrang hat. Problematisch ist bei ihm, daß er glaubt,

»es genüge, den in der Praxis natürlich sich bildenden Takt an der theoretischen Sinnbestimmung des Was der Erziehung zu orientieren, damit der Takt als ›gehorsamer Diener der Theorie‹ zugleich in rechter Weise ›unmittelbarer Regent der Praxis‹ sein und in ›schneller Beurteilung und Entscheidung‹ die konkreten Verhältnisse der Praxis dem Ideal der theoretischen Sinnbestimmung annähern könne«(Schmied-Kowarzik 1974, S. 144).

Somit gesteht Herbart also der Theorie den Vorrang vor der Praxis zu; damit entwickelt er eine Sichtweise des Theorie-Praxis-Verhältnisses, von der sich Schleiermachers Auffassung abhebt.

Bei Schleiermacher, auf den die geisteswissenschaftliche Pädagogik zurückgreift, um sich gegen den Primat der Theorie vor der Praxis zu sichern, wird das Theorie-Praxis-Verhältnis als ein dialektisch vermitteltes bestimmt, wobei der Praxis der Erziehung tendenziell der Vorrang zukommt. Die Theorie der Erziehung ist in zweifacher Weise auf die Praxis der Erziehung verwiesen. Einmal ist Praxis immer schon jeder Theorie vorgegeben. Zum anderen wird die Theorie — will sie nicht auf die Verwirklichung ihrer Intentionen von vornherein verzichten — immer wieder auf die historisch-gesellschaftliche Wirklichkeit verwiesen:

»So wie aber in die Theorie Spezielles hinein kommen soll, so werden wir auch *faktische Voraussetzungen* annehmen, ohne welche die Theorie nicht bestehen kann. Denn die Theorie der Erziehung ist nur die Anwendung des spekulativen Prinzips der Erziehung auf gewisse gegebene faktische Grundlagen« (Schleiermacher 1965, S. 19).

Damit wird — für das geisteswissenschaftliche Denken bestimmend — die Möglichkeit einer allgemeingültigen Theorie der Erziehung ohne Bezug auf konkrete historisch-gesellschaftliche Bedingungen — wie sie noch für Herbart erreichbar erschien — geleugnet: »So kommen wir immer wieder darauf zurück, daß es eine allgemeingültige Theorie unmöglich geben kann« (Schleiermacher 1965, S. 22). Doch bedarf jede Erziehungspraxis einer Theorie, durch die der Erzieher die normativ-ethischen Ansprüche der Gesellschaft und des Staates erfährt und mit deren Hilfe er seine Erziehungskunst entwickeln kann. »Denn die einzelnen erzieherischen Entscheidungen können ›nur aus einer wissenschaftlichen Begründung hervorgehen‹, wenn eine von erzieherischer Verantwortlichkeit getragene Aufgabenbestimmung ›entwickelt wird, der die Praxis sich annähern soll‹ und der sie sich von ihren Bedingungen her auch annähern kann« (Schmied-Kowarzik 1974, S. 139). Eine solche erzieherische Verantwortlichkeit »beruht auf der Einsicht vom Sittlichen, wie diese in einem *bestimmten Gesamtleben*, für welches die Pädagogik gegeben wird, im einzelnen und großen *gerade* ist« (Schleiermacher 1965, S. 27).

Die in der Theorie festgelegte sittliche Verantwortung der Pädagogik wird im einzelnen durch die jeweiligen historischen Bedingungen der gesellschaftlichen Praxis bestimmt. Diese Bestimmung erfolgt im Sinne einer zunehmenden Tendenz zur Versittlichung; diese Tendenz zur Versittlichung wird mit Hilfe der Theorie dem Erzieher bewußt gemacht und beginnt damit, das erzieherische Handeln zu steuern. Somit ist für Schleiermacher eine prinzipielle Vorrangigkeit des Lebens bzw. der pädagogisch-gesellschaftlichen Praxis vor der Theorie gegeben, der vor allem die Aufgabe obliegt, die jeweilige Entwicklungstendenz der erzieherischen Praxis auf den Begriff zu bringen.

»In der *Theorie* haben wir nun aber nichts anderes zu tun, als die gegenwirkende und unterstützende pädagogische Tätigkeit aufzustellen und deren gegenseitiges Verhältnis nachzuweisen. Dem *Leben* selbst haben wir dann zu überlassen, was in jedem Augenblick getan werden soll. Die Theorie leistet nur den Dienst, den das besonnene Bewußtsein überall in der Praxis leistet; denn wo wahre Besonnenheit ist, da wird auch im Leben immer auf den Komplex der Aufgabe gesehen, nicht auf den Augenblick allein« (Schleiermacher 1965, S. 53).

Schleiermacher verkürzt hier die Theorie-Praxis-Problematik insofern, als er die tendenzielle Versittlichung der Lebenspraxis von sich aus für gegeben hält. Durch diese Annahme und die auf ihr beruhende Nachordnung der Theorie hinter die Praxis begibt sich Schleiermacher der Möglichkeit, einen kritischen Standpunkt gegenüber der gesellschaftlichen Praxis zu gewinnen, der es ihm ermöglichen würde, die vorausgesetzte selbständige Versittlichung des Lebens zu hinterfragen bzw. zu überprüfen. Der Erziehung als Wissenschaft entzieht er damit weitgehend die Möglichkeit, sich kritisch gegenüber der gesellschaftlichen Praxis und der Erziehungspraxis zu verhalten. Eine ähnliche Verkürzung wird sich auch in Wenigers Verständnis des Theorie-Praxis-Verhältnisses zeigen, dem wir uns nun zuwenden wollen.

Weniger knüpft unmittelbar an Theodor Litts Erörterung des Theorie-Praxis-Verhältnisses in »Das Wesen des pädagogischen Denkens« an, als er 1929 mit seinem Aufsatz »Theorie und Praxis in der Erziehung« (Weniger 1953c) eine seiner ersten wissenschaftstheoretischen Arbeiten zum Theorie-Praxis-Verhältnis vorlegt. Diese Untersuchung des Theorie-Praxis-Verhältnisses soll einem besseren Verständnis des erzieherischen Handelns, seiner theoretischen und politischen Voraussetzungen und der praktischen Bewältigung von Erziehungsproblemen dienen. Nach Wenigers Auffassung hat die Pädagogik als Wissenschaft die gleiche Verantwortung gegenüber dem Educandus, wie sie für die Pädagogik als erzieherisches Handeln als selbstverständlich anerkannt wird. Weniger geht es um die Entwicklung einer pädagogischen Theorie, in der das praktische Moment aufgehoben ist und in deren Struktur sich das erzieherische Handeln in dem Aufbau wiederfindet. Eine solche pädagogische Theorie folgt der pädagogischen Praxis und entwirft sie ihr vorauseilend. Daß die pädagogische Theorie die pädagogische Praxis zum Ausgangspunkt nimmt und sie in der beschriebenen Weise deutet und festlegt, bestimmt den spezifischen Wissenschaftscharakter der Erziehungswissenschaft. Für eine den praktischen Problemen der Erziehung verpflichtete Erziehungswissenschaft ist eine Präzisierung des Verhältnisses zwischen Theorie und Praxis erforderlich. Daher versucht Weniger seinen Theoriebegriff in dreifacher Hinsicht zu differenzieren.

Zunächst unterscheidet er eine *Theorie ersten Grades;* mit ihr bezeichnet er die in der Praxis enthaltene latente Theorie. Diese ist dem Praktiker nicht verfügbar; sie wirkt in seinem *Unterbewußtsein* auf seine Wahrnehmung des Erziehungsfeldes und der dort zu lösenden Aufgaben ein; sie ist das Ergebnis zahlreicher wieder vergessener Sozialisationserfahrungen; als unbewußte Theorie ist sie nicht — oder nur sehr schwer — kontrollierbar. Sie ist

»in der Nähe des ursprünglichen griechischen Wortsinns, die unausdrückliche Anschauung, in der die Wirklichkeit gegenständlich wird, die Voreinstellung, die unausgesprochene Fragestellung, die an die Wirklichkeit und die Aufgabe herangebracht wird, das Gerichtetsein auf Gegenstand und Aufgabe, die schon die erste Ordnung in ihnen vollzieht. Es ist die eingehüllte Rationalität, die in der geistigen Haltung des Menschen liegt, die anrufende und gestaltende Kraft, die in der inneren Form des Menschen immer schon enthalten ist« (Weniger 1953c, S. 16).

Von ihr grenzt Weniger eine *Theorie zweiten Grades* ab. Sie umfaßt das *Handlungswissen des Praktikers.* Sie ist nicht immer präsent, auch wenn sie latent vorhanden ist. Doch kann sie mit Hilfe ausdrücklichen Bemühens bewußt gemacht und in ihrer das erzieherische Handeln steuernden Funktion nachgewiesen werden. In den Worten Wenigers ist sie alles, »was auf irgendeine Art formuliert, im Besitz des Praktikers vorgefunden und von ihm benutzt wird«, ... auch wenn es nicht »bewußt im Sinne der ausdrücklichen Verfügbarkeit sprachlicher Prägnanz« ist (a.a.O., S. 17).

Schließlich unterscheidet Weniger noch eine *Theorie dritten Grades*, die »das Verhältnis von Theorie und Praxis in der Praxis zu ihrem Gegenstand« hat. Ihr obliegt die Klärung des Verhältnisses von Theorie und Praxis im Handlungszusammenhang der pädagogischen Praxis. Neben dieser Aufgabe der grundsätzlichen Bestimmung des Theorie-Praxis-Verhältnisses muß sie zur Präzisierung und Klärung der im Erziehungsfeld wirksamen Theorie beitragen. Bei dieser Aufgabe ist sie zugleich auch an die Praxis gebunden; dabei ist das Verhältnis von Theorie und Praxis so bestimmt, daß die Theorie von der jeweils gegebenen Praxis abhängig ist.

»Aber die wissenschaftliche Theorie der Pädagogik hat nicht bloß diese objektive, bloß analytische Funktion der Aufklärung des Sachverhaltes, sondern sie hat auch einen Ort unmittelbar im Zusammenhang der Praxis selbst. Sie übernimmt die Funktion der Theorie innerhalb der Praxis als stellvertretende Besinnung, als Läuterung der in der Praxis angelegten Theorien, als bewußte Vorbesinnung und bewußte nachträgliche Klärung. Während sie als Theorie der Theorie, beschäftigt mit der Aufklärung des Gesamtsachverhaltes von Theorie und Praxis, sozusagen für sich bestehen kann, von außen und von oben das Geschehen auf dem Felde der Erziehung betrachtend, ist sie hier innerlich an die Praxis gebunden, ist sie schlechthin abhängig von der Praxis und der Erziehungswirklichkeit« (a.a.O., S. 19 f.).

Für ein angemessenes Verständnis des Theorie-Praxis-Verhältnisses bei Weniger und der geisteswissenschaftlichen Pädagogik muß man sich bewußt machen, daß es sich bei der obigen Skizze des Aufbaus erziehungswissenschaftlicher Theorie jeweils um Theorieformen handelt, die sich lediglich durch ihre zunehmende Rationalität und Entfernung von den unmittelbaren pädagogischen Akten unterscheiden. Entscheidend ist die Einsicht, daß pädagogische Erfahrungen »in Wahrheit immer das Ergebnis einer Fragestellung, also einer — wenn auch nicht ausdrücklichen — Theorie« sind (a.a.O., S. 11). Das heißt also: Damit

Erfahrungen entstehen können, die die pädagogischen Akte beeinflussen, muß es zu einer theoretischen Erhellung der Praxis kommen. Eine solche theoretische Aufklärung kann durchaus auf unterschiedlichen Ebenen der Theoriebildung erfolgen. Das bedeutet: Bereits die in der pädagogischen Praxis enthaltene Theorie ersten Grades bestimmt die Art und die Möglichkeit der Erfahrungen mit, die sich in der Folge bei dem Praktiker zu Erfahrungssätzen, Lebensregeln, also Theorien zweiten Grades verdichten. Da jedoch die Erfahrungen des Praktikers nicht nur durch Theorien zweiten Grades bestimmt, sondern auch von den Theorien ersten Grades beeinflußt werden, muß man von einer echten Theorie verlangen, daß in ihr die Theorie ersten und zweiten Grades angemessen vermittelt werden.

Für Weniger besteht daher eine zentrale Aufgabe der Erziehungswissenschaft darin, die Übereinstimmung zwischen erster und zweiter Theorie herzustellen. Die Frage ist jedoch, ob eine solche Übereinstimmung überhaupt möglich ist. Denn die Unterscheidung zwischen den beiden Arten der Theorie besagt ja gerade, daß die Theorie ersten Grades und die Theorie zweiten Grades nicht vollends zur Deckung gebracht werden können. Dieser Sachverhalt ergibt sich daraus, daß die Theorie ersten Grades nicht sprachlich artikulierbar ist und daher mit der Theorie zweiten Grades auch nicht verglichen werden kann. Denn wäre die Theorie ersten Grades sprachlich artikulierbar, wäre diese Theorie nicht mehr von der zweiten Grades zu trennen. Benner, der diese Zusammenhänge sehr genau untersucht hat, folgert zu Recht (1973, S. 217 f.):

»Man kann bestenfalls jene Theorien, welche in die Erfahrung pädagogischer Situationen eingehen, vergleichen mit solchen, deren sich der Erzieher bei der Beurteilung seines Tuns, eben jener Erfahrungen, die er auf Grund seiner Einstellung gemacht hat, bedient. Wird nun eine Diskrepanz zwischen den der Praxis vor- und den der Praxis nachgeordneten Überlegungen des Erziehers festgestellt, so besagt dies sehr wenig; im Grunde nicht mehr und nicht weniger, als daß der Erzieher aus anderen Einstellungen handele und aus anderen wiederum sein Handeln beurteile.«

Die Tatsache, daß Pädagogen auf der Grundlage bestimmter Theorien handeln, ihr Handeln aber wiederum auf der Grundlage anderer Theorien beurteilen, haben auch zahlreiche neuere Untersuchungen zum Lehrerverhalten nachgewiesen. Dieser Sachverhalt stellt jedoch noch kein Kriterium für das Urteil darüber dar, welcher der Theorien höhere Gültigkeit zukommt. Hier soll in den Überlegungen Wenigers die Theorie dritten Grades, die »Theorie des Theoretikers«, Hilfe leisten. Sie übernimmt die Funktion der Theorie in der Praxis; sie knüpft unmittelbar an der Erziehungswirklichkeit an und versucht, durch »bewußte Vorklärung« und »nachträgliche Klärung« dem Praktiker zur angemessenen Einschätzung der Praxis zu helfen. Dabei hat die Theorie dritten Grades in der Regel ein höheres Maß an Gültigkeit als die Theorien ersten und zweiten Grades, mit denen sie — sich von ihnen distanzierend — das gleiche Engagement für die Praxis teilt.

Der Denkfigur des »traditionellen« hermeneutischen Zirkels folgend, entsteht auf der Grundlage eines theoretischen Vorverständnisses durch die Praxis und der darauf folgenden Reflexion (Theorie dritten Grades) die Erkenntnis und Aufhellung der Praxis. Darüber hinaus ordnet Weniger der (wissenschaftlichen) Theorie dritten Grades die Aufgabe zu, die »Aufklärung des Gesamtsachverhaltes von Theorie und Praxis« zu leisten. In dieser Funktion nimmt die Theorie dritten Grades die Rolle einer *Metatheorie* ein. Als solche ist sie den anderen drei Theorieformen übergeordnet und müßte eigentlich als eine Theorie vierten Grades von den anderen Theorieformen unterschieden werden. Unter anderem kommt dieser Theorie vierten Grades die Aufgabe zu, das metatheoretische Regelsystem der geisteswissenschaftlichen Pädagogik zu entwickeln, in dem die Frage nach dem Theorie-Praxis-Verhältnis eine zentrale Stellung einnimmt.

Nach Auffassung von Weniger stellt sich der Gesamtsachverhalt von Theorie und Praxis wie folgt dar: »Von vorwärts und von rückwärts also ist der pädagogische Akt von Theorie umklammert und gestützt. Praxis enthält Theorie als Bedingung ihres Tuns und wird vollendet zur ›Erfahrung‹ durch Theorie als Folge des Tuns« (Weniger 1953c, S. 16). Deutlich wird hier der *Primat der Praxis* gegenüber der Theorie behauptet. Theorie wird begriffen als Hilfe zur Aufklärung der Praxis, d. h. vor allem als Hilfe zur Verbesserung der Erziehungswirklichkeit und der in ihr wirkenden pädagogischen Handlungen. Die Theorie klammert dabei — nach der Formulierung des

Zitats — die Praxis von vorne und hinten ein. Ähnlich wird auch die Theorie dritten Grades von einer vorgängigen und nachfolgenden Praxis eingeklammert. Wie schon im Falle der von der Theorie eingeklammerten Praxis, schwindet damit auch die Möglichkeit, die von der Praxis ein-geklammerte Theorie der Kritik zu unterziehen.

Da Weniger das Theorie-Praxis-Verhältnis unter Zuhilfe-nahme des Modells eines Zirkels zwischen Theorie und Praxis erklärte, kam er nicht zu der Erkenntnis, daß doch erst, wenn die in diesem Zirkel bestehende Kontinuität fraglich wird, das Bedürfnis nach wissenschaftlicher Theorie auftritt. Solange die Praxis und die in ihr geltenden Normen und Zielvorstellungen nicht zweifelhaft werden, sondern im Rahmen der tradierten Vorstellungen und Problemlösungsmuster gehandhabt werden, wird lediglich eine *Theorie der vorgefundenen Praxis* benötigt, um diese Praxis immanent anzuleiten und zu verbessern. Wenn jedoch die tradierte Praxis mit ihren tradierten Normen und Zielvorstellungen fraglich wird, Theorie also nicht mehr ohne weiteres an die vorgegebene Praxis gebunden werden kann, bzw. als solche unter Ideologieverdacht gerät, muß Theorie nach neuen Kriterien zur Beurteilung der Praxis und zur Entwicklung neuer Praxisformen suchen. Das heißt, sie muß zunächst in kritischer Funktion bei der *Infragestellung* gegebener Praxis und sodann in konstruktiver Funktion bei der *Veränderung* von Praxis wirksam werden, anderenfalls kann sie der Gefahr bloßer Sanktionierung tradierter Praxis nicht entgehen. Erst als die tradierte Erziehungspraxis infolge des Einflusses der Kritischen Theorie als Teil der bürgerlichen Gesellschaft und der ihr inhärenten Herrschaftsverhältnisse aufgefaßt wurde, verlor die Erziehungspraxis ihre bis dahin nicht hinterfragte Gültigkeit. Erst jetzt wurde sie daraufhin befragt, welche Funktion ihr für die Sicherung der gegen-wärtigen gesellschaftlichen Verhältnisse zukomme. Ange-sichts der Übermacht dieser, auch die Praxis der Erziehung beeinflussenden gesellschaftlichen Verhältnisse, kam es im Rahmen der Kritischen Theorie und der sich an ihr orien-tierenden Erziehungswissenschaft wieder zu einer »Auf-wertung« der Theorie, obwohl man prinzipiell auch den Primat der erzieherischen Praxis als Teil der gesellschaft-lichen Praxis anerkannte.

Wenn man die prinzipiellen Zweifel der Kritischen Theorie im Hinblick auf die in der bürgerlichen Gesellschaft gegebenen Möglichkeiten zur Selbstvollendung der Menschengattung teilt, kann Wenigers im Rahmen der geisteswissenschaftlichen Pädagogik erfolgter Versuch, das Theorie-Praxis-Verhältnis der Pädagogik auf den Begriff zu bringen, nicht mehr als gültig angesehen werden. Denn unzulässig ist die Nachgeordnetheit der Theorie gegenüber der Praxis, in der die Theorie weitgehend beschränkt wird auf eine »Hermeneutik des Vorverständnisses, welches sich eine als sittlich vorausgesetzte Gesellschaft von ihrer eigenen Zukunft jeweils immer schon gemacht hat« (Benner 1973, S. 221). Auch Dahmer (1968) sah in diesem ungebrochenen Vertrauen Wenigers auf eine prinzipiell vernünftige gesellschaftliche Praxis die entscheidende Unzulänglichkeit in Wenigers Verständnis des Theorie-Praxis-Verhältnisses; in Anlehnung an Adorno forderte Dahmer daher die Selbständigkeit der Theorie im Interesse der Praxis (vgl. Kap. 4).

Zusammenfassende und weiterführende Thesen

(1) In Abhebung von traditionellen normativen Entwürfen der Pädagogik ging die geisteswissenschaftliche Pädagogik davon aus, daß die Erziehung und die Erziehungswissenschaft die *Geschichtlichkeit* ihres Aufgabenfeldes berücksichtigen müssen. Mit dieser Erkenntnis wollte man sich gegen Versuche abgrenzen, die eine allgemeingültige, von den jeweiligen historisch-gesellschaftlichen Bedingungen unabhängige Erziehungswissenschaft für möglich hielten. Diese Erkenntnis der geisteswissenschaftlichen Pädagogik ist für das Selbstverständnis der Erziehungswissenschaft bis in die Gegenwart herein verbindlich geblieben. Allerdings muß sie heute radikaler gefaßt werden. Ein vorwiegend geistes- und ideengeschichtliches Verständnis der Geschichte muß im Zusammenhang mit der Entwicklung der Erziehungswissenschaft zur Sozialwissenschaft durch ein eher *sozialgeschichtliches Verständnis* ergänzt werden, in dessen Rahmen auch Fragen *historischer Sozialisationsforschung* behandelt werden müssen.

(2) Für die geisteswissenschaftliche Pädagogik war die Erziehungswirklichkeit Teil der gesellschaftlichen Praxis.

Allerdings war ihr Verständnis von den Strukturen der Gesellschaft nach heutigen Maßstäben wenig ausgebildet. Insgesamt fehlte es ihr an einer ausgearbeiteten *Theorie der Gesellschaft*, von der aus sie die Aufgaben der Erziehung und der Erziehungswissenschaft im Rahmen gesellschaftlicher Praxis hätte bestimmen können. Insofern war es ihr auch nur in begrenztem Maße möglich, bestimmte Sachverhalte in der Gesellschaft und im Erziehungssystem *kritisch* zu sehen; die dazu erforderlichen Kriterien — die später teilweise die Kritische Theorie erarbeitete — fehlten noch fast ganz. Daher erlag die geisteswissenschaftliche Pädagogik auch der Gefahr, Entwicklungen gutzuheißen, von denen sie sich — ihrem eigenen Anspruch nach — hätte kritisch distanzieren müssen.

(3) Die geisteswissenschaftliche Pädagogik begriff sich als *Theorie der Praxis der Erziehung* und zugleich als *Theorie für diese Praxis*. Sie verstand sich als eine Handlungswissenschaft. Als solche entwickelte sie ein bestimmtes Verständnis pädagogischen Handelns. Dieses Verständnis beansprucht in mancher Hinsicht bis in die Gegenwart Gültigkeit, wenngleich die enge wechselseitige, nicht kritisch aufbrechbare Verschränktheit von Theorie und Praxis in der Erziehung unter den gegebenen gesellschaftlichen Bedingungen der Kritik unterzogen werden muß.

(4) Das Modell zur Bestimmung des »*pädagogischen Verhältnisses*«, das die geisteswissenschaftliche Pädagogik entwickelt hat, kann für die heutige Erziehungswissenschaft kaum mehr als ein »Hintergrundmodell« für die Entwicklung einer Theorie erzieherischer Interaktionen darstellen. Die Relativierung des Wertes dieses Modells der Erziehung ergibt sich daraus, daß es lediglich eine bestimmte Situation der Erziehung idealisierend als *die* Erziehungssituation schlechthin festschreibt und damit *ungeschichtlich* und undialektisch verfährt.

(5) Mit der Betonung der Geschichtlichkeit der Erziehung und der Einmaligkeit und Besonderheit jeder gegebenen Erziehungspraxis gewannen *hermeneutische Verfahren* an Bedeutung. Im Rahmen geisteswissenschaftlicher Pädagogik wurden diese vorwiegend bei der *Interpretation historischer* Texte angewendet. Für die *Erforschung der Erziehungswirklichkeit*, bei der ihnen von der geisteswissenschaftlichen Pädagogik ebenfalls eine zentrale Funktion

zugeschrieben wurde, fanden sie dennoch kaum Anwendung. Erst neuerdings werden hermeneutische Verfahren im Rahmen der Handlungsforschung systematisch zur Erforschung der Erziehungspraxis herangezogen (vgl. Kap. 5). Aus heutiger Sicht greift die Verwendung hermeneutischer Methoden in der geisteswissenschaftlichen Pädagogik auch insofern zu kurz, als sie noch nicht durch die ideologiekritische Perspektive ergänzt wurden (vgl. Kap. 4).

(6) Da die geisteswissenschaftliche Pädagogik hermeneutische Verfahren zur Erforschung der Erziehungspraxis kaum verwandte, begab sie sich der Möglichkeit, sich als *Erfahrungswissenschaft* im Sinne Diltheys zu entwickeln, der die Geisteswissenschaften durchaus als Erfahrungswissenschaften begriffen hatte; geschweige denn, daß es der geisteswissenschaftlichen Pädagogik auf andere Weise möglich gewesen wäre, sich einen methodisch gesicherten Zugang zur Erziehungswirklichkeit zu schaffen. Daher gelang es ihr auch nicht, ihre theoretischen Aussagen auf konkrete Erziehungsprozesse zu beziehen und theoretisch begründete Reformen praktisch anzuleiten. Statt dessen geriet sie eher in Gefahr, ihre theoretischen Aussagen zu idealisieren und als Ersatz für Veränderungen im Bereich der Erziehungswirklichkeit zu nehmen; eine gewisse Praxisferne war das Ergebnis. Somit blieb die geisteswissenschaftliche Pädagogik hinter ihrem Anspruch zurück, Hilfe zur Verbesserung der Erziehungspraxis zu sein.

(7) Die geisteswissenschaftliche Pädagogik begründete ihr Recht auf Eigenständigkeit als Wissenschaft und auf *»relative Autonomie«* vor allem aus der Tatsache, daß keine andere Wissenschaft oder Disziplin als die Pädagogik für den Erziehungsprozeß zuständig sei. Zudem schrieb sich die Pädagogik die Aufgabe zu, das Eigenrecht des Kindes und der Kindheit gegen die Ansprüche »gesellschaftlicher Mächte« zu verteidigen. Angesichts dieser durchaus emanzipatorischen Intentionen erhebt sich jedoch die Frage, wieweit die geisteswissenschaftliche Pädagogik ihre Ansprüche verwirklichen konnte und wieweit diese Ansprüche nicht die Funktion hatten, darüber hinwegzutäuschen, daß die »relative Autonomie« der Pädagogik, vor allem im Hinblick auf ihre Möglichkeit, das Eigenrecht des Kindes gegen die Interessen gesellschaftlicher Gruppen zu verteidigen, faktisch gering war.

(8) Insbesondere von Autoren, die dem Kritischen Rationalismus nahestehen, wird verschiedentlich darauf hingewiesen, daß die *»Sprache«* der *geisteswissenschaftlichen Pädagogik* nicht präzise genug sei (Ulich 1972, 1976; König 1975). Vor allem wegen der fehlenden Unterscheidung zwischen »deskriptiven« und »normativen« Aussagen sowie einer nicht erfolgten metatheoretischen Rechtfertigung normativer Sätze, habe die geisteswissenschaftliche Pädagogik keine ausreichenden Kriterien gehabt, zwischen der historisch vorgegebenen Erziehungspraxis und normativen Aussagen über diese zu unterscheiden. Indem man die Wirklichkeit der Erziehungspraxis durch normative Vorstellungen über diese »ersetzte«, kam es häufig zu einer *Idealisierung der Erziehungspraxis.* Diese Idealisierung führte dazu, daß die geisteswissenschaftliche Pädagogik oft das als gerechtfertigt ansah, was sich historisch durchgesetzt hatte.

3. Kapitel
Empirische Erziehungswissenschaft

Einführung

Seit dem Anfang dieses Jahrhunderts gab es zahlreiche
Ansätze, die empirisch-analytische Forschung zu einem
festen Bestandteil der Erziehungswissenschaft zu machen.
Teilweise verstanden sich diese Versuche als Bemühungen,
die geisteswissenschaftliche Pädagogik um erfahrungswissenschaftliche Forschung zu ergänzen; teilweise erfolgten sie
in der Absicht, die »unwissenschaftliche« geisteswissenschaftliche Pädagogik durch ein neues Konzept einer empirischen »wissenschaftlichen« Pädagogik zu ersetzen. Doch
gelang es lange Zeit diesen Ansätzen nicht, die führende
Stellung der geisteswissenschaftlichen Pädagogik zu erschüt-
tern. Vielmehr entwickelten sie sich eher am Rande der
Erziehungswissenschaft. Diese Randstellung der Empirie
begann sich am Ende der fünfziger und Anfang der sechziger Jahre langsam zu ändern. Allmählich gewann die
empirische Erziehungswissenschaft gegenüber anderen Wissenschaftsrichtungen an Bedeutung. Nachhaltig wandte sie
sich vor allem gegen »die methodische Naivität der
geisteswissenschaftlichen Pädagogik im Hinblick auf die
Erfassung der jeweils gegenwärtigen Erziehungswirklichkeit, also all der Vorgänge, Institutionen, Faktoren, die
den tatsächlichen Ablauf von erzieherischen oder erzieherisch bedeutsamen (Prozessen, Ch. W.) in der jeweiligen
Gegenwart ausmachen oder bestimmen« (Klafki 1971,
S. 367 f.). Dabei griff sie in konzeptueller, methodischer
und instrumenteller Hinsicht weniger auf entsprechende
Ansätze in der deutschen Erziehungswissenschaft im ersten
und zweiten Jahrzehnt dieses Jahrhunderts zurück, die
zum Teil noch recht unzulänglich waren, sondern sie versuchte, die amerikanischen Erfahrungen in der empirischen
Forschung zu rezipieren. Denn vor allem in den USA war
die empirisch-analytische Forschung seit dem Anfang des
Jahrhunderts unter dem Einfluß des *Behaviorismus*, des
Operationalismus und des *Positivismus* zum bevorzugten
Bereich der erziehungswissenschaftlichen Forschung geworden.

Im Zusammenhang mit der Reeducation-Bewegung und der nach dem Kriege um eine schnelle Rezeption der amerikanischen Forschungen bemühten Soziologie und Psychologie kam es zu den ersten Ansätzen empirisch-analytischer pädagogischer Forschung in der Bundesrepublik. Sie wurden damals in starkem Maße von den jüngeren Erziehungswissenschaftlern getragen; die Vertreter der geisteswissenschaftlichen Pädagogik verhielten sich ihr gegenüber eher abwartend oder kritisch distanziert. Für die Entwicklung der empirisch-analytischen Forschung im Bereich der Erziehung kam den Beiträgen aus den angrenzenden Sozialwissenschaften besondere Bedeutung zu. Vor allem die Soziologie und die Psychologie befaßten sich mit verschiedenen für die Erziehung relevanten Fragen, so daß sie es primär waren, die die Bedeutung der empirisch-analytischen Forschung für die Erziehung nachweisen konnten. In ihrem Bereich entstand eine Reihe wichtiger Arbeiten zu methodischen und instrumentellen Problemen der Sozialwissenschaften, die auch für die Erziehungswissenschaft wichtig wurden. In Verbindung mit dieser Entwicklung erweiterten sich im Vergleich zur geisteswissenschaftlichen Pädagogik auch die Aufgaben der Erziehungswissenschaft wesentlich. Soziologische, psychologische, ökonomische, politische Fragestellungen und Forschungsergebnisse wurden in ihrer unmittelbaren Relevanz für die Erziehung entdeckt.

Im Laufe der sechziger und der ersten Hälfte der siebziger Jahre hat sich die empirische Forschung im Bereich der Erziehungswissenschaft etabliert. Heute ist sie ein fester Bestandteil der Erziehungswissenschaft, ohne den diese nicht mehr denkbar ist. Die Entwicklung der empirischen Forschung stand im vergangenen Jahrzehnt in enger Verbindung mit den Reformbemühungen im Bildungswesen. Man erhoffte sich von der empirischen Forschung Unterstützung für eine reformorientierte Bildungspolitik — besonders im Hinblick auf die Planung, Entwicklung und Auswertung von Reformen — sowie für eine sozialwissenschaftliche, auf das Bildungswesen insgesamt bezogene Forschung, also für die Bildungsforschung im weiteren Sinne. Diese Erwartungen sichern auch jetzt noch die Stellung der empirischen Forschung in der Erziehungswissenschaft. Zur Zeit gibt es keinen Bereich der Erziehungswissenschaft, in dem nicht empirisch gewonnene Ergebnisse wichtig sind. Eine ähnliche Ausweitung der empirisch bearbeiteten Fragestellungen zeigte sich auch in anderen Sozialwissenschaften, die sich zudem in immer stärkerem Maße auch mit Problemen aus dem Bildungsbereich befaßten. Da sich Wissenschaftler aus den verschiedenen Einzelwissenschaften nun häufig den gleichen oder ähnlichen Fragestellungen zuwandten, lösten sich die eindeutigen Grenzen zwischen der Erziehungswissenschaft und den anderen Sozialwissenschaften allmählich auf. In diesem Zusammenhang wurde eine Unterscheidung zwischen *erziehungswissenschaftlicher empirischer Forschung (Bildungsforschung im engeren Sinne)* und einer *Bildungsforschung im weiteren Sinne* notwendig. Der Deutsche Bildungsrat nimmt diese Unterscheidung folgendermaßen wahr (1974, S. 16):

»Man kann Bildungsforschung in einem weiteren und engeren Sinne auslegen. Im engeren Sinne hat es sie als Unterrichtsforschung schon immer gegeben. Im weiteren Sinne kann sie sich auf das gesamte Bildungswesen und seine Reform im Kontext von Staat und Gesellschaft beziehen, einschließlich der außerschulischen Bildungsprozesse. Wie weit oder eng aber auch die Grenzen gezogen werden, es sollte nur dann von Bildungsforschung gesprochen werden, wenn die zu lösende Aufgabe, die Gegenstand der Forschung ist, theoretisch oder empirisch auf Bildungsprozesse (Lehr-, Lern-, Sozialisations- und Erziehungsprozesse), deren organisatorische und ökonomische Voraussetzungen oder Reform bezogen ist.«

Nach dieser Unterscheidung stellt die erziehungswissenschaftliche empirische Forschung nur den Teil der Bildungsforschung dar, für den — wie es weiter heißt — eine »pädagogische Orientierung konstitutiv« ist. Nach dieser Auffassung können die Aufgaben, Ziele und Methoden erziehungswissenschaftlicher Forschung nur im Kontext einer sozialwissenschaftlichen Bildungsforschung insgesamt näher bestimmt werden. Eine Unterscheidung zwischen einer vorwiegend praxis-, entwicklungs- oder theorieorientierten Forschung beinhaltet eine Möglichkeit der Systematisierung von sozialwissenschaftlichen Forschungsaktivitäten im Bildungsbereich. Diese Unterscheidung zieht der Deutsche Bildungsrat anderen Systematisierungsgesichtspunkten vor, die z. B. die Unterscheidung zwischen mikrotheoretisch und makrotheoretisch orientierter Forschung oder die Unterscheidung zwischen Grundlagen- und angewandter Forschung hätten darstellen können. Entsprechend werden für die Bildungsforschung der nächsten Jahre folgende Schwerpunkte formuliert (Deutscher Bildungsrat 1974, S. 20 f.):

»Vorwiegend praxisorientierte Forschung:
— Bestandsaufnahme und Erhebungen,
— Begleitforschung bzw. Evaluationsforschung,
— unterrichtstechnologische Forschung,
— praxisnahe Curriculumentwicklung,
— kasuistische pädagogische Diagnostik,
— didaktisch-methodische Untersuchungen,
— Schulrecht.

Vorwiegend entwicklungsorientierte Forschung:
— pädagogische Testforschung und -konstruktion,
— programmiertes Lehren und Lernen,
— Curriculum-Forschung,
— Modellforschung,
— Bildungsplanung.

Vorwiegend theorieorientierte Forschung:
— Lernforschung,
— Bildungsökonomie,
— Organisations- und Bildungsverwaltungsforschung,
— Bildungstheorie.«

Für die erfahrungswissenschaftliche Forschung im Bereich der Erziehung bestehen einige für diesen Untersuchungsbereich konstitutive Schwierigkeiten (Deutscher Bildungsrat 1974, S. 31):

»— Im Entwicklungsstand der Forschung,
— in der Komplexität des Forschungsgegenstandes,
— im Problem der Interdisziplinarität,
— im Entwicklungsstand der Methoden,
— im Zeitfaktor,
— im Forschungspersonal,
— im Praxisproblem.«

Entsprechend den in der Bundesrepublik Deutschland erst geringen Erfahrungen mit empirischer Forschung im Bildungsbereich gibt es hier noch zahlreiche Probleme, die durch das Fehlen eines ausreichend großen und qualifizierten Forschungspersonals noch verstärkt werden. Auch schaffen die Komplexität des Forschungsgegenstandes und das im Bildungsbereich stets mit angesprochene Theorie-Praxis-Verhältnis zahlreiche, bislang nur unzureichend gelöste spezielle Probleme. Hierzu kommen die schwierigen Fragen der Institutionalisierung, Organisation und Finanzierung der Forschung, bei denen sich oft die Abhängigkeit der Forschung von der Bildungspolitik und der Bildungs-

63

planung zeigt (vgl. Deutscher Bildungsrat 1975; Gstett-
ner/Seidl 1975; Klüver/Wolf 1973).

Nach der in der ersten Hälfte des Jahrhunderts eher
zögernden, in den fünfziger und sechziger Jahren dann
jedoch beschleunigten Entwicklung stellt die empirische
Forschung gegenwärtig unbestritten einen zentralen Bereich der Erziehungswissenschaft dar, der in enger wechselseitiger Beziehung zu der in den benachbarten Sozialwissenschaften durchgeführten Bildungsforschung im weiteren Sinne steht. Dieser Entwicklung muß auch unsere
Behandlung der empirischen Erziehungswissenschaft Rechnung tragen. So werden wir zunächst die wichtigsten
Schritte in der geschichtlichen Entwicklung der empirischen
erziehungswissenschaftlichen Forschung nachzeichnen, müssen dann aber für die Darstellung der gegenwärtigen
Situation eine Ebene finden, auf der sich sowohl die Probleme der erziehungswissenschaftlichen Forschung im engeren Sinne als auch die Probleme der Bildungsforschung im
weiteren Sinne darstellen lassen. Dies gelingt am ehesten
auf der Ebene wissenschaftstheoretischer Reflexion, da auf
dieser Ebene das metatheoretische Regelsystem bestimmt
wird, woraufhin die empirische Forschung Gültigkeit beansprucht. Diese Darstellungsebene eignet sich auch insofern,
als es auf ihr kaum Unterschiede zwischen der erziehungs-
wissenschaftlich-empirischen Forschung und der Bildungsforschung im weiteren Sinne gibt. Denn das der empirischen Forschung vorwiegend zugrunde liegende wissenschaftstheoretische Paradigma des Kritischen Rationalismus
ist das gleiche. Obwohl nicht gesichert ist, inwieweit sich
die Forschungs*praxis* an die Normen der *Wissenschaftslehre*
hält, und man sogar mit Sicherheit Unterschiede zwischen
Wissenschaftspraxis und Wissenschaftslehre annehmen muß,
eignet sich die übergeordnete Ebene der Wissenschaftstheorie auch insofern, als dadurch den jeweiligen Entwicklungen auf der Ebene der Wissenschaftspraxis nicht vor-
gegriffen wird.

Durch die Verbindung der historischen Aufarbeitung in der
Entwicklung der empirischen Erziehungswissenschaft mit
der Darstellung der systematischen Kategorien der Wissenschaftslehre des Kritischen Rationalismus wird eine Verschränkung zweier Dimensionen erreicht, die für die Einschätzung der gegenwärtigen Situation der Empirie in der

Erziehungswissenschaft wichtig ist. Nur durch die Verbindung historischer und systematischer Gesichtspunkte kann ein Gegenstandsbereich angemessen in den Blick geraten. In unserem Fall gilt dies um so mehr, als die beiden Dimensionen einerseits für die fachimmanente Entwicklung in der Erziehungswissenschaft, andererseits für die Entwicklung in den Sozialwissenschaften repräsentativ sind und somit ihr Zusammenwirken für das Selbstverständnis empirischer Forschung von zentraler Bedeutung ist. Darüber hinaus wird der weitergehende Anspruch erhoben, auf der Grundlage der Wissenschaftslehre des Kritischen Rationalismus die Strukturelemente der Erziehungswissenschaft zu bestimmen (vgl. z. B. Brezinka 1971). Von der Einschätzung dieses Versuchs hängt jedoch nicht zuletzt der Stellenwert ab, den man der Wissenschaftslehre des Kritischen Rationalismus für die Erziehungswissenschaft einzuräumen bereit ist. Schließlich muß in diesem Zusammenhang auch auf Versuche verwiesen werden, die Auswirkungen des Kritischen Rationalismus auf die Praxis der Bildungsforschung durch eine emanzipatorische Zielsetzung dieser Forschung, die in mancher Hinsicht den Rahmen dieser Wissenschaftslehre sprengt, zu ergänzen.

Aus diesen Überlegungen ergibt sich für unsere Ausführungen folgende Gliederung:

— der empirische Ansatz in der Erziehungswissenschaft: historische Perspektiven;

— der Kritische Rationalismus in der Erziehungswissenschaft;

— das Wissenschaftsprogramm des Kritischen Rationalismus;

— empirische Forschung mit emanzipatorischen Zielsetzungen;

— zusammenfassende und weiterführende Thesen.

Der empirische Ansatz in der Erziehungswissenschaft: historische Perspektiven

Das Paradigma der empirischen Pädagogik ist in der deutschen Pädagogik um die Jahrhundertwende entstanden und hat bis in die sechziger Jahre hinein um seine Anerkennung ringen müssen. Im Verlauf der etwa siebzigjährigen Entwicklung hat es unterschiedliche Ansätze und Schwerpunkte gegeben, die durchaus in Widerspruch zueinander standen. In dieser Entwicklung lassen sich bis zur Rezeption des Kritischen Rationalismus und dem Positivismusstreit vier Phasen unterscheiden, die hier zunächst kurz skizziert werden sollen:

(1) die Arbeiten der beiden Begründer der *experimentellen Pädagogik* W. August Lay (1912) und E. Meumann (1920), die in einzelnen Fragen durchaus kontroverser Auffassung waren;

(2) die Bemühungen von Else und Peter Petersen (1965) zur Begründung der *pädagogischen Tatsachenforschung*, der heute angesichts des Interesses an der Entwicklung der Handlungsforschung besondere Aufmerksamkeit zukommt;

(3) die Arbeiten von Aloys Fischer (1966) und Rudolf Lochner (1927; 1963), die sich um die Fundierung einer *deskriptiven Erziehungswissenschaft* bemühten;

(4) die vor allem von Heinrich Roth (1967a) vorangetriebenen Bemühungen um eine »*realistische Wendung*« in der Erziehungswissenschaft, in deren Verlauf zunächst der Versuch gemacht wurde, die Tradition der geisteswissenschaftlichen Pädagogik mit der empirisch-analytischen Forschung zu verbinden.

Dieser Entwicklung folgte dann eine fünfte Phase, in der die Rezeption des Kritischen Rationalismus erfolgte. Dieser schloß sich eine sechste Phase an, die vor allem durch die Bemühungen um die Entwicklung einer emanzipatorischen Bildungsforschung gekennzeichnet ist, die zum Teil schließlich in eine siebente Phase mündeten, in der die Bemühungen um Handlungsforschung im Mittelpunkt stehen.

1. Die experimentelle Pädagogik Lays und Meumanns

Bereits die ersten Arbeiten von W. August Lay, der 1896 erschienene »Führer durch den Rechtschreibeunterricht« und die 1898 veröffentlichte Abhandlung über den »Rechenunterricht der Unterstufe«, enthalten Versuche, mit Hilfe von Experimenten spezifische Unterrichtstechniken auf ihre Effizienz zu überprüfen. Diese Arbeiten werden durch Lays »Experimentelle Didaktik« und deren gekürzte Überarbeitung »Experimentelle Pädagogik mit besonderer Rücksicht auf die Erziehung durch die Tat« (1908) ergänzt. Im Mittelpunkt dieser Veröffentlichungen steht die *experimentelle Pädagogik* und die für sie charakteristische, auf Unterricht und Erziehung bezogene neue Forschungsmethode, deren Aufgaben wie folgt bestimmt werden:

»Wir werden ›theoretisch‹ und praktisch nachweisen, daß man imstande ist, die experimentelle Forschungsmethode, das *Experiment*, die *Statistik* und die umsichtige oder *systematische Beobachtung* in eigenartiger, den pädagogischen Zwecken entsprechender Gestalt zur Lösung von Fragen des Unterrichts und der Erziehung mit bestem Erfolge zu verwerten« (Lay 1912, S. 1).

Davon ausgehend, daß die experimentelle Forschungsmethode in den Naturwissenschaften sehr erfolgreich ist, geht es Lay darum, diese Methode auch für die Pädagogik fruchtbar zu machen. Dazu unterscheidet er zwischen der auf den Körper und die Seele des Kindes gerichteten theoretisch orientierten *Pädologie* und der auf die Fragen des Unterrichts und der Erziehung gerichteten, vom praktischen Interesse bestimmten *experimentellen Pädagogik*. Die experimentelle Pädagogik soll sich des Experiments, der Statistik und der systematischen Beobachtung zur Lösung praktischer Fragen bedienen. Das Verhältnis zwischen beiden Bereichen charakterisiert Lay (1912, S. 2) folgendermaßen:

»Es ist nicht immer leicht, eine pädologische von einer experimentell-pädagogischen Untersuchung zu unterscheiden: beide sind experimentell und beziehen sich auf den in der Entwicklung befindlichen jungen Menschen, das Kind, den Schüler. Während aber die pädologische Untersuchung nur von theoretischen, nicht von praktischen Gesichtspunkten geleitet wird, verfolgt die experimentell-pädagogische Forschung stets die Lösung praktischer Fragen, Fragen des Unterrichts und der Erziehung.«

Nach dieser Bestimmung werden in der damaligen Erziehungswissenschaft zwei Bereiche unterschieden, die zwar aufeinander verweisen, jedoch prinzipiell als eigenständige Bereiche begriffen werden. Der experimentell-empirischen Pädagogik werden dabei die praktischen Fragen der Erziehung als Aufgabe zugewiesen. Lay und Meumann halten damit — durchaus im Unterschied zum Kritischen Rationalismus Brezinkas — an der Zuständigkeit und Verantwortung der empirisch-analytischen Pädagogik für die

Erziehungspraxis fest, die mit ihren Fragen und Problemen *das* Aufgabenfeld der empirischen Forschung darstellt. Dabei steht für sie außer Zweifel, daß für den Bezug der experimentellen Forschung auf die Erziehungspraxis ein Rückgriff auf die Erziehungstheorie der geisteswissenschaftlichen Pädagogik erforderlich ist.

In ähnlicher Absicht wie die geisteswissenschaftliche Pädagogik und ihre Bemühungen, ihre relative Autonomie und ihren Wissenschaftscharakter zu begründen, konstatiert Meumann (1914, S. 8):

»Allein der Pädagogik fehlt *nichts* zu einer streng systematischen Wissenschaft: sie hat ihr einheitliches System von Begriffen, das durch einen Oberbegriff, den der ›Erziehung‹, systematisch zusammengeschlossen wird, sie hat ihren eigenen empirischen Unterbau in der empirischen und experimentellen pädagogischen Forschung. ... Sie bestimmt selbst die *Ziele* der Erziehung, indem keine andere Wissenschaft diese Arbeit übernimmt.« ...
»Das Ziel der Erziehungswissenschaft ist, ein einheitliches *System* von *Erziehungszielen* aufzustellen, normative Regeln und Prinzipien zu gewinnen, die befolgt werden müssen. ... Die *Kenntnis* dieser Ziele schöpfen wir *nur* aus der empirischen Erforschung des realen Lebens und Strebens der Menschheit, insbesondere natürlich der Gegenwart, und ebenso die Kenntnis der Mittel und Wege, auf denen diese Ziele erreicht werden. ... Daher beruht die *ganze* Pädagogik auf einem *empirischen Unterbau*. ... *Die experimentelle Pädagogik gibt nun diesen empirischen Unterbau, soweit er der exakten Forschung zugänglich wird*« (a.a.O., S. 9, 10, 11).

Als der experimentellen Pädagogik zugänglich wird angesehen:

1. »*alles*, was in der Erziehung durch die Natur des Kindes bestimmt wird ...
2. alles, was sich an der eigentlichen Erziehungsarbeit direkt durch den Versuch entscheiden läßt ...
3. alle Erziehungs*mittel, Materialien, Stoffe* ...
4. das Experiment ... als die strengste Form empirischer Forschung« (a.a.O., S. 11 f.).

Gegenstand der experimentellen Pädagogik ist zunächst die »Jugendkunde« im weitesten Sinne. Sie bietet die Voraussetzungen für die Erziehungsarbeit und die dazu notwendigen Materialien. Die Erziehungsarbeit ihrerseits ist auf »systematisches vergleichendes Ausprobieren« im Experiment angewiesen. Aufgabe des Experiments ist es, einen Einblick in den »psychologischen Kausalzusammenhang« und in den gesamten Komplex der Ursachen bestimmter Erscheinungen in der Erziehungspraxis zu gewinnen. Ferner gehören die Erprobung und Verbesserung von Erziehungsmitteln, Materialien und Unterrichtsstoffen sowie die Entwicklung des Experiments als zentralen Elements empirisch-pädagogischer Forschung zur Aufgabe der experimentellen Pädagogik. Zu den Verfahren empirischer Forschung gehören unter anderem: die vergleichend-entwicklungsgeschichtliche Methode, die Sammlung von Kindheitserinnerungen und kindlichen Leistungen, die Verfahren direkter Beobachtung, die Entwicklung der experimentell-pädagogischen Arbeit. Nach Auffassung von Lay (1912, S. 10 f.) ist die experimentelle Pädagogik eine Wissenschaft, die »jede pädagogische Erscheinung als Wirkung von Ursachen« begreift und die davon ausgeht, daß die Ergebnisse des Experiments »pädagogische Einsichten und Maßnahmen erbringen«, die als wissenschaftliche Erfahrungen hinsichtlich »der Richtigkeit in der Praxis bestätigt werden müssen«.

Diese Auffassung von empirischer Erziehungswissenschaft bedeutet z. B., daß hermeneutische, auf Sinndeutung ausgerichtete Analysen und Begründungen von Zusammenhängen im Erziehungsbereich als nicht wissenschaftlich nicht zugelassen werden. Eine solche Begrenzung des Wissenschaftsparadigmas auf die Gültigkeit des Kausalprinzips ist für die Erziehungswissenschaft jedoch nicht zulässig. Auch folgen aus empirisch gewonnenen Ergebnissen nicht unmittelbar pädagogische Maßnahmen. Um zu pädagogischen Maßnahmen zu gelangen, müssen empirische Ergebnisse erst interpretiert werden; sodann müssen aus den Interpretationen pädagogische Handlungen konstruktiv entwickelt werden. Dies ist jedoch selbst kein empirischer Prozeß mehr. Zu kritisieren ist unter heutiger Problemsicht auch der Anspruch, mit Hilfe von induktiven Verfahren Hypothesen zu verifizieren und zu normativen Festlegungen zu gelangen. Schließlich bleibt auch die Annahme, daß wissenschaftliche Erfahrungen durch die Erziehungspraxis (linear) bestätigt werden können, nicht unproblematisch. Denn durch die Erziehungspraxis wird nicht die wissenschaftliche Erfahrung verifiziert, sondern es wird lediglich die Übereinstimmung zwischen den Ursachen und Wirkungen in der Experimentier- sowie der alltäglichen (Ernst-)Situation festgestellt. Diese alltägliche

(Ernst-)Situation darf jedoch nicht als »Kriterium für die Gültigkeit erziehungswissenschaftlichen Erfahrungswissens« angenommen werden (Benner 1973, S. 150); denn über sie kann nur in Diskursen entschieden werden (vgl. Kap. 4). Insgesamt zeigen sich bei diesem Versuch der Entwicklung einer experimentellen Pädagogik bereits viele der Verkürzungen, die später noch am Kritischen Rationalismus aufgedeckt werden sollen und auf deren detaillierte Kritik deswegen hier verzichtet werden kann.

2. Die pädagogische Tatsachenforschung Else und Peter Petersens

Einen anderen Weg, die empirische Forschung als Teil der Erziehungswissenschaft zu entwickeln, beschritten Else und Peter Petersen mit ihren Bemühungen um die Entwicklung der pädagogischen Tatsachenforschung, deren Beginn in die Jahre 1927/28 fiel; ihre Methoden und Verfahren waren jedoch nicht vor Mitte der dreißiger Jahre ausgebildet (Slotta 1962, S. 21 f.; E. Petersen 1965, S. 260). Ziel der pädagogischen Tatsachenforschung war es, ohne die Übertragung von Methoden und Verfahren aus anderen Wissenschaften wie der Psychologie und Soziologie eine den *Zielsetzungen der Erziehungswissenschaft entsprechende Methodologie empirischer Forschung* zu entwickeln. Zu dieser Aufgabenstellung war P. Petersen gekommen, nachdem er andere, bis dahin vorliegende Versuche, wie sie z. B. unter Rückgriff auf die Psychologie von F. E. O. Schultze und E. Köhler unternommen worden waren, untersucht hatte und nachdem er zu der Erkenntnis gekommen war, daß diese Ansätze und Methoden für seine spezifisch pädagogischen Fragestellungen unzureichend waren. Für die Petersens standen die Bemühungen um die Entwicklung der pädagogischen Tatsachenforschung in engem Zusammenhang mit ihren Vorstellungen von der »neuen Schule« und ihrem Verständnis von Erziehung, um deren Entwicklung sie sich an der Jenaer Universitätsschule bemühten. Die pädagogische Tatsachenforschung diente ihnen als ein Mittel, ihre Vorstellungen von Unterricht, sozialem Lernen, Schulorganisation und Lehrerausbildung zu verwirklichen (vgl. Merkens 1975). Die pädagogische Tatsachenforschung zielte auf die Beantwortung *praktischer pädago-*

gischer Fragen; sie sollte dazu beitragen, die Erziehung zu verbessern.

Um den beabsichtigten Beitrag zur Reform und Verbesserung schulischer Erziehung leisten zu können, greifen die Petersens in methodischer Hinsicht auf die *Beobachtung* zurück. Else Petersen stellt eine »geplante, sinnvoll gelenkte Wahrnehmungsanalyse« dar (E. und P. Petersen 1965, S. 102). In ihrem Rahmen soll eine Selektion der Wahrnehmungsdaten und eine Konzentration der Wahrnehmungsaktivität unter dem Gesichtspunkt stattfinden, welche Handlungs- und Verhaltensaspekte für die *Erziehung* wichtig sind. Dazu soll sich die Beobachtung auf die *pädagogische Situation* und ihre Protokollierung richten, die im Mittelpunkt der pädagogischen Tatsachenforschung steht. Sie wird bestimmt als

»jener absichtsvoll gebildete und unterhaltene Lebenskreis problemhaltiger (gleich: fragenerfüllter) Situationen, der dazu bestimmt ist, der allseitigen Entwicklung, Formwerdung (Bildung) und Reifung der rein menschlichen Anlagen und geistigen Kräfte von Kindern und Jugendlichen die beste Umwelthilfe zu gewähren. Sie stellt die Jugend unter Reize und vor Aufgaben der mannigfaltigsten Art, durch die ein jeder genötigt wird, sich als *ganzer* Mensch, als ganze Persönlichkeit zu äußern, tätig zu werden, zu handeln und mit relativ abgeschlossenen Stellungnahmen und Leistungen zu antworten« (Petersen 1965, S. 109).

Die Erforschung der so charakterisierten pädagogischen Situation ist insofern eine schwierige Aufgabe, als die zu berücksichtigenden Probleme sehr *komplex* sind. So wirken in die pädagogische Situation zahlreiche Elemente hinein. Im Falle der Jenaer Universitätsschule müssen dabei unter anderen genannt werden: die durch den Gesamtunterricht, die Gruppenarbeit sowie die Aufhebung des Jahrgangsklassenprinzips gegebene Unterrichts- und Lernorganisation, die damit verbundene Lehrer- und Schülerrolle sowie die Betonung der Selbst- oder Mitschülerbeurteilung. Eine wesentliche Aufgabe der Erforschung der pädagogischen Situation besteht darin, dem Lehrer zu helfen, seine *erzieherische Sensibilität* zu verbessern. Daher soll sie auch weitgehend von den Lehrern selbst durchgeführt werden und einen festen Platz in der Lehrerausbildung und der Lehrerfortbildung einnehmen. Es geht Else und Peter Petersen darum, die Bereitschaft und Fähigkeit der Lehrer auszubilden, sich forschend ihrer Erziehungspraxis gegenüber zu verhalten, um Erkenntnisse zu gewinnen, die ihnen helfen können, ihr eigenes Lehrerverhalten sowie die soziale Situation des Unterrichts insgesamt zu verbessern (»Von der Lehrprobe zur pädagogischen Tatsachenforschung«).

Im Zentrum der pädagogischen Tatsachen*forschung* steht die *Protokollierung* der in einer pädagogischen Situation erfolgenden Beobachtungen. E. Petersen hat diesen Prozeß vorwiegend als *Aufnahme* bezeichnet. Insgesamt wird der Begriff »Aufnahme« in drei Bedeutungen verwendet: Unter »Aufnahme« wird »(a) das Protokollieren, (b) der Prozeß vom Einleben bis zum Eintragen und (c) die fertige Aufnahme« verstanden (Merkens 1975, S. 838; Slotta 1962, S. 101). In methodischer Hinsicht werden mit der *Einzelaufnahme*, der *Lehreraufnahme* und der *Gesamtaufnahme* drei Verfahren unterschieden, die von P. Petersen folgendermaßen charakterisiert werden (1965, S. 135):

»1. die *Einzelaufnahme*, in der es um ›die Aufnahme eines einzelnen Kindes oder einer Gruppe von zwei, höchstens drei Kindern‹ geht;
2. die *Lehreraufnahme*, in der wiedergegeben wird, ›was der Lehrer in Beziehung zu seinen Schülern und zu seiner Umwelt überhaupt unternimmt, was er tut und spricht, wie er sich äußert und verhält‹;
3. die *Gesamtaufnahme*, in der eine ganze pädagogische Situation aufgenommen wird, ›alles vom Lehrer und Kindern erzeugte pädagogische Geschehen umfassend, von der Unterrichtsstunde einer großen Klasse der überlieferten Volksschulen bis zum Wahlkurs mit wenigen Kindern an neu ausgerichteten Schulen‹.«

Die mit diesen Verfahren intendierten Ziele sind unterschiedlich. Bei der *Einzelfallstudie* geht es vor allem um die Erfassung des Verhältnisses eines Kindes zur Schulwelt, der Beziehung zwischen Lehrern und Kindern und zwischen den Kindern selbst sowie um die Aufdeckung der positiven und negativen Wirkungen des erzieherischen Einflusses auf ein Kind. Ziel der *Lehreraufnahme* ist es — ähnlich wie bei der Einzelaufnahme —, den Lehrer als Einzelperson in allen seinen Handlungen und Kommunikationsbezügen »aufzunehmen«. Von besonderer Bedeutung für die Erfassung der pädagogischen Situationen, methodisch und technisch jedoch am schwierigsten, ist die *Gesamtaufnahme* der Lerngruppe, bei der es die verschiedenen Kommunikationsabläufe festzuhalten gilt. Grundsätzlich muß bei allen Aufnahmen beachtet werden: »Immer muß ein sinnvolles Ganzes aufgenommen werden« (Petersen 1965, S. 144). Schon aus dieser Zielsetzung wird deutlich, daß es sich bei der pädagogischen Tatsachenforschung um eine Vorform *verstehender Sozialforschung* handelt (vgl. Kap. 5). In ihrem Rahmen werden Tatbestände nicht nur mechanisch als Verhaltensdaten aufgenommen, sondern es wird davon ausgegangen, daß die entsprechenden Situationen sich erst einer Sinndeutung erschließen.

Für alle Formen der Aufnahmen müssen die folgenden Kriterien berücksichtigt werden:

»1. Die pädagogische Situation muß *echt* sein.
2. Die Aufnahme muß *zweckgerichtet* sein.
3. Die Wiedergabe der Situation muß *ausführlich*, möglichst wörtlich sein.
4. Die Aufnahme muß *stetig* sein . . .
5. Die Wiedergabe der Situation muß *anschaulich* sein . . .
6. Die Wiedergabe muß *rein* sein« (a.a.O., S. 244).

Die folgenden vier Kategorien sind zu beachten:

1. die Zeit;
2. die Aufnahmebewertung;
3. die Leistung;
4. die Deutungen (Bemerkungen, Ergänzungen etc.).

Sodann müssen die so gewonnenen Informationen geordnet und für bestimmte *Verwertungszwecke* systematisiert und interpretiert werden. Petersen unterscheidet dabei:

1. die beschreibende oder deskriptive Verwertungsart;
2. die phänomenologische Verwertungsart;
3. die logische Verwertungsart;
4. die numerische Verwertungsart;
5. die kausale Verwertungsart.

Schließlich bieten sich fünf Formen der Darstellung der gewonnenen und geordneten Informationen an:

1. die geometrische Darstellung;
2. die graphische Darstellung;
3. die Band- oder Bilderdarstellung;
4. die statische und die dynamische Betrachtungsweise;
5. die Ursache und Wirkung unterscheidende oder kausale Verwertungsart.

Sicher müßten im Rahmen einer Gesamtbewertung dieser vorwiegend qualitativen pädagogischen Forschung zahlreiche kritische Einwände formuliert werden. Sie würden sich zum Teil auf die spezifische Situation der Jenaer Universitätsschule, ihre — unter Zurückdrängung von didaktischen Innovationen — starke Konzentration auf organisatorische Fragen, zum Teil aber auch auf die mangelnde Präzision der Interpretationskriterien und ihre partielle methodische und instrumentelle Unzulänglichkeit erstrecken. Dennoch: Die pädagogische Tatsachenforschung Else und Peter Petersens ist insofern ein interessanter Beitrag zur empirischen Forschung in der Erziehungswissenschaft, als sie versucht, die Forschung und ihre Ergebnisse unmittelbar an die Betroffenen zurückzubinden und dadurch deren Handlungskompetenz zu verbessern. Dies wird um so eher möglich, als die Verwendung hermeneutischer Verfahren zu einer größeren Konkretheit und Anschaulichkeit der Aufzeichnungen und Ergebnisse beiträgt. Sodann erfordert der Umgang mit diesen Methoden und den durch sie gewonnenen Ergebnissen ein stärker *reflexives* Verhältnis zu der in der pädagogischen Situation gegebenen Erziehungspraxis, als es empirisch-analytische Verfahren tun, die lediglich — wie etwa in Lays und Meumanns experimenteller Pädagogik — kausale Erklärungen und entsprechende Prognosen erlauben. Schließlich ermöglicht die relative Einfachheit der Verfahren ihre Verwendung in der Lehrerausbildung und Lehrerfortbildung. Diese Vorteile einer vorwiegend *verstehenden Unterrichtsforschung* haben in den letzten Jahren wieder stärkere Beachtung gefunden. So kam es unter anderem im Rahmen der Bemühungen um die Entwicklung der Handlungsforschung zu einer Neueinschätzung der pädagogischen Tatsachenforschung. Diese wurde um so eher möglich, als der Universalitätsanspruch des Paradigmas der klassischen empirischen Sozialforschung für die Erziehungswissenschaft immer zweifelhafter wurde.

3. Die deskriptive Pädagogik Aloys Fischers und Rudolf Lochners

Weder die experimentelle Pädagogik Lays und Meumanns noch die pädagogische Tatsachenforschung der Petersens konnten zunächst eine größere Wirkung auf die Erziehungswissenschaft gewinnen. Das gleiche gilt für die Bemühungen von Aloys Fischer und Rudolf Lochner, die 1914 und 1927 Arbeiten zur Entwicklung und Begründung einer *deskriptiven Pädagogik* vorgelegt hatten, die in vieler Hinsicht charakteristische Beispiele positivistischer Erziehungswissenschaft darstellen. In seinem programmatischen Aufsatz über deskriptive Pädagogik von 1914 geht Fischer (1966, S. 83) von einer Unterscheidung zwischen *Erziehung als Tatsache* und *Erziehung als Aufgabe* aus und schreibt:

»Wer lehrt und unterrichtet, erzieht und bessert, *der erkennt nicht;* er hat nicht die Aufgabe zu erkennen, weder das Kind, das er belehrt und erzieht, noch den Stoff, den er lehrend weitergibt, noch die Methode, nach der er verfährt. Es ist selbstverständlich als Voraussetzung seines Tuns erforderlich, daß er fachwissenschaftliche Erkenntnisse besitzt, daß er erkannt hat, was er vermitteln soll; es ist auch unvermeidlich, daß er beim erziehenden Tun *nebenbei* gewisse Kenntnisse und Erkenntnisse erwirbt, z. B. über die Unterschiede der Kinderindividualitäten; es ist auch unvermeidlich, daß er Erfahrungen sammelt über die Wirkungsweise seiner pädagogischen Maßnahmen und diese Erfahrungen wieder instinktiv verwertet . . .«

Aufschlußreich ist hier, wie negativ das Bild des Praktikers gezeichnet wird, dem Denkfähigkeit abgesprochen wird, obwohl er zum Handeln gezwungen ist. Die Erkenntnis der Praxis und ihre Erforschung wird lediglich dem Theoretiker zugeschrieben, der grundsätzlich vom Praktiker zu unterscheiden ist. Dem Theoretiker obliegt die »entscheidende Aufgabe einer reinen, soweit als möglich interessenloser Erkenntnis dienenden pädagogischen Theorie« (a.a.O., S. 84). Eine solche Theorie wird durch eine interessenlose, theoriefreie Deskription vorbereitet, die den Ausgangspunkt für eine systematische Theoriebildung darstellt. Konsequent erläutert Fischer (a.a.O., S. 91):

»Am Anfang aller Wissenschaft muß man also beschreiben, d. h. fragen, was die mit den Worten des betreffenden Gebietes bezeichneten Dinge und Sachverhalte sind; und zwar die Sachverhalte in ihrer natürlichen vortheoretischen Gegebenheit als ›Tatsachen‹, welche die Probleme der jeweils in Frage kommenden Wissenschaft noch enthalten, erst möglich machen.«

Hier wird deutlich, was Fischer von der reinen Deskription erwartet. In Anlehnung an einen mißverstandenen Husserl geht er davon aus, daß Gegenstandserkenntnis ohne theoretische Vorgaben, ohne Rückgriff auf hermeneutische oder kausalanalytische Verfahren möglich ist. Aufgrund der

Erkenntnisse des Kritischen Rationalismus wird diese Auffassung — daß interessenfreie, theorielose Erkenntnis möglich ist — in den Sozialwissenschaften heute kaum mehr vertreten. Schon die Bestimmung dessen, was man als pädagogische Tatsache oder pädagogische Situation bezeichnet, ist abhängig von einem *Vorverständnis*, das historisch-gesellschaftlich und sprachlich-normativ vermittelt ist. Mit einer an Meumann erinnernden Trennung zwischen normativer und deskriptiver Pädagogik wird zudem ein Schritt hinter die Einsicht der geisteswissenschaftlichen Pädagogik zurück getan, die die Unzulänglichkeit der normativen Pädagogik nachgewiesen hat. Kritik zieht sich die deskriptive Pädagogik auch dadurch zu, daß sie sich im Sinne des Absolutheitsanspruchs des Positivismus zur allein wissenschaftlichen Pädagogik erklärt.

Ähnlich versteht auch Lochner (1963, S. 415) Erziehungswissenschaft als eine *deskriptive, wertfreie Wissenschaft,* wenn er schreibt:

»Erziehungswissenschaft ist diejenige theoretische, selbständige, ›reine‹ Wissenschaft . . ., die sich auf die Gesamtheit der Erziehungserscheinungen . . . richtet, sie feststellend, beschreibend aus der Fülle der´ sonstigen Lebenserscheinungen heraushebt, als eigentümliche Gegenstände betrachtet, erklärt, zu verstehen und zu deuten sucht. Sie unternimmt es, einen bestimmten Ausschnitt aus der Wirklichkeit mit Hilfe vorgefaßter, vorläufiger Begriffe zu erfassen, zu sichten, zu durchleuchten. So gesehen ist sie eine phänomenologische Einzeldisziplin oder ›Tatsachenforschung‹ im eigentlichen Wortsinn und nichts weiter. Sie unterscheidet sich in diesem ihrem positiven, deskriptiv-empirischen, explikativen Charakter nicht oder nicht wesentlich von anderen ähnlichen Wissenschaften, z. B. von der Nationalökonomie, der Psychologie, der Biologie.«

Dieses in den Grundlagen ganz mit Fischers Konzept von Erziehungswissenschaft übereinstimmende Wissenschaftsverständnis, das Lochner bereits 1934 in seinem Buch »Erziehungswissenschaft. Kurzgefaßtes Lehrbuch zum Gebrauch an Hochschulen« ähnlich vorgetragen hatte, stellt die deutlichste Verkörperung einer positivistischen Position in der Erziehungswissenschaft dar. In der konsequenten Forderung nach Einheit und Wertfreiheit der Wissenschaft, im formalen Charakter der Definition von Erziehungswissenschaft und in der Begrenzung von »Aufklärung« auf das Feststellen von Tatsachen wird dies besonders deutlich.

4. Die »realistische Wendung« in der Erziehungswissenschaft (Heinrich Roth)

Unter dem von Heinrich Roth 1962 in seiner Antrittsvorlesung in Göttingen geprägten Begriff einer »realistischen Wendung in der pädagogischen Forschung« wurde in den sechziger Jahren eine Neuorientierung der Erziehungswissenschaft gegenüber der nach dem Kriege wieder dominant gewordenen geisteswissenschaftlichen Pädagogik gefordert. Kritisch wurde angemerkt, daß die geisteswissenschaftliche Pädagogik den Bereich erfahrungswissenschaftlicher Forschung in unzulässiger Weise ausgeklammert habe. Damit sei sie hinter ihrem eigenen Anspruch, eine Theorie erzieherischer Praxis für die Erziehungspraxis zu sein, zurückgeblieben. Statt ihren damit verbundenen Anspruch zu erfüllen, habe sie sich einer historisch-idealisierenden Forschung verschrieben und die hermeneutisch-historische Methode einseitig zu *der* Methode der Erziehungswissenschaft gemacht. Dadurch sei notwendigerweise ein Verlust an Erkenntnissen bewirkt worden, die für die Gestaltung der Erziehungspraxis wichtig gewesen wären. Schließlich habe diese Einseitigkeit auch dazu geführt, daß die Erziehungswissenschaft die vielen empirisch gewonnenen und pädagogisch relevanten Erkenntnisse nicht angemessen rezipiert hat, die zahlreiche Einzelwissenschaften wie die Psychologie, die Soziologie, aber auch die Psychoanalyse und die Bildungsökonomie erarbeitet haben.

Aus dieser von Roth an der geisteswissenschaftlichen Pädagogik seiner Zeit formulierten Kritik sowie aus dem Bewußtsein, daß mit der allmählich zunehmenden Rezeption der Erkenntnisse der Nachbarwissenschaften die Gefahr einer Auflösung der Erziehungswissenschaft in die angesprochenen Nachbarwissenschaften wachse, ergab sich das Programm einer »realistischen Wendung« der Erziehungswissenschaft. Es umfaßte — wie Benner (1973, S. 262) richtig bemerkt hat — erstens den Versuch, »der Tendenz zur Desintegration der Pädagogik in eine Vielzahl von Einzelwissenschaften« entgegenzuwirken; zweitens zielte es darauf hin, »der Tendenz zur Eliminierung des pädagogischen Handlungsinteresses aus der Forschung« entgegenzuarbeiten, und drittens umfaßte es den Versuch, die »Trennung von Handlungstheorie und Empirie« zu überwinden. Diese Charakterisierung der Intentionen Roths weist darauf hin, daß es Roth nicht nur darum ging, die geisteswissenschaftliche Pädagogik durch eine empirische Erziehungswissenschaft oder durch die seit dieser Zeit zunehmende Rezeption empirischer Forschungsergebnisse aus den Nachbarwissenschaften zu ersetzen. Vielmehr zielten Roths Bemühungen auf eine Neukonstitution der Erziehungswissenschaft als einer realistischen Wissenschaft — jedoch durchaus unter Beibehaltung überlieferter und bewährter Fragestellungen.

Was die erste der drei genannten Intentionen betrifft, so ist Roth bis in die jüngste Zeit seinem Konzept von Erziehungswissenschaft als *»Integrationswissenschaft«* treu geblieben (vgl. Deutscher Bildungsrat 1975). Dieses Konzept zielte darauf ab, die zahlreichen von den Wissenschaften vom Menschen gewonnenen, zum großen Teil empirisch erarbeiteten Kenntnisse unter einer pädagogischen bzw. erziehungswissenschaftlichen Fragestellung zu integrieren. Denn nur wenn eine solche Integration gelänge, könne vermieden werden, daß diese Erkenntnisse und dieses Wissen unwirksam bleiben. Diese Integrationsleistung sollte von einer »pädagogischen Anthropologie« erbracht werden, in der der Mensch sowohl unter dem Gesichtspunkt seiner »Bildsamkeit« als auch unter dem Gesichtspunkt seiner »Bestimmung« behandelt werden sollte (Roth 1965, S. 215). Kritisch muß jedoch gegenüber diesem Konzept einer über den Anspruch der geisteswissenschaftlichen Pädagogik hinausreichenden Erziehungswissenschaft gefragt werden, ob eine solche Integrationsleistung im Hinblick auf zunächst unter anderen Fragestellungen gewonnene Erkenntnisse im nachhinein möglich ist. Darüber hinaus erhebt sich die Frage, wo die Grenzen eines solchen Versuches liegen, bei dem das pädagogische bzw. erziehungswissenschaftliche Interesse nicht von vornherein das Erkenntnisinteresse der Forschung darstellt. Zweifel richtet sich auf einen solchen Versuch auch insofern, als er glaubt, die gesellschaftlichen und wissenschaftsgeschichtlichen Bedingungen, die zu dieser Spezialisierung und Desintegration der modernen Wissenschaften geführt haben, im nachhinein korrigieren zu können.

Die zweite Intention, die mit der »realistischen Wendung« in der pädagogischen Forschung verbunden ist, gilt der

Wahrung des *pädagogischen Handlungsinteresses* in der Forschung. Dieses pädagogische Handlungsinteresse muß einmal gegenüber der geisteswissenschaftlich orientierten Pädagogik betont werden, in der die Praxis — gemessen am theoretischen Anspruch der geisteswissenschaftlichen Pädagogik — vernachlässigt wird. Vor allem jedoch gilt diese Aussage gegenüber der empirischen Forschung, die das pädagogische Handlungsinteresse zum Teil gar nicht in den Blick bekommt. Denn nur wenn die Erziehungswissenschaft an dem erwähnten pädagogischen Handlungsinteresse festhält, kann sie einen Beitrag zur Verbesserung der Erziehungspraxis leisten, der von anderen Disziplinen nicht erbracht wird.

Schließlich muß es im Rahmen einer »realistischen Wendung« der Erziehungswissenschaft auch zu einer *Neubestimmung des Verhältnisses von Theorie und Empirie kommen*, die sowohl von Roth (1965) als auch von Thiersch (1966) versucht wurde (vgl. auch Flitner 1963; Blankertz 1966; Loch 1967). Roth und Thiersch gehen beide davon aus, daß es im Interesse einer Lösung der praktischen Probleme der Erziehungswirklichkeit zu einer Kooperation zwischen hermeneutischen und empirischen Verfahren der Erziehungswissenschaft kommen müsse, zumal sie in einem komplementären Verhältnis zueinander stehen. Dies wird darin gesehen, daß beide Verfahren sich auf den gleichen Gegenstand richten, sich dann allerdings in ihren Erkenntnisleistungen unterscheiden. So soll die Hermeneutik zur Gewinnung von Fragestellungen und zur Interpretation der empirisch gewonnenen Ergebnisse beitragen. Sodann wird ihr auch der Bereich als Aufgabenfeld eingeräumt, der sich empirischer Kontrolle entzieht. Der Empirie obliegt hingegen die Gewinnung von Informationen über die Erziehungswirklichkeit, die dazu beitragen können, genauere Kenntnisse über sie zu gewinnen. Damit hoffen Roth und Thiersch einen Mittelweg zwischen einer »antiempirischen pädagogischen Theorie« und einer für die pädagogische Bedeutung von Fragestellungen »blinden« Empirie einzuschlagen. Im Bewußtsein der wissenschaftstheoretischen Probleme des Versuches, Hermeneutik und Empirie zu vermitteln, möchte Thiersch seine Bemühungen als einen Versuch im Sinne von Theorien »mittlerer Reichweite« verstanden wissen. Trotz dieser Relativierung der Komplementaritätsthese im Hinblick auf das Verhältnis von Hermeneutik und Empirie erhebt sich die Frage nach der Gültigkeit dieses Vermittlungsversuches. Denn von diesem Vermittlungsversuch wird die Hermeneutik in einer Weise funktionalisiert und verdinglicht, die ihrem Selbstverständnis nach Gadamer (1972) und dem Hermeneutikstreit (Apel u. a. 1971) widerspricht. Doch ist mit der grundsätzlichen Frage nach dem Verhältnis von Hermeneutik und Empirie ein Problem angesprochen, das im Zusammenhang mit der Kritik, dem Kritischen Rationalismus und den Bemühungen um die Entwicklung der Handlungsforschung näher zu erörtern ist, das aber generell in den Sozialwissenschaften noch nicht angemessen gelöst werden konnte.

Der Kritische Rationalismus in der Erziehungswissenschaft (Brezinka)

Bevor wir im nächsten Abschnitt das Wissenschaftsprogramm des Kritischen Rationalismus in seinen Grundelementen darstellen, soll zunächst Brezinkas konzeptioneller, am Kritischen Rationalismus orientierter Entwurf der Erziehungswissenschaft erörtert werden. Dieser Entwurf stellt das bislang konsequenteste Modell einer auf dem Wissenschaftsprogramm des Kritischen Rationalismus beruhenden Erziehungswissenschaft dar. Insofern Brezinka Erziehungswissenschaft als eine Subwissenschaft der von seiner Position aus postulierten Einheitswissenschaft begreift, läßt sich an seinem Entwurf von Erziehungswissenschaft auch schon exemplarisch eine Reihe von Elementen festmachen, die Charakteristika des Kritischen Rationalismus insgesamt darstellen. Dazu gehören z. B. (vgl. auch Ulich 1972, S. 39 f.):
— die Trennung zwischen Entdeckungs- und Begründungszusammenhang,
— die Unterscheidung zwischen metawissenschaftlichen, die Wertbasis betreffenden normativen Entscheidungen und der Forderung nach Wertfreiheit im Objektbereich des wissenschaftlichen Aussagesystems,
— die Ablehnung des im Positivismus noch Gültigkeit beanspruchenden Induktionsprinzips als Mittel zur Begründung im Aussagesystem,

— der deduktive Aufbau von Theorien, die dadurch (vorläufig) bestätigt werden können, daß Falsifikationsversuche fehlschlagen,
— die intersubjektive Falsifikation als Verfahren zur Prüfung von Aussagen.
Diese Aspekte des Kritischen Rationalismus sollen jedoch systematisch erst im folgenden Abschnitt erörtert werden.

Durch die in den benachbarten Sozialwissenschaften seit Mitte der sechziger Jahre erfolgende verstärkte Rezeption des *Kritischen Rationalismus* und durch den *Positivismusstreit* in seinen Anschauungen verstärkt, legt Brezinka 1971 sein Programm einer Entwicklung »Von der Pädagogik zur Erziehungswissenschaft« vor. Ihm waren zum Teil intensive wissenschaftstheoretische Diskussionen vorausgegangen (Brezinka 1968, 1967, 1965; Rombach 1967; Bollnow 1967, 1968, 1968a, 1971; Hilgenheger 1971), die in modifizierter Form bis in die Gegenwart anhalten (Rössner 1975, 1974; Feil 1974; Strasser 1972) und zum Teil in der Diskussion um die Handlungsforschung wieder auftauchen (Zeitschrift für Pädagogik 1975, H. 5, und 1976, H. 3; Heinze u. a. 1975; Klafki 1976). Die Kontroverse, die Brezinkas Programm hervorrief und die bei weitem die Kontroversen übertraf, die positivistische Entwürfe wie die experimentelle Pädagogik Lays und Meumanns und die deskriptive Pädagogik Fischers und Lochners hervorgerufen hatten, hatte ihre Ursache sicherlich teilweise in der Radikalität und im dogmatischen Charakter von Brezinkas Argumentation.
Unter Rückgriff auf Lochners Zielbestimmung — »Der Zweck der Erziehungswissenschaft liegt nicht in der Beeinflussung eines erzieherischen Handelns, sondern ... in der Erkenntnis der Gegebenheit« (zit. nach Brezinka 1972, S. 25 f.) — entwickelt Brezinka das Programm einer Wissenschaft, deren Ziel ausschließlich die *Gewinnung von Erkenntnissen* ist und deren Aufgabe es nicht ist, nach ihren Entstehungs- oder Verwertungsbedingungen zu fragen. So bestimmt er (a.a.O., S. 21):

»Wer Wissenschaft betreibt, will Erkenntnisse gewinnen, nicht die Welt gestalten oder Menschen beeinflussen. Er verhält sich theoretisch, nicht praktisch. Das Ziel der Wissenschaft sind Erkenntnisse, das Ziel der Realwissenschaften dementsprechend Erkenntnisse über die Wirklichkeit.«

Als eine auf Erkenntnisse ausgerichtete Wissenschaft kann die *Erziehungswissenschaft nur als Subwissenschaft der Einheitswissenschaft* begriffen werden. Von dieser heißt es (a.a.O., S. 20):

»Ihre Einheit kann durch eine *Übereinkunft* hergestellt werden, die sich auf zwei Fragenkreise erstreckt: erstens auf die *Bestimmung des Zwecks oder der Aufgaben der Wissenschaft* und zweitens auf die *allgemeinen Regeln der wissenschaftlichen Methode*. Dank einer solchen Übereinkunft ist es möglich, die Wissenschaft von anderen Bereichen menschlicher Tätigkeit wie Politik, Wirtschaft, Erziehung, Kunst oder Religion abzugrenzen.«

Wissenschaft wird also bestimmt als eine auf die Erkenntnis der Wirklichkeit mit Hilfe der wissenschaftlichen Methode gerichtete Forschungsaktivität.

Doch kann ein solches Konzept der Erziehungswissenschaft allen Aufgaben gerecht werden, die im Bereich der Erziehung von der »bisherigen« Pädagogik wahrgenommen worden sind? Sicherlich nicht. Daher muß Brezinka sein Wissenschaftsprogramm erweitern. Konsequent ergänzt er in Übereinstimmung mit der analytischen Philosophie die *Erziehungswissenschaft* (1) um die *Philosophie der Erziehung* (2) und die *Praktische Pädagogik* (3). Im einzelnen untergliedert er sodann die Erziehungswissenschaft im weiteren Sinn in eine *Theoretische Erziehungswissenschaft* und eine *Historiographie der Erziehung*. Die Historiographie der Erziehung wird weitgehend nach den Prinzipien der Theoretischen Erziehungswissenschaft konzipiert. Der Bereich der Philosophie der Erziehung wird ebenfalls in eine *Erkenntnistheorie pädagogischer Aussagen* und eine *Moralphilosophie* unterteilt. Sodann wird die Praktische Pädagogik unter Rückgriff auf das Konzept einer »praktischen Kunstlehre« entwickelt.

1. Erziehungswissenschaft

Für die Theoretische Erziehungswissenschaft und die Historiographie der Erziehung werden die grundlegenden wissenschaftstheoretischen Prinzipien im Rahmen der Erziehungswissenschaft im weiteren Sinne bestimmt. Die zentralen Aufgaben der Erziehungswissenschaft, die auch für die beiden genannten Teilbereiche Gültigkeit beanspruchen, bestehen darin:

... »die Bedingungen für die Erreichung von Erziehungszielen zu erforschen. Die Erziehungswissenschaft ist nicht eine nur Tatsachen beschreibende, sondern eine teleologisch, kausal-analytisch orientierte Wissenschaft« (a.a.O., S. 31).

»Im Hinblick auf die in der Erziehungspraxis zu lösenden Probleme ist die Erziehungswissenschaft in erster Linie eine technologische Wissenschaft« (a.a.O., S. 32).

»Abgekürzt kann man sagen: die Erziehungswissenschaft sucht nach jenen Bedingungen für die Verwirklichung von Erziehungszielen, die sich durch Handlungen beeinflussen lassen (oder die handlungsrelevant sind)« (a.a.O, S. 33).

Daraus folgt, »... daß der Gegenstand der Erziehungswissenschaft die erzieherisch relevanten Ausschnitte der Wirklichkeit ... sind ... Als ›Erziehungswissenschaft‹ werden Aussagensysteme bezeichnet, die in intersubjektiv überprüfbaren Sätzen über den Wirklichkeitsbereich (Objektbereich) ›Erziehung‹ informieren« (a.a.O., S. 34). »Entsprechend kann man die Erziehungswissenschaft als eine Spezialdisziplin oder eine Sub-Wissenschaft der integrierten Wissenschaften vom sozialen Verhalten und von den psychischen Objektivationen der Menschen auffassen« (a.a.O., S. 38 f.).

Auf der Grundlage dieser Charakterisierung werden sodann die Aufgabengebiete der Theoretischen Erziehungswissenschaft und der Historiographie der Erziehung bestimmt, die den Gegenstand der Erziehungswissenschaft jeweils mit unterschiedlicher Fragestellung untersuchen, dabei aber insgesamt aufeinander angewiesen sind.

Die Theoretische Erziehungswissenschaft: Die Theoretische Erziehungswissenschaft, bei Brezinka oft auch nur als Erziehungswissenschaft bezeichnet, zielt auf die Gewinnung nomologischen Wissens. Dabei kann sie nicht von einer voraussetzungslosen Erkenntnis der Erziehungswirklichkeit und der sogenannten Tatsachen ausgehen — wie das noch der Positivismus glaubte; vielmehr muß sie ihren Ausgangspunkt bei Fragestellungen und Problemlösungsversuchen nehmen. In den Worten Brezinkas: »Die Wissenschaft beginnt nicht mit Tatsachen, sondern mit Problemen und Lösungsversuchen« (a.a.O., S. 50). Im Anschluß an Popper und Albert wird sodann die Gewinnung von Theorien als die Aufgabe wissenschaftlicher Forschung bezeichnet. Unter *einer* Theorie wird verstanden »die Gesamtheit der logisch miteinander verbundenen nomologischen Hypothesen, die zur Erklärung und Voraussage des Verhaltens der Phänomene dieses Bereichs herangezogen werden müssen« (Albert 1973, S. 76). Diese Hypothesen sollen in *Wenn-Dann-Sätzen* (Konditionalsätzen) formuliert werden; als wissenschaftliche Aussagen sollen sie sodann *intersubjektiv überprüfbar* sein. Im Unterschied zum klassischen Positivismus, der glaubte, theoretische Aussagen induktiv verifizieren zu können, übernimmt Brezinka Poppers *Prinzip der Falsifikation*. Danach kann die Wissenschaft nicht den Wahrheitsgehalt von Aussagen beweisen. Sie kann lediglich versuchen, Hypothesen bzw. Theorien an der »Erfahrung« scheitern zu lassen. In Poppers Worten (1973, S. 15): »Ein empirisch-wissenschaftliches System muß an der Erfahrung scheitern können.« Eine solche Falsifikation erfolgt mit Hilfe von »Basissätzen«. Mißlingt eine Falsifikation, kann die Hypothese oder Theorie als bewährt gelten.

Beispiel: Der Satz: »alle Schwäne sind weiß«, läßt sich auch so formulieren: »Es gibt keine nicht-weißen Schwäne.« Wird nun irgendwann ein schwarzer Schwan gesehen, dann läßt sich darauf ein »Es-gibt-Satz« formulieren, nämlich: »Es gibt schwarze Schwäne.« Dies ist ein Basissatz, der den allgemeinen »Es-gibt-nicht-Satz« widerlegt bzw. falsifiziert. Dabei wird durch einen Deduktionsschluß von einem besonderen Satz auf die Falschheit des allgemeinen Satzes geschlossen.

Sodann fordert Brezinka die Verwendung einer Sprache in der Erziehungswissenschaft, bei der sich deutlich zwischen einer »Beobachtungssprache« und einer »theoretischen Sprache« unterscheiden läßt, damit der im Sinne des Kritischen Rationalismus »informationsleere« Charakter traditioneller pädagogischer Sprache vermieden wird. Im weiteren schließt sich Brezinka auch der für die Wissenschaftslehre des Kritischen Rationalismus charakteristischen Unterscheidung zwischen dem Entstehungs- und dem Begründungszusammenhang wissenschaftlicher Aussagen an. Danach ist die Frage nach der Entstehung von Fragestellungen und Hypothesen lediglich eine Tatsachenfrage, für die die Psychologie zuständig ist. Ob eine Aussage als wissenschaftlich begründet gelten kann, ist hingegen lediglich durch die Überprüfung mit der wissenschaftlichen Methode im Rechtfertigungszusammenhang festzustellen. Für das wissenschaftliche Aussagesystem wird sodann — auch im Anschluß an Albert — die Forderung nach Werturteilsfreiheit erhoben. Im Vergleich zum Positivismus liegt in dieser Begrenzung auf das wissenschaftliche Aussagesystem bereits eine erhebliche Relativierung des Anspruchs auf Wertfreiheit. Ferner wird eine Unterscheidung zwischen der »Beschreibung« und der »Erklärung« erzieherisch relevanter Sachverhalte vorgenommen, die beide in sorgfältiger Trennung voneinander als für die Erziehungswissenschaft notwendig erachtet werden. Der Nutzen der so gewonnenen wissenschaftlichen Erkenntnisse der Erziehungswissenschaft für die Erziehungspraxis wird schließlich vor allem in der prognostischen wie technologischen Verwendung erziehungswissenschaftlicher Theorien gesehen.

Die Historiographie der Erziehung: Die Theoretische Erziehungswissenschaft ist nun allerdings auf die Ergänzung durch die Ergebnisse der »Geschichtswissenschaft von der Erziehung« bzw. die Historiographie der Erziehung angewiesen, »um ihren Gegenstand — die Erziehungswirklichkeit — in vollem Umfang kennenlernen zu können« (Brezinka 1971, S. 91). Ohne sie blieben wichtige Dimensionen der Erforschung der Erziehungswirklichkeit unberücksichtigt. Im Unterschied zum Gegenstand der Theoretischen Erziehungswissenschaft heißt es von dem Gegenstand der »historischen Realwissenschaft« sodann, daß dieser wegen seines »komplexen Charakters nur unvollständig und indirekt faßbar sei« (a.a.O., S. 93). Doch noch wichtiger ist der Unterschied zwischen den Zielen der beiden Forschungsansätze:

»In den theoretischen Wissenschaften wird versucht, allgemeine Gesetze zu finden und daraus eine systematische Theorie ihres Objektbereiches aufzubauen. In den historischen Wissenschaften dagegen überwiegt das Interesse an der *gedanklichen Rekonstruktion* einmaliger Ereignisabläufe« (a.a.O., S. 94).

Brezinka führt die Betonung der Einmaligkeit historischer Ereignisse auf den Einfluß des Historismus zurück. Erst in jüngster Zeit entdeckt er in der Geschichtsschreibung ein zunehmendes Interesse an der Erforschung von Ereignissen und Regelmäßigkeiten, das seinem Interesse an einem Konzept einer »historischen Realwissenschaft« entgegenkommt. Die historische Forschung wird hier mit der Notwendigkeit begründet, »für die Theorie (eine, Ch. W.) möglichst breite Erfahrungsbasis zu gewinnen« (a.a.O., S. 95). Die historische Forschung bedarf jedoch ihrerseits auch der Theoretischen Erziehungswissenschaft, »um relevante historische Ereignisse auswählen, differenziert beschreiben und erklären zu können« (a.a.O., S. 95).

Auf dem Hintergrund dieser Überlegungen formuliert Brezinka eine Kritik des Programms der historisch-systematischen Betrachtungsweise der geisteswissenschaftlichen Pädagogik, in der er herausstellt, daß Diltheys Anhänger »das Wort ›systematisch‹ nicht etwa gleichbedeutend mit ›theoretisch‹ im Sinne realwissenschaftlicher Theorie verwenden, sondern als Synonym für ›philosophisch‹ im Sinne einer ›lebensphilosophischen‹ Weltanschauung« (a.a.O., S. 96). Von daher verfahre die Geschichtsschreibung der geisteswissenschaftlichen Pädagogik unhistorisch. Sie werde sogar unwissenschaftlich, wo sie den Anspruch erhebe, Normen für die Erziehung aufstellen zu können. Denn dieser Anspruch müsse der Moralphilosophie der Erziehung vorbehalten bleiben. Seinem Programm einer Einheitswissenschaft entsprechend, wendet sich Brezinka auch dagegen, dem »Erklären« das »Verstehen« gegenüberzustellen und die hermeneutische Methode als eine Methode der Erziehungs*wissenschaft* zuzulassen. Im weiteren fordert er eine Unterscheidung zwischen einer »Geschichte der pädagogischen Ideen« und einer »Geschichte der Erziehungswirklichkeit«; auf letztere solle sich die Historiographie der Erziehung konzentrieren.

Obwohl wir uns an späterer Stelle kritisch mit den wichtigsten Positionen des von Brezinka vertretenen Konzepts auseinandersetzen werden, sei bereits hier eine kritische Anmerkung eingefügt: Brezinkas Charakterisierung der Geschichte als »gedankliche Rekonstruktion einmaliger Ereignisabläufe« sowie seine aus dieser Bestimmung hergeleiteten Überlegungen zur Funktion der Geschichte greifen zu kurz. Denn eine solche Rekonstruktion ist immer nur *ein* Element der Geschichtsschreibung. Wichtiger und auch für die Geschichtswissenschaft bestimmender ist die Einsicht in die Tatsache, daß mit der *Deutung der Vergangenheit* immer auch eine *Interpretation der Gegenwart* verbunden ist, die über ihre Vergangenheit aufgeklärt wird. Dieser Prozeß, in dem die Interpretation der Vergangenheit vor dem Fragehorizont der Gegenwart stattfindet, auf die die Interpretation auch zurückführt, ist das Spezifische der Geschichtsschreibung. Im Grunde genommen ist die Vergangenheit als Summe einmaliger Ereignisabläufe nicht rekonstruierbar. Möglich ist lediglich der Versuch der Erkenntnis der Vergangenheit aufgrund der überlieferten und in der Gegenwart interpretierten Quellen. Benner folgert — den hier angesprochenen Gedankengang weiterführend — zu Recht: »Gegenstandskonstitutive Kategorien für eine solche Erkenntnisbemühung sind die Prinzipien einmaliger Bestimmtheit und fortwirkender Bedeutsamkeit. Geschichte als Tatsächlichkeit der Vergangenheit ist uns in ihrer einmaligen Bestimmtheit gerade dadurch gegeben, daß sie in ihrer fortwirkenden Bedeutsamkeit zugänglich ist« (1973, S. 257 f.).

Auch der eindeutigen Indienstnahme der Historiographie durch die Anliegen einer »technologischen Erziehungswissenschaft« mit dem Ziel der Gewinnung von Hypothesen für eine solche technologische Auffassung liegt eine Reduktion der historischen Pädagogik auf ein Verwertungsinteresse zugrunde, das den auf die Sinndeutung vergangener Zusammenhänge in ihrer Bedeutung für die Gegenwart ausgerichteten Intentionen der Geschichtsschreibung widerspricht. Bei einer solchen Indienstnahme der Historiographie der Erziehung werden die Unterschiede zwischen einem technologischen, einem praktischen und einem emanzipatorischen Erkenntnisinteresse nicht gesehen bzw. nicht anerkannt. Die Geschichte der Pädagogik wird von einem absolut gesetzten Erkenntnisinteresse her gesehen, dem seine eigene Geschichtlichkeit verschlossen bleibt und das daher selbst kaum mehr als Veränderbares begriffen werden kann, da es Vergangenheit wie Gegenwart vorwiegend unter dem Gesichtspunkt der Verfügbarkeit faßt. Bollnow (1971, S. 696) hat dies ähnlich gesehen:

»In jedem Fall hätte die geschichtliche Betrachtung den Sinn, daß durch sie — und nur durch sie — der Forscher aus der unvermeidlichen Zufälligkeit und Einseitigkeit seines eigenen Ansatzes herausgehoben wird, daß er diesen in seiner geschichtlichen Bedingtheit erkennen und entsprechend erweitern könnte. So wäre die Beschäftigung mit der Geschichte der Pädagogik eine wichtige Forderung wissenschaftlicher Objektivität. ... Tiefer greift die weitere Erkenntnis, daß die in der systematischen Arbeit verwandten Begriffe wie Erziehung, Bildung, Reife, Mündigkeit, Verantwortung, Gehorsam usw. nicht in zeitlos systematischer Weise festgelegt, sondern gar nicht anders als in ihrem geschichtlichen Zusammenhang begriffen werden können, so daß die unerläßliche Begriffsbestimmung selber von sich aus in die historische Dimension hinüberführt.«

Brezinkas reduktionistisches Verständnis der Geschichte und der Aufgaben erziehungswissenschaftlicher Geschichtsschreibung wirkt sich auch auf sein Wissenschaftsprogramm insgesamt aus; die Begriffe seines Programms werden nicht in ihrem geschichtlichen Zusammenhang begriffen, so daß dem ganzen Entwurf Ungeschichtlichkeit anhaftet.

2. Philosophie der Erziehung

Ausgangspunkt für die Begründung der Notwendigkeit einer *Philosophie der Erziehung* ist die folgende Frage: »Welche Probleme, die beim erzieherischen Handeln und beim Nachdenken über Erziehung auftauchen, können in einer als Realwissenschaft verstandenen Erziehungswissenschaft nicht oder höchstens in unvollständiger Weise behandelt werden?« (a.a.O., S. 117). Zu diesen Problemen gehören:
— die Bestimmung der Zwecke oder Ziele der Erziehung,
— die philosophischen Grundlagen der Erziehungswissenschaft und anderer pädagogischer Aussagesysteme,
— die Synthese unseres Wissens über Erziehung,
— die Metaphysik bzw. Transzendentalphilosophie der Erziehung,
— die Hermeneutik der Erziehungswirklichkeit,
— die Philosophie der Erziehung und die weltanschauliche Pädagogik.
Um die in diesen Bereichen entstehenden Fragen systematisch bearbeiten zu können, unterscheidet Brezinka zwei zentrale Aufgabengebiete der »Philosophie der Erziehung«, die *»Moralphilosophie der Erziehung«* und die *»Erkenntnistheorie pädagogischer Aussagen«*, die im weiteren kurz skizziert werden sollen.

Erkenntnistheorie pädagogischer Aussagen: Die »Erkenntnistheorie pädagogischer Aussagen« umfaßt die logische Analyse pädagogischer Begriffe und Sätze, die Methodologie erziehungswissenschaftlicher Erkenntnis und die erkenntnistheoretische Kritik pädagogischer Systeme. Die logische Analyse pädagogischer Begriffe beginnt mit der »Klärung der Begriffe durch Definitionen, Bedeutungsanalysen und Begriffsexplikationen«, untersucht die »Umgangssprache« und versucht die Begriffe und Aussagen zu klären und zu präzisieren (a.a.O., S. 142 ff.); dabei geht es um die Klärung der deskriptiven und theoretischen Begriffe sowie um die Untersuchung pseudo-normativer Leerformeln in der Erziehungswissenschaft. Die zweite Aufgabe der Erkenntnistheorie pädagogischer Aussagen besteht in der Entwicklung einer Methodologie der erziehungswissenschaftlichen Erkenntnis, bei der es um die kritische Beurteilung unterschiedlicher Methoden erziehungswissenschaftlicher Forschung geht. Die daran anschließende erkenntnistheoretische Kritik pädagogischer Systeme hat die Aufgabe, in den in der deutschen Erziehungswissenschaft vorliegenden »gemischten« Aussagensystemen zwischen metaphysischen Sätzen und Werturteilen einerseits und empirischen Behauptungen andererseits zu unterscheiden und somit zur Klärung des Geltungsanspruchs der Aussagen beizutragen.

In kritischer Absicht muß bereits hier gegenüber Brezinkas Konzept einer »Philosophie der Erziehung« als »Erkenntnistheorie pädagogischer Aussagen« ein Einwand erhoben werden. So muß die Angemessenheit der Brezinkas Ausführungen zugrunde liegenden Überzeugung bezweifelt werden, daß eine Erziehungsphilosophie endgültig die Grundlagen der Erziehungswissenschaft klären könnte. Denn damit würde eine Hierarchie der Erkenntnisgewinnung entwickelt, die der Philosophie die Vorrangigkeit einräumen, die empirische Forschung jedoch in gewisser Hinsicht entwerten würde. Dagegen kommt es darauf an,

»daß die Ergebnisse der empirischen Forschung immer wieder auf die Grundlegung zurückwirken, daß sie diese immer wieder neu zur Revision zwingen. Es ergibt sich also eine rückwärtige Abhängigkeit der Grundlegung von den nicht voraussehbaren Ergebnissen der empirischen Forschung, die immer wieder eine fruchtbare Beunruhigung in die Philosophie hineinträgt und zu einer immer neuen Erweiterung und Revision der ›philosophischen‹ Grundlagen zwingt, sie allererst offen hält für die unvorhersehbaren und grundsätzlich neuen Möglichkeiten« (Bollnow 1971, S. 699).

Aus einer solchen Bestimmung des Verhältnisses zwischen Philosophie und Empirie ergibt sich eine fortwährende Wechselbeziehung, die für die Erziehungswissenschaft konstitutiv ist. Das bedeutet, daß die Trennung zwischen Philosophie und Empirie in der Erziehungswissenschaft nur relativ ist und immer wieder, wenigstens partiell, überwunden werden muß. Aus dieser Einsicht muß Brezinka insofern kritisiert werden, als er sogar den Beitrag der empirischen Forschung zur Philosophie der Erziehung — sicher unbeabsichtigt — unzulässig abwertet.

Moralphilosophie der Erziehung: Brezinkas Definition der Erziehungswissenschaft als wertfreier technologischer Wissenschaft, deren Aufgabe darin besteht, vorgegebene Ziele auf ihre Realisierungsmöglichkeiten zu untersuchen, macht eine *Moralphilosophie der Erziehung* zur Begründung und Absicherung von Zielentscheidungen erforderlich. Ihre Aufgabe wird so bestimmt: »Moralische Werturteile, die sich auf ein Sollen im Zusammenhang mit der Erziehung beziehen, und ihre Begründung oder Rechtfertigung zu untersuchen, ist die Aufgabe der Moralphilosophie der Erziehung« (Brezinka 1971, S. 151). Die Moralphilosophie soll die Aufgaben übernehmen, die die Erziehungswissenschaft als Wissenschaft im Sinne Brezinkas nicht wahrnehmen kann. Sie muß der Erziehung helfen, sich gegen die herrschenden Machtverhältnisse zu behaupten und — worauf die geisteswissenschaftliche Pädagogik verwiesen hat — das Recht des Kindes gegen diese zu verteidigen. Nach Auffassung Brezinkas bedarf es einer ausgearbeiteten Moralphilosophie, auf deren Fehlen bereits Herbart verwiesen hatte. Mit Hilfe einer Moralphilosophie sollen die gegenwärtigen Schwerpunkte normativer Reflexion im Bereich der Erziehung weiter entwickelt werden. Dies ist erforderlich, da die »normative Ethik der Erziehungsziele noch relativ wenig differenziert ist«, die »normative Ethik des erzieherischen Verhaltens« sich in »einem dürftigen Zustand« befindet und ohne »Meta-Ethik der Erziehung« noch kaum vorhanden ist (a.a.O., S. 152). Darüber hinaus fordert Brezinka eine »Differenzierung der die Moral betreffenden Fragestellungen«, indem er verlangt, »moralische Fragen« von »Tatsachenfragen über moralische Ansichten und Praktiken« sowie von »Fragen, die moralische Fragen betreffen«, besser als bislang zu trennen. Dazu entwickelt er ein Vorgehen bei der Lösung normativer Probleme der Erziehung, dessen Hintergrund in Anlehnung an Albert wie folgt bestimmt wird:

»Als zentrale Aufgabe einer kritischen Moralphilosophie ist nicht die Analyse ethischer Ausdrücke, sondern die kritische Überprüfung von Begründungszusammenhängen in der ethischen Argumentation, die kritische Würdigung moralischer Prinzipien und die Kritik der vorherrschenden ethischen Systeme und der herrschenden Moral anzusehen« (Albert 1971, zit. nach Brezinka 1972, S. 157).

Im einzelnen soll das auf dieser Grundlage fußende »Vorgehen bei der Lösung normativer Probleme der Erziehung« folgende Gesichtspunkte berücksichtigen:

»1. Normative Sätze sollen durch vernünftige Argumente (oder gute Gründe) und nicht durch Berufung auf irgendwelche Autoritäten zu rechtfertigen versucht werden.
2. Die Regeln der Logik sollen eingehalten werden.
3. Die geforderten Lernziele für die Zu-Erziehenden sowie die Aufgaben und Normen für die Erzieher sollen klar und eindeutig formuliert werden.
4. Pädagogische Forderungen sollen auf ihre Realisierbarkeit hin geprüft werden.
5. Pädagogische Forderungen sollen im Hinblick auf die Auswirkungen geprüft werden, zu denen ihre Anerkennung führen würde« (Brezinka 1972, S. 159—162).

In kritischer Absicht muß gegen Brezinkas Entwurf einer »Moralphilosophie der Erziehung«, die der von ihm als wertfrei und wertneutral konzipierten Erziehungswissenschaft gegenübergesetzt wird und die die im Bereich der Erziehung notwendigen Norm- und Wertfragen zu klären hat, eine Reihe von Einwänden erhoben werden. So werden z. B. die Probleme der »Moralphilosophie der Erziehung« ausschließlich analytisch angegangen. Dadurch gerät die Normativität der angesprochenen Zusammenhänge nur insofern in den Blick, als Normen vorgegeben sind, die zum Gegenstand rationaler Analyse werden. Unmöglich bleibt die Entwicklung eigener normativer Vorstellungen. Daher gelingt es einer so verstandenen Moralphilosophie auch nicht, die Restriktionen aufzufangen, die der Erziehungswissenschaft auferlegt wurden. Sie bleibt gebunden an das Bestehende und hat nur in begrenztem Maße die Möglichkeit, sich kritisch von ihm zu distanzieren. Damit ist sie tendenziell affirmativ. Eine zweite Unzulänglichkeit der Moralphilosophie der Erziehung liegt darin, daß sie ahistorisch und ohne Bezug auf die Gesellschaft entwickelt wird. Normative Vorstellungen sind jedoch nur unter Berücksichtigung des jeweiligen historischen Kontextes angemessen interpretierbar. Sie müssen in einem bestimmten gesellschaftlichen Kontext gedeutet und in ihrem Zusammenhang mit den Herrschaftsstrukturen der jeweiligen

Gesellschaftsordnung reflektiert werden (vgl. Sandkühler/
Vega 1974). Schließlich sei auch auf den Bereich der
»Wertungen im Sinne der vorausgeschickten Unterschei-
dung« hingewiesen,

»die wir nicht setzen, sondern die wir in unserer Welt schon
immer als etwas Gegebenes vorfinden. Unsere Welt und unser
Leben sind schon immer als immanent sinnhaft und wertvoll
verstanden. Wir können gar nicht davon absehen. Sie lassen sich
darum auch gar nicht wertfrei beschreiben, sondern jede
Beschreibung und erst recht jede Deutung setzt immer schon das
Verständnis der Sinn- und Werthaftigkeit voraus« (Bollnow
1971, S. 702).

Auch für ein solches Verständnis der normativen Voraussetzungen jedes sozialen Handelns und Erkennens, auf die
die Hermeneutik und die Sprachphilosophie immer wieder
hingewiesen haben, ist im Rahmen des von Brezinka entwickelten Konzepts einer Moralphilosophie kein Platz.

3. Praktische Pädagogik

Die Praktische Pädagogik wird als »eine für das Handeln
taugliche oder eine zum Handeln befähigende normative
Theorie der Erziehung« begriffen (Brezinka 1971, S. 189).
Damit knüpft Brezinka an »Kunstlehren« und »Erziehungslehren« an, wie sie verschiedentlich in der Geschichte
der Pädagogik entwickelt worden sind. Der Erzieher kann
nicht warten, »bis die wissenschaftliche Forschung ergiebi-
ger geworden ist« (a.a.O., S. 202). Praktische Pädagogik
kann nach Auffassung von Brezinka nicht parallel zur
praktischen Psychologie als angewandte Erziehungswissenschaft begriffen werden. Sie soll auch nicht als Wissenschaft
fortentwickelt werden. Ihr kommt nicht die Aufgabe zu,
der Praxis der Erziehung Anweisungen zu erteilen. Sie soll
vielmehr einen »motivierenden Einfluß« auf den Erzieher
ausüben, sich weiter zu bilden. Im deutschen Sprachraum
wird die geisteswissenschaftliche Pädagogik als die reprä-
sentative Form der Praktischen Pädagogik angesehen, der
trotz ihres vom »sehr weiten und vagen Wissenschaftsbegriff der Geisteswissenschaften« bestimmten Charakters
der Verdienst zuteil wird, »auf die Grenzen einer theoretischen Realwissenschaft von der Erziehung aufmerksam
gemacht und die Einsicht in die Unentbehrlichkeit praktischer Theorien der Erziehung gefördert zu haben«

(a.a.O., S. 190). Damit ist einmal das Problem des Geltungsbereichs der Erziehungswissenschaft als theoretischer Realwissenschaft im Sinne Brezinkas, zum anderen aber auch die Frage angesprochen, »wieweit sie (die Praktische Pädagogik, Ch. W.) überhaupt wissenschaftlich bearbeitet werden kann, wenn sie ihren Zweck erfüllen soll« (a.a.O., S. 197). Im Rahmen einer von der Wissenschaft und der Philosophie losgelösten Praktischen Pädagogik sollen unter anderem folgende Gesichtspunkte berücksichtigt werden (a.a.O., S. 206 ff.):

»1. Informierung der Adressaten über die erzieherisch relevante Wirklichkeit und Bereitstellung von Orientierungshilfen für das erzieherische bzw. erziehungspolitische Handeln....
2. Die Bedeutung (der Sinn) der Aussagen soll klar sein. ...
3. Es sollen die Regeln der Logik eingehalten werden. ...
4. Bei Werturteilen sollen die Wertungsgesichtspunkte, von denen aus geurteilt wird..., genannt werden oder zumindest aus dem Kontext klar ersichtlich sein. ...
5. Normen sollen inhaltlich so eindeutig wie möglich formuliert werden....
6. Die Sprache der Praktischen Pädagogik soll klar und leicht verständlich sein....
7. Der emotive Gebrauch der Sprache soll jedoch den kognitiven nicht verdrängen oder ersetzen, sondern lediglich dazu dienen, die rationalen moralischen Urteile emotional zu unterstützen.«

Kritisch ist zu diesem Konzept der »Praktischen Pädagogik« anzumerken: Hier wird deutlich, daß Brezinka nicht an die Möglichkeiten einer praktischen Wissenschaft glaubt. Für ihn muß aus wissenschaftstheoretischen Gründen zwischen Wissenschaft und Erziehungslehre bzw. praktischer Theorie unterschieden werden. Der Wissenschaft kommt dabei nicht die Aufgabe zu, die Praxis anzuleiten; diese Aufgabe obliegt der »Praktischen Pädagogik« als einem Verbindungsglied zwischen Praxis und Wissenschaft. Indem die »Praktische Pädagogik« jedoch als ein Bereich begriffen wird, der von der Wissenschaft getrennt zu sehen ist, wird sie nicht zum Gegenstand wissenschaftlicher Erkenntnis, sondern bleibt im »Vorraum« der Wissenschaft. Die Folge: Der Bereich der »Praktischen Pädagogik« und damit der Bereich einer Anleitung der Erziehungspraxis bleibt weitgehend unerforscht. Die Erziehungspraxis kommt nicht in den Vorteil einer Zuwendung der Wissenschaft; ihre Möglichkeiten für eine Verbesserung bleiben gering. Daher kann unseres Erachtens die Annahme eines von der

Erziehungswissenschaft abgetrennten, für das erzieherische Handeln »zuständigen« Bereichs der »Praktischen Pädagogik« weder im Interesse der Praxis sein, die einen Anspruch auf eine wissenschaftlich fundierte Aufklärung hat; noch kann diese Annahme im Interesse der Erziehungswissenschaft sein, der damit ihr Gegenstandsfeld als Praxisfeld entzogen wird. So hat diese Distinktion einen reduktionistischen Wissenschaftsbegriff und ein reduktionistisches Verständnis von Praxis zur Folge. Sie verhindert, daß das Praxis-Problem als das konstitutive Problem der Erziehungswissenschaft in den Blick kommt. Eine angemessene Reflexion dieses unseres Erachtens für die Erziehung konstitutiven Problems kann nur dort stattfinden, wo die Erziehungswissenschaft als praktische Handlungswissenschaft begriffen wird und nicht durch die Konstruktion zahlreicher Teilbereiche von der Praxis als ihrem Aufgabenfeld getrennt wird.

4. Zur Kritik

Bereits bei der Darstellung des bislang geschlossensten Konzepts eines für den Bereich der Erziehung auf der Wissenschaftslehre des Kritischen Rationalismus basierenden Wissenschaftsprogramms wurde auf eine Reihe von Verkürzungen und Unzulänglichkeiten dieses Entwurfes hingewiesen. Im folgenden sollen weitere Aspekte dieses Konzepts einer zusammenfassenden Kritik unterzogen werden.
Obwohl es Brezinkas Aufgabe gewesen wäre, die Dreiteilung der Pädagogik in »Erziehungswissenschaft«, »Philosophie der Erziehung« und »Praktische Pädagogik« zu begründen, bleibt nach unserer Auffassung Brezinka gerade diese Begründung schuldig. Selbst unter dem vom Kritischen Rationalismus so betonten Gesichtspunkt der Zweckmäßigkeit ist eine solche Dreiteilung kaum zu rechtfertigen. Zu eng stehen die unter die verschiedenen Teilbereiche subsumierten Elemente in Interdependenz miteinander. So läßt sich z. B. kaum eine zureichende Begründung dafür finden, warum präskriptive Aussagen nicht als Elemente wissenschaftlicher Aussagen zugelassen werden, zumal wenn diese als solche gekennzeichnet werden. Vielmehr zeigt sich in der Wissenschafts*praxis* der empirischen Erziehungswis-

senschaft durchaus eine Verschränkung von normativen und deskriptiven Sätzen. »Da außerdem auch keine endgültige Verifikation deskriptiver Aussagen möglich ist und auch bei der Annahme solcher Sätze Entscheidungen eine Rolle spielen, ist der logische Vorzug der deskriptiven Aussagen vor den normativen und valutativen (Aussagen, Ch. W.) nicht so groß, wie es zunächst scheinen könnte« (Hilgenheger 1971, S. 433). Dies zeigt, daß mit der von Brezinka entwickelten Systematik im Hinblick auf die einzelnen Elemente und ihren Zusammenhang eher ein Erkenntnisverlust bewirkt würde, als daß eine bessere Klärung ihres jeweiligen Stellenwerts im gesamten Wissenschaftsprogramm erreicht worden wäre. Brezinkas Dreiteilung wird noch problematischer, weil er den verschiedenen Teilbereichen einen unterschiedlichen »Wert« zuordnet. So schreibt er z. B. der Wissenschaft einen höheren sozialen Wert zu. Daher bezeichnet er es konsequenterweise auch als unredlich, wenn Philosophen und Pädagogen das »Prestige der Wissenschaft erheischen« wollten (Brezinka 1971, S. 9). Dadurch daß Brezinka nirgends den Versuch macht, die analytisch getrennten Bereiche unter einem übergeordneten Gesichtspunkt wieder in Beziehung zueinander zu bringen, verzichtet er ausdrücklich auf eine »›pädagogische Gesamttheorie‹, welche die Aussagesysteme, die hier unterschieden worden sind, übergreifend vereinigt« (a.a.O., S. 209). Dieser Verzicht auf eine »pädagogische Gesamttheorie« geht unter anderem auf die von Brezinka geteilte Auffassung der Wissenschaftslehre des Kritischen Rationalismus zurück, nach der es nur *ein* Paradigma der Wissenschaft gibt. Denn würde Brezinka versuchen, für die sich als Subwissenschaft der Einheitswissenschaft verstehende Erziehungswissenschaft eine »pädagogische Gesamttheorie« zu entwickeln, müßte dieser Versuch notwendig in Widerspruch zum Anspruch der Einheitswissenschaft geraten, die für alle Subwissenschaften verbindliche »übergeordnete« Wissenschaft darzustellen. So muß sich die Kritik richten einmal gegen den Verzicht auf eine »pädagogische Gesamttheorie«, zum anderen gegen den Anspruch der Wissenschaftslehre des Kritischen Rationalismus, die Bedingungen für alle Wissenschaften weitgehend unabhängig von ihrem Gegenstand angeben zu können. Insgesamt muß eine solche Kritik zur Zurückweisung des hierin zum Ausdruck kommenden

Methoden- und Wissenschaftsmonismus führen, zumal die zu seiner Begründung erfolgten Versuche Brezinkas keine ausreichende Plausibilität beanspruchen können.

Durch die Reduktion des Wissenschaftsbegriffs der Erziehungswissenschaft auf das Wissenschaftsverständnis der »Einheitswissenschaft« werden die kausal-analytischen Methoden zu den allein anerkannten wissenschaftlichen Verfahren gemacht. Darin kommt ein Anspruch zum Ausdruck, dem sich spätestens seit dem Positivismusstreit die dialektische Wissenschaftstheorie und die verstehende Sozialforschung widersetzen. Auch für die Erziehungswissenschaft enthält dieser Anspruch nicht annehmbare Konsequenzen. Denn seine Anerkennung würde dazu führen, daß nur *ein* Zugang zur Erziehungswirklichkeit als wissenschaftlich anerkannt wird, obwohl doch mittlerweile sicher ist, daß jedes Paradigma nur die Gewinnung *bestimmter* wissenschaftlicher Erkenntnisse zuläßt (vgl. Kap. 5; Cicourel 1974; Berger 1974). Zudem erlaubt dieses Wissenschaftskonzept auch nur *ein* Verfahren, mit dessen Hilfe die Ergebnisse der Wissenschaft für die Erziehungspraxis fruchtbar gemacht werden, das *technologische*. Allein dieses Verfahren gestattet es der Wissenschaft — nach Meinung der Vertreter des Kritischen Rationalismus —, die Kriterien der Wissenschaftlichkeit angemessen zu berücksichtigen, die die Wissenschaftslehre des Kritischen Rationalismus aufstellt. Denn erst nach Abschluß der wertfreien wissenschaftlichen Erkenntnisgewinnung werden die Ergebnisse der Wissenschaft für die Erstellung von Technologien zur Beeinflussung der Erziehungspraxis verwendet. Damit soll eine sorgfältige Unterscheidung zwischen Erkenntnisgewinnung und praktischer normbestimmter Verwendung der Ergebnisse gesichert werden. Für das Theorie-Praxis-Verhältnis bedeutet das: Insofern wissenschaftliche Ergebnisse — in Technologien überführt — zur Beeinflussung und Veränderung der Praxis herangezogen werden, kann das Verhältnis zwischen Wissenschaft und Praxis als eine Beziehung begriffen werden, in der eine Unterordnung der Praxis unter die wissenschaftliche Theorie erfolgt. Damit wird das Theorie-Praxis-Verhältnis in einer anderen Weise bestimmt, als es die geisteswissenschaftliche Pädagogik tat, die von der Übergeordnetheit der Praxis über die Theorie ausging. Für die Erziehungswissenschaft ist die von Brezinka in dieser Hinsicht vertretene Position insofern bedenklich, als damit die Erziehungspraxis nur in einer ganz bestimmten — von diesem Wissenschafts- und dem entsprechenden Technologiekonzept zugelassenen — Weise begriffen und gestaltet wird. Aufgrund der hierin enthaltenen Restriktionen ist eine Hypostasierung dieses Wissenschaftsbegriffs unzulässig. Das so festgeschriebene Verhältnis zwischen Wissenschaft und Praxis ist auch insofern problematisch, als mit Hilfe von Technologien häufig Herrschaftsansprüche an die Praxis weitergegeben werden, mit denen es sich auseinanderzusetzen gilt, ohne daß das von Brezinka vertretene Wissenschaftskonzept dazu jedoch eine Möglichkeit bietet. Hierfür wäre die Wissenschaft auf den außerwissenschaftlichen Bereich der Moralphilosophie angewiesen; aufgrund ihres in der Konzeption Brezinkas formalen Charakters dürfte die Moralphilosophie jedoch kaum in der Lage sein, derartige Herrschaftsansprüche abzuweisen.

Das Wissenschaftsprogramm des Kritischen Rationalismus

Im vorausgehenden wurde die Entwicklung der empirischen Erziehungswissenschaft skizziert, angefangen von den am klassischen Positivismus orientierten Konzepten bis hin zu den Ansätzen, die sich am Kritischen Rationalismus ausrichten. Im folgenden sollen nunmehr die zentralen Elemente der Wissenschaftslehre des Kritischen Rationalismus dargestellt werden. Dies ist insofern notwendig, als eine Reihe der unter systematischem Gesichtspunkt wichtigen Elemente im Zusammenhang mit Brezinkas Programm der Erziehungswissenschaft nicht ausreichend erörtert werden konnte. Zudem sind viele Elemente der Wissenschaftslehre des Kritischen Rationalismus für die empirische erziehungswissenschaftliche Forschung selbst dann wichtig, wenn sie nicht in ein Gesamtsystem der Erziehungswissenschaft integriert werden, das sich an der Wissenschaftslehre orientiert. Denn besonders durch seine Wissenschaftslehre hat der Kritische Rationalismus die Erziehungswissenschaft bis in die Gegenwart herein stark beeinflußt (vgl. unter anderen Popper 1970, 1965, 1965a, 1965b; Albert 1972, 1971, 1969; Stegmüller 1969/1970, 1969, 1965; Lakatos/Musgrave 1974; Schäfer 1974; Topitsch 1972; Opp 1973; Seiffert 1973; Friedrichs 1974).

In diesem Abschnitt sollen nun sechs zentrale Elemente der Wissenschaftslehre des Kritischen Rationalismus behandelt werden, die abschließend um einen Ausblick auf neuere Entwicklungen in der Wissenschaftslehre ergänzt werden sollen. Dabei geht es vorwiegend um eine Darstellung des Selbstverständnisses des Kritischen Rationalismus, an die im nächsten Abschnitt eine von verschiedenen Ausgangspunkten vorgetragene Kritik anschließt. Im einzelnen soll es sich um die folgenden Problemkreise handeln:

— Definition und Explikation von Begriffen,
— Operationalisierung von Begriffen,
— Wissenschaftliche Aussagen,
— Theorien, Hypothesen und ihre Überprüfung,
— Technologien als Anwendungsfeld von Theorien,
— Werturteil, Wertbasis von Wertungen,
— neuere Entwicklungen im Kritischen Rationalismus.

1. Definition und Explikation von Begriffen

Der Kritische Rationalismus geht davon aus, daß die Wissenschaft die Wirklichkeit nicht *unmittelbar* erfassen kann, sondern daß diese ihr immer nur, *sprachlich vermittelt,* als eine »mehr oder weniger absichtsvoll durch Begriffe vorstrukturierte(n) Erfahrungswelt« zum Gegenstand wird (Mayntz u. a. 1972, S. 9), was zur Folge hat, daß »für den wissenschaftlichen Erkenntnisprozeß ... diese begriffliche Vermittlung zwischen Subjekt und Objekt der Erfahrung conditio sine qua non« ist (a.a.O., S. 9). Diese Tatsache macht es erforderlich, daß Worte und Vorstellungsinhalte als Begriffe bestimmt werden, ein Prozeß, den man als »*Definition*« bezeichnet. Durch ihn sollen klare und kurze Aussagen ermöglicht werden. Insofern aus der Fülle der möglichen Aspekte einzelne im Begriff oder in der Definition ausgewählt werden, enthält jeder Begriff und jede Definition zugleich auch eine *Wertung.* Diese prinzipielle Wertgebundenheit soll allerdings von spezifisch wertenden Elementen — wie sie etwa in Werturteilen zum Ausdruck kommen — unterschieden werden.

Mit »Definition« kann eine *Realdefinition* oder eine *Nominaldefinition* bezeichnet werden. Geht es bei ersterer darum, das »Wesen« der Dinge festzuschreiben, beschränkt sich letztere unter dem Gesichtspunkt der Zweckmäßigkeit darauf, »eine Festsetzung darüber« zu erreichen, »daß ein bestimmter Ausdruck A_1 gleichbedeutend mit einem anderen Ausdruck A_2 sein soll, wobei die Bedeutung des anderen Ausdrucks A_2 als bekannt vorausgesetzt wird und A_1 die Bedeutung annehmen soll, die A_2 hat. ... Eine Nominaldefinition hat also zwei Bestandteile: 1. den Ausdruck, dessen Bedeutung als bekannt vorausgesetzt wird — genannt das *Definiens* —, und 2. den Ausdruck, der synonym mit dem Definiens sein soll — genannt das *Definiendum*« (Opp 1973, S. 93). Je nach Erkenntnisziel bringen die beiden Definitionen unterschiedliche Vorteile und Nachteile mit sich. Der Nominaldefinition wird wegen ihrer größeren Präzision für die Festlegung von Untersuchungsgegenständen für die empirische Forschung im Umfeld des Kritischen Rationalismus häufig eine größere Bedeutung zugeschrieben, obwohl sie in der Regel auf a-historische allgemeine Aussagen zielt.

Um nun im Rahmen eines empirischen Forschungsprojekts mit möglichst genauen und präzisen Begriffen arbeiten zu können — zu deren Bestimmung es neben der Berücksichtigung des historischen Kontextes auch der Entscheidung darüber bedarf, in welcher Bedeutung die Begriffe verwendet werden sollen —, müssen für den Prozeß der Definition die folgenden drei Aspekte berücksichtigt werden:

»1. Die Definition darf nicht zirkulär sein, d. h., es muß möglich sein, das Definiens seinerseits ohne Rückgriff auf das Definiendum zu definieren (z. B. nicht: Verstand = das Vermögen zu denken; Denken = Bestätigung des Verstandes).
2. Die Definition soll möglichst nicht negativ formuliert sein.
3. Die im Definiens gebrauchten Begriffe sollen eine möglichst präzise und einheitlich gebrauchte Bedeutung haben« (a.a.O., S. 18).

Die bisherige Bestimmung der Funktion von Begriffen und ihrer Definition muß weiter präzisiert werden. Dabei wird sich zeigen, daß für die empirische Forschung verschiedene Arten und Funktionen von Begriffen unterschieden werden können. So können Begriffe z. B. die Wahrnehmung ordnen, das Wahrgenommene bewerten, das individuelle Handeln lenken oder eine Kommunikation ermöglichen. In diesen Fällen nehmen sie dann eine Wahrnehmungs-,

Bewertungs-, Handlungs- oder Kommunikationsfunktion wahr. Drei Bedingungen müssen erfüllt sein, damit Begriffe diese Funktionen wahrnehmen können:

»Erstens muß *Übereinstimmung* und Kontinuität in der Zuordnung bestimmter Vorstellungsinhalte zu bestimmten Worten bestehen. ... Damit in engem Zusammenhang stehend müssen Begriffe zweitens *präzise definiert* sein. ... Schließlich müssen die in der empirischen Forschung verwandten Begriffe einen *empirischen Bezug* haben ...« (a.a.O., S. 10 f.).

Neben den eher begriffstheoretischen Überlegungen zur Definition von Begriffen bedarf es nach Auffassung der Wissenschaftslehre des Kritischen Rationalismus darüber hinaus auch einer weitergehenden Explikation der Begriffe. Hierbei sollen sie in sprachlicher Hinsicht präzisiert werden. Die Begriffe sollen eindeutige Vorstellungsinhalte angeben, damit eine intersubjektive Nachprüfung der Aussagen erleichtert wird. Besondere Aufmerksamkeit muß sich auf die Tatsache richten, daß in vielen Fällen Begriffe aus der Alltagssprache im Kontext einer wissenschaftlichen Untersuchung eine eingeengte oder modifizierte Bedeutung haben. Um Begriffe zu präzisieren, d. h. um die Genauigkeit der Begriffe durch die Ausformulierung von Bedeutungsmöglichkeiten und durch die Konkretisierung der gewünschten Bedeutung im Hinblick auf das Forschungsziel zu erhöhen, bieten sich verschiedene Verfahren an. Die Angemessenheit einer Begriffsexplikation wird durch die Kriterien der *Ähnlichkeit* und der *Exaktheit* beurteilt. Dabei geht es bei der Ähnlichkeit darum, daß der in wissenschaftlichen Untersuchungen gewählte Bedeutungsgehalt von Begriffen sich nicht zu stark von dem Alltagsgebrauch der Begriffe unterscheidet, damit die Begriffe nicht mißverstanden werden. Das Kriterium der Exaktheit erinnert daran, daß Begriffe präzise sein und in gleichbleibender Bedeutung gebraucht werden müssen. So wichtig zweifellos für die Wissenschaft exakte Begriffsdefinitionen und -explikationen sind, so muß man sich doch vor der Gefahr hüten, komplexe Sachverhalte wegen einer »künstlichen« Präzisions-Absicht zu sehr zu vereinfachen. Auch Popper beurteilt übertriebene Anforderungen an die Genauigkeit von Begriffen skeptisch, wenn er schreibt: »Die Idee, daß die Genauigkeit der Wissenschaft oder der wissenschaftlichen Sprache von der Genauigkeit der Begriffe abhängt, ist sicher sehr plausibel, aber ich halte sie nichtsdestoweniger für ein bloßes Vorurteil« (Popper 1970, Bd. 2, S. 27 f.).

2. Operationalisierung von Begriffen

Im weiteren führt diese Forderung nach Präzision der Begrifflichkeit zur Operationalisierung der im Rahmen empirischer Forschung verwendeten Begriffe. Dadurch werden die expliziten Begriffsdefinitionen insofern weitergeführt, als im Rahmen der Operationalisierung »präzise Anweisungen für Forschungsoperationen gegeben werden, mit deren Hilfe entscheidbar ist, ob ein mit dem betreffenden Begriff bezeichnetes Phänomen vorliegt oder nicht. ... Die operationale Definition ist demnach ... (ein, Ch. W.) notwendiger Übersetzungsvorgang in Techniken bzw. Forschungsoperationen« (Mayntz u. a. 1972, S. 18). Eine operationale Definition setzt einen empirischen Bezug voraus, wobei allerdings zwischen Begriffen mit *direktem* empirischen und solchen mit *indirektem* empirischen Bezug unterschieden werden muß. Erstere sind dadurch gekennzeichnet, daß die bezeichneten Phänomene unmittelbar wahrnehmbar sind, letztere dadurch, daß die bezeichneten Phänomene nur als vermittelte wahrgenommen werden können. Zu letzteren gehören z. B. die als politische Erziehung, soziales Lernen etc. bezeichneten Prozesse. Die gebräuchlichen Definitionen dieser Begriffe bieten keine Hilfe dafür, ihr Vorhandensein oder ihr Nichtvorhandensein empirisch zu überprüfen.
Um die mit diesen Begriffen bezeichneten nicht unmittelbar wahrnehmbaren Phänomene jedoch empirisch aufweisen zu können, bedarf es der Bildung von *Indikatoren*; werden die als Indikatoren akzeptierten Phänomene empirisch nachgewiesen, so gilt auch das mit dem ursprünglichen Begriff bezeichnete Phänomen als gegeben. Eine vollständige Überprüfung zwischen Begriff und Operationalisierung, wie sie der »Operationalismus« forderte (Bridgeman), ist zwar nach den neueren Erkenntnissen der Sprachphilosophie nicht möglich (Wiggershaus 1975; Apel 1973), jedoch wird nach wie vor die Forderung nach einer möglichst großen Übereinstimmung zwischen Begriff und Operationalisierung aufrechterhalten. Eine besondere Schwierigkeit ergibt sich in dieser Hinsicht bei der Inter-

pretation der gewonnenen Ergebnisse. Hierbei soll der Forscher nach Möglichkeit auf der Ebene der Operationalisierung der Begriffe argumentieren, um Fehlschlüsse zu vermeiden. »Die Interpretationen und Schlußfolgerungen bleiben jedoch genauso fragwürdig, wie es die Beziehung zwischen der Operationalisierung (und damit dem tatsächlich Gemessenen) und dem mit dem Begriff eigentlich gemeinten Phänomen ist« (Mayntz u. a. 1972, S. 22). Bei der Verwendung von Indikatoren kommt es darüber hinaus darauf an, daß diese *valide* bzw. gültig sind, also wirklich für das nicht-wahrnehmbare Phänomen stehen können, und daß sie *reliabel*, also bei wiederholter Verwendung zuverlässig sind. Die Schwierigkeiten, Begriffe so zu operationalisieren, daß die dazu gewählten Indikatoren gültig sind, wurden bereits angesprochen. In der Erziehungswissenschaft wurden sie in den letzten Jahren vor allem im Zusammenhang mit den Problemen der Curriculumentwicklung erfahren. Doch auch die Reliabilität von Indikatoren stellt erhebliche Anforderungen an die Genauigkeit und Präzision der Verfahren und Instrumente; man versucht ihr in der Regel durch die Standardisierung der Verfahren und Instrumente gerecht zu werden.

Die Notwendigkeit der Operationalisierung von Sachverhalten im Rahmen empirischer Forschung steht außer Zweifel. Doch wird von verschiedenen Seiten auf eine Gefahr verwiesen, die darin liegt, daß Sachverhalte durch die Operationalisierung gleichsam »unter der Hand« verändert werden, indem sie nämlich in zahlreiche Teilaspekte zerlegt werden, deren Summe nicht ohne weiteres wieder den Sachverhalt insgesamt ergibt. Durch die Qualität einer Operationalisierung kann dieses Problem, das auch die Curriculumforschung bei der Operationalisierung von Lernzielen lange Zeit beschäftigt hat, zwar verringert, jedoch nicht ganz beseitigt werden. Das zeigt sich selbst im Rahmen der Bemühungen um eine »verstehende« Sozial- bzw. Erziehungswissenschaft, auf die im 5. Kapitel noch näher eingegangen werden soll.

3. Wissenschaftliche Aussagen

Diese Ausführungen verweisen auf unterschiedliche *Satzarten*, die in den klassischen Sozialwissenschaften Verwendung finden und deren Unterscheidung für die Präzision der Sprache empirisch-analytischer Forschung von zentraler Bedeutung ist. So unterscheidet man z. B. *logische Sätze* (vgl. Prim/Tilmann 1973, S. 65 ff.), »deren Aussagesinn bzw. Wahrheitswert untersucht werden kann, allein aufgrund der Zeichen, die in der Aussage verwendet werden«, von *analytischen* und *kontradiktorischen Sätzen*, bei denen es sich einmal um logisch wahre, zum anderen um logisch falsche Sätze handelt. Von diesen werden *präskriptive Sätze* unterschieden, unter denen man solche versteht, »die Vorschriften, Einstellungen oder Stellungnahmen zu Ereignissen und Phänomenen zum Ausdruck bringen sollen«. Als *empirische Sätze* werden wiederum solche Sätze bezeichnet, »in denen Aussagen gemacht werden über Objekte oder Verhältnisse der Realität«. Sie machen im Unterschied zu präskriptiven Sätzen Tatsachenaussagen. Im einzelnen werden empirische Sätze in *deskriptive Sätze*, die »singuläre Ereignisse beschreiben, die raum-zeitlich genau festgelegt werden können«, und in *hypothetische Sätze* unterschieden, »die über die Feststellung von Einzeltatsachen hinausgehen. Hier werden verschiedene Tatsachenphänomene miteinander in Beziehung gesetzt, und zwar so, daß bestimmte Abhängigkeiten ausgesagt werden.« Besonders den hypothetischen Aussagen kommt in der empirischen Forschung Bedeutung zu, da sie vorläufige Annahmen über Zusammenhänge zwischen Phänomenen enthalten, die vor allem in der Form der Wenn-Dann-Aussage bzw. Je-Desto-Aussage formuliert werden.

Im weiteren müssen die verschiedenen Satzarten im Hinblick auf ihren Gültigkeitsanspruch, ihren Realitätsbezug, ihren Gültigkeitsbereich, ihre Überprüfbarkeit und ihren Informationsgehalt unterschieden werden. Der Gültigkeitsanspruch kann apriorisch oder aposteriorisch gestellt werden. Im ersten Fall wird ein Anspruch erhoben, der nicht an der Wirklichkeit überprüft werden kann. Im zweiten Fall wird die Gültigkeit durch die Gegenüberstellung mit der (allerdings selbst auch sprachlich vermittelten) Wirklichkeit ermittelt. Ein weiteres Charakteristikum von Sätzen ist ihr vorhandener oder nicht vorhandener *Realitätsbezug*. Bei der Frage nach dem Gültigkeitsbereich von Sätzen ist ihr Raum-Zeit-Bezug gemeint, wobei grundsätzlich zwischen *raum-zeitlich beschränkten* und *raum-zeitlich unbeschränkten* Aussagen unterschieden werden kann. Im Hinblick auf die Überprüfbarkeit von Sätzen wird zwischen der *logischen* und der *empirischen Überprüfbarkeit* unterschieden. Die *logische Überprüfbarkeit*, die zu den zentralen Problemen des Logischen Empirismus gehört, wird aufgrund der in Aussagen enthaltenen Sprachsymbole entschieden. Die Aussagen müssen den Regeln der Logik genügen. Sie müssen in sich widerspruchsfrei sein, und ihre Ableitung aus übergeordneten Sätzen muß richtig sein. *Empirische Überprüfbarkeit* kann erfolgen, wenn die Aussagen so formuliert sind, daß sie an der Realität überprüft werden können. Dabei müssen drei Voraussetzungen gegeben sein: der *Realitätsbezug*, die *logische Überprüfbarkeit und Korrektheit* sowie der *Informationsgehalt der Sätze*. Dem Informationsgehalt von Sätzen hat der Kritische Rationalismus besondere Bedeutung zugemessen. Nach Popper ist er eines der zentralen Charakteristika empirisch-analytischer Aussagensysteme (vgl. Popper 1973, S. 77 ff.; Opp 1973, S. 166 ff.). Ein Informationsgehalt kommt nur solchen Sätzen zu, die ein Verhältnis zur Wirklichkeit ausdrücken, d. h. die einen *empirischen Gehalt* bzw. eine *Erklärungskraft* haben. Ein hoher Informationsgrad von Aussagen ist dann gegeben, wenn sie Möglichkeiten ausschließen, die in dem Aussagenzusammenhang auch vorkommen könnten. Dies bedeutet aber nicht — wie noch beim Positivismus —, daß Sätze, die keinen empirischen Gehalt haben, sinnlos sind.

In der empirisch-analytischen sozialwissenschaftlichen Forschung spielen die *Wenn-Dann-Aussagen*, die *Hypothesen*, eine besondere Rolle. Sie versuchen Aussagen zu gewinnen, »die a) für eine möglichst große Zahl von Ereignissen möglichst präzise Folgen festlegen ... oder b) für eine möglichst große Anzahl von Gegenständen möglichst präzise Qualitäten festlegen« (Prim/Tilmann 1973, S. 72). Wenn die Hypothesen diesen beiden Bedingungen genügen, können sie zur *Erklärung* einzelner Ereignisse dienen. Nach dem Falsifikationsprinzip, das Popper (1973, S. 47) »als Kriterium des empirisch-wissenschaftlichen Charakters eines Theoriensystems« anzuerkennen vorschlug, gelten Hypothesen als widerlegt, wenn auch nur ein Ereignis, das nach der Hypothese nicht eintreten dürfte, eintritt. Der Informationsgehalt der Hypothesen wächst dadurch, daß sie möglichst viele Aussagen ausschließen. Das legt die Frage danach nahe, wie ein Satz beschaffen sein muß, wenn sein Informationsgehalt steigen soll. Bei Wenn-Dann-Sätzen ergibt sich folgender Zusammenhang: »Zunehmende *Präzision* der Wenn-Komponente bewirkt bei gleichbleibender Dann-Komponente eine *Abnahme* des Informationsgehaltes der *Gesamtaussage*. Umgekehrt: abnehmende Präzision der Wenn-Komponente bewirkt bei gleicher Dann-Komponente eine Zunahme des Informationsgehaltes« (Prim/Tilmann 1973, S. 73). Die Präzisierung der Wenn-Komponente führt zu einer kleiner werdenden Zahl möglicher die Hypothese falsifizierender Elemente. Dies impliziert zugleich die Abnahme des Informationsgehalts der Gesamtaussage. Umgekehrt verhält es sich mit der Präzisierung der Dann-Komponente.

Bereits diese Ausführungen machen deutlich, wie stark dieser Teil der Wissenschaftslehre des Kritischen Rationalismus von bestimmten sprachtheoretischen Voraussetzungen bestimmt wird, deren Problematisierung den Rahmen unserer Ausführungen sprengen würde (vgl. Wiggershaus 1975; Wunderlich 1974; Heintel 1972). Insgesamt läßt sich jedoch festhalten, daß die Distinktionen zwischen den einzelnen Satzarten nur im Rahmen eines bestimmten »Sprachspiels« (Wittgenstein) Gültigkeit beanspruchen können; wird es außer Kraft gesetzt, verlieren sie ihren präskriptiven Charakter. Deutlich wird die Relativität dieser Konzepte z. B. bei der Bestimmung der Kriterien für »Gültigkeit« und »Realitätsnähe«. In anderen Wissenschaftsparadigmen werden sie durchaus anders bestimmt (vgl. Kap. 5). Ähnliches gilt auch für die Bedeutung der Unterscheidung zwischen deskriptiven und präskriptiven Äußerungen, die im Kontext der Kritischen Theorie ein anderes Gesicht bekommt.

4. Theorien, Hypothesen und ihre Überprüfung

Nachdem bislang Fragen des Verhältnisses von Sprache und Wirklichkeit im Zusammenhang mit der Analyse der Funktion von Begriffen, ihrer Definition, Explikation, Operationalisierung, der Funktion unterschiedlicher Sätze sowie Hypothesen erörtert worden sind, sollen nun die zentralen Elemente des vom Kritischen Rationalismus geprägten Theoriebegriffs, die Probleme der Prüfung und Bewährung von Theorien und der Erklärung von Sachverhalten behandelt werden. Nach Popper (1973, S. 31) ist die Theorie »das Netz, das wir auswerfen, um ›die Welt‹ einzufangen — sie zu rationalisieren, zu erklären und zu beherrschen. Wir arbeiten daran, die Maschen des Netzes immer enger zu machen.« Weniger anschaulich präzisiert Albert (1973, S. 76):

»Die Theorie eines bestimmten Objektbereiches ist die Gesamtheit der logisch miteinander verbundenen nomologischen Hypothesen, die zur Erklärung und Voraussage des Verhaltens der Phänomene dieses Bereichs herangezogen werden müssen. Die übersichtlichste und am leichtesten überprüfbare Form der Darstellung eines solchen Aussagenzusammenhanges ist die eines axiomatisch-deduktiven Systems, dessen Axiome (Grundsätze) und Theoreme (abgeleitete Sätze) als generelle Hypothesen interpretierbar sind.«

Thematisch werden Theorien jeweils auf unterschiedliche Objektbereiche bezogen; logisch sind sie die Verbindung von nomologischen Hypothesen, deduktiv sind sie, »insoweit aus den Axiomen als Obersätzen die ihnen logisch impliziten speziellen Sätze abgeleitet werden« (Prim/Tilmann 1973, S. 83). Theorien gelten in der Regel als falsifiziert, wenn eine Einzelaussage der Hypothese widerspricht. Nach Popper geht es darum, Theorien nach Möglichkeit in Hypothesen umzuwandeln und deterministisch-nomologisch zu formulieren. Mit Hilfe solcher Theorien bzw. Hypothesen wird ein möglichst hoher Grad an Allgemeingültigkeit der Aussagen erreicht, d. h., sie erklären einen großen Wirklichkeitsbereich. Wichtig ist die Unterscheidung zwischen Theorien, die immer und überall gelten, und den »Quasi-Theorien« (Albert), deren Gültigkeit räumlich und zeitlich begrenzt ist, um die es sich aber in den Sozialwissenschaften in der Regel handelt.

Im Rahmen empirisch-analytischer Forschung und ihrer Wissenschaftstheorie besteht das entscheidende Problem darin, den Wahrheitswert empirischer Theorien zu erfassen. Dazu muß zwischen dem *Entdeckungszusammenhang* (context of discovery) und dem *Begründungszusammenhang* (context of justification) unterschieden werden. Gilt es im Zusammenhang mit ersterem die Fragen der *Entstehung von Theorien* zu klären, ist bei letzterem die Frage nach der *intersubjektiven Überprüfbarkeit* von Hypothesen an der Realität das Problem. Im Rahmen des Kritischen Rationalismus ist dem Entdeckungszusammenhang bislang wenig Aufmerksamkeit geschenkt worden. So schreibt Popper (1973, S. 6): »Die erste Hälfte der Tätigkeit, das Aufstellen der Theorien, scheint uns einer logischen Analyse weder fähig noch bedürftig zu sein.« Für Popper steht eher die logische Analyse, die Erkenntnislogik, im Mittelpunkt seiner Wissenschaftslehre, die sich besonders interessiert »für Geltungsfragen (›quid juris‹) — das heißt für Fragen von der Art, ob und wie ein Satz begründet werden kann; ob er nachprüfbar ist; ob er von gewissen anderen Sätzen logisch abhängt oder mit ihnen in Widerspruch steht usw.« (Popper 1973, S. 6). Im Zentrum des Kritischen Rationalismus stehen also der *Begründungszusammenhang* (context of justification) und die Entwicklung einer Methodologie, mit deren Hilfe Irrtümer ausgeschaltet und eine Annäherung an die Wahrheit erreicht werden soll.

Im älteren Positivismus sollte die Wahrheit von Aussagen mit Hilfe des *Induktionsprinzips* nachgewiesen werden, indem mittels Induktionsschluß von »*besonderen Sätzen*, die z. B. Beobachtungen, Experimente usw. beschreiben, auf *allgemeine Sätze*, auf Hypothesen oder Theorien« (Popper 1973, S. 3) geschlossen wird. Dieses Vorgehen unterstellt, daß Hypothesen dadurch verifiziert werden können, daß sie an der Realität überprüft werden. Streng genommen, erfolgt aber bei diesem Vorgehen eine Realitätsprüfung, die dem Anspruch der Verifikation genügen würde, nur dann, wenn man die Geltungsprüfung der Wenn-Dann-Aussagen für unendlich viele Fälle vornimmt; denn die Überprüfung kann nur für die Fälle gelten, für die sie durchgeführt worden ist. Da dies immer nur in einer geringen Zahl von Fällen möglich ist, ist eine Verifikation von Hypothesen mit Allgemeingültigkeitsanspruch im Grunde genommen nicht möglich. Hypothesen lassen sich daher nicht verifizieren, sondern — wie Popper, den Begründungsprozeß methodisch umkehrend, zeigte — nur falsifizieren. Die von Popper entwickelte »Auffassung steht in schärfstem Widerspruch zu allen induktionslogischen Versuchen; man könnte sie etwa als Lehre von der *deduktiven Methodik der Nachprüfung* kennzeichnen« (Popper 1973, S. 5). Die Methode der kritischen Überprüfung von Theorien, die lediglich zu ihrer Falsifikation oder beim Ausbleiben dieser zu ihrer vorläufigen Bestätigung führen kann, wird von Popper so charakterisiert:

»Aus der vorläufig unbegründeten Antizipation, dem Einfall, der Hypothese, dem theoretischen System, werden auf logisch deduktivem Weg Folgerungen abgeleitet; diese werden untereinander und mit anderen Sätzen verglichen, indem man feststellt, welche logischen Beziehungen (z. B. Äquivalenz, Ableitbarkeit, Vereinbarkeit, Widerspruch) zwischen ihnen bestehen« (Popper 1973, S. 7).

Die Überprüfung soll sich einmal auf den logischen, etwaige Widersprüche aufdeckenden Vergleich der Folgerungen untereinander erstrecken; sie soll den empirisch-wissenschaftlichen Charakter der Theorie nachweisen (Tautologieverdacht); sie soll die Theorie mit anderen Theorien vergleichen, um festzustellen, ob sie einen »wissenschaftlichen Fortschritt« bringt; und sie soll die Theorie schließlich durch die empirische Anwendung der aus ihr abgeleiteten Konsequenz prüfen.
Der Prozeß der deduktiven Überprüfung von Hypothesen bzw. Theorien erfordert eine weitere Präzisierung. In seinem Verlauf erfolgt die Falsifikation von Hypothesen dadurch, daß sie in Allsätze, d. h. universelle »Es-gibt-Sätze« (Basissätze) logisch umformuliert werden, die an singulären Basissätzen scheitern können; dadurch wird die *Falsifikation* als Überprüfungskriterium empirischer Theorien verankert. Die logische Struktur der Falsifikation läßt sich folgendermaßen kennzeichnen:

1. Aufstellung einer nomologischen Hypothese: ›Wenn Menschen aus einem fliegenden Flugzeug fallen, stürzen sie zu Tode.‹
2. Logische Transformation der nomologischen Hypothese in einen ›Es-gibt-nicht-Satz‹: ›Es gibt keinen Menschen, der aus einem fliegenden Flugzeug fiel und überlebte.‹
3. Aufstellung eines zu 2. singulären ›Es-gibt-Satzes‹ (Basissatzes): ›Werner Müller stürzte am 3. Juli 1974 um 21.00 Uhr 10 km nördlich von Nairobi aus einem fliegenden Flugzeug und überlebte den Absturz.‹
4. Logische Ableitung eines generellen ›Es-gibt-Satzes‹ aus dem singulären Basissatz: ›Es gibt Menschen, die aus einem fliegenden Flugzeug gefallen sind und die überlebten.‹
5. Konfrontation der Sätze aus Schritt 2 und Schritt 4. Beim Widerspruch beider Sätze ist die Hypothese falsifiziert. Die Aussage ›Es gibt keinen Menschen, der aus einem fliegenden Flugzeug fiel und dabei überlebte‹ ist falsch, da es Menschen

gibt, ›die aus einem fliegenden Flugzeug gefallen sind und die überlebt haben‹.

Diese Argumentation, in der es darum ging, eine Hypothese zu falsifizieren, geht auf das sogenannte Hempel-Oppenheim-Modell zurück. Dieses Modell findet nicht nur bei der Überprüfung von Hypothesen bzw. Theorien Verwendung; es wird auch in den Fällen angewandt, in denen bestimmte Sachverhalte *erklärt* bzw. in denen *Prognosen* abgegeben werden sollen. Nach dem Hempel-Oppenheim-Modell haben Prognosen die gleiche Struktur wie Erklärungen. So kann aus dem Vorliegen eines Ereignisses unter Bezug auf ein allgemeines Gesetz das Eintreten eines weiteren Ereignisses als Konsequenz prognostiziert werden.

Die Struktur einer *Erklärung* ist dadurch gekennzeichnet, daß der Sachverhalt, der erklärt werden soll (Explanandum), in der Form eines einzelnen deskriptiven oder aber in der Form mehrerer Sätze gegeben ist, das erklärende Element (Explanans) jedoch zwei Aussagearten enthält. Dabei muß es sich mindestens um *eine* bewährte nomologische Hypothese bzw. ein Gesetz und um mindestens *eine* singuläre deskriptive Aussage handeln. Die deskriptive Aussage muß beschreiben, »ob die in der Wenn-Komponente der Hypothese geforderten Bedingungen im Falle des zu erklärenden Ereignisses tatsächlich gegeben sind: die sogenannten Anfangs- oder *Randbedingungen.*

Schematisch stellt sich die Erklärungsstruktur wie folgt dar (Prim/Tilmann 1973, S. 101):

1. Gesetz
2. Randbedingungen

: Explanans

---

aus 1. und 2. zu erklärender Satz (Sätze) : Explanandum

An einem Beispiel erläutert, vollzieht sich der Prozeß der Erklärung folgendermaßen:

Hypothese/Gesetz: Wenn es ein Gesetz gibt, das besagt, daß alles Eisen Strom leitet,

Randbedingung: und wenn ein bestimmter Stab aus Eisen ist,

Explanandum: dann leitet dieser Stab Strom.

Die Eindeutigkeit der logischen Argumentation für den Prozeß der Falsifikation und Erklärung darf eine prinzipielle in erkenntnistheoretischer Hinsicht bestehende Schwierigkeit nicht verdecken. Die Hypothesen und selbst die Basissätze beziehen sich nicht unmittelbar auf *Sinneswahrnehmungen*, sondern abermals auf *Sätze* über diese. Das heißt: Sie beziehen sich auf eine sprachlich (hermeneutisch) vermittelte Realität, wobei sich im Überprüfungsprozeß — wie im Rahmen des Kritischen Rationalismus deutlich gesehen wird — Fehler einstellen können. Das *Basisproblem* besteht darin, daß die Übereinstimmung zwischen Realität und Basissatz nur bedingt erreichbar ist, die Übereinstimmung zu erzielen aber ein zentrales Ziel der empirisch-analytischen Forschung ist. Die Tatsache, daß eine Falsifikation von Hypothesen und Theorien und die Erklärung bestimmter Sachverhalte nur im Rahmen sprachlicher Äußerungen durch die Gegenüberstellung mit (sprachlichen) Basissätzen möglich ist, diese aber jedesmal dadurch in Frage gestellt werden, daß die Übereinstimmung von Basissatz und Realität angezweifelt wird, macht deutlich, daß es keine eindeutige Überprüfung geben kann. Statt ihrer dient dem Kritischen Rationalismus die *Entscheidung* der Forscher über die Annahme oder Ablehnung von Basissätzen, also ihr *Konsens* oder *Dissens*, als Ersatz. Damit wird die Wahrheitsfrage zu einer Frage des Konsens bzw. Dissens im Rahmen der »Gemeinschaft der Wissenschaftler«.

Nach Auffassung des Kritischen Rationalismus besteht ein enger Zusammenhang zwischen dem *Informationsgehalt* und der *Überprüfbarkeit* sowie der *Erklärungskraft* und der *faktischen Bewährung*. Je mehr Theorien bzw. Hypothesen *Falsifikationsversuchen* standhalten, desto mehr bewähren sie sich. Je mehr sie sich bewähren, desto höher ist ihr Informationsgehalt. Dies wird durch die wiederholten Prüfungen deutlich, deren Wert unter anderem von den Instrumenten und von der Zahl der Falsifikationsversuche abhängt. In den Sozialwissenschaften ist der Informationsgehalt von Aussagen auch dadurch begrenzt, daß in ihnen keine raum-zeitlich unbegrenzten Aussagen gemacht werden können. Die Sozialwissenschaften verfügen daher über kein im strengen Sinne auf der Grundlage von deterministischen Hypothesen gewonnenes nomologisches Wissen.

Sie verwenden Hypothesen mit nicht-deterministischem Gültigkeitsanspruch, also *probabilistische Hypothesen* (= Hypothesen mit Wahrscheinlichkeitsgrad). Ihr Gültigkeitsanspruch wird zu einem statistischen, der nur in Prozenten angegeben werden kann. Als ein Beispiel für eine solche Aussage stellt Opp (1973, S. 37) den folgenden Satz auf: »Etwa 95 % der straffällig gewordenen Personen werden rückfällig.« Dieser Satz bedeutet, daß eine 95%ige Wahrscheinlichkeit besteht, daß Strafgefangene wieder rückfällig werden. Das heißt für den *Wahrscheinlichkeitsbegriff* abstrakt gesprochen: »Die Aussage ›Wenn Objekte das Merkmal A haben, dann haben sie mit einer Wahrscheinlichkeit p das Merkmal B‹, bedeutet: Von jeder beliebigen Menge N der Objekte mit dem Merkmal A haben (p · N) Objekte das Merkmal B« (a.a.O., S. 39 f.). Diese Aussage impliziert, daß »statistische Gesetzmäßigkeiten prinzipiell gleichberechtigt mit deterministischen« sind (Stegmüller 1967, S. 36). Allerdings ist man »bei statistischen Hypothesen stets einer *doppelten* Irrtumsmöglichkeit ausgesetzt: Falsches für richtig zu halten oder richtige Hypothesen aufgrund scheinbar widerstreitender Erfahrungsdaten zu verwerfen« (a.a.O., S. 13). Aufgrund der größeren Unsicherheitsfaktoren bei Wahrscheinlichkeitsaussagen (statistischen Aussagen) kommt daher der konventionalistischen Konsensbildung zwischen den Wissenschaftlern über das, was als gültig anzusehen ist, noch größere Bedeutung zu als bei deterministischen Gesetzen.

Die Abhängigkeit der Ergebnisse einer »kritischen Prüfung« vom Konsens der Wissenschaftler verweist zugleich auf die Abhängigkeit der Konsensbildung von der jeweiligen historisch-gesellschaftlichen Situation. Denn diese bestimmt wesentlich den Prozeß der Überprüfung unter der Konsensbildung. Auf diese Abhängigkeit wissenschaftlicher Erkenntnis von dem historisch-gesellschaftlichen Prozeß, in dem sie entsteht, hat die Kritische Theorie im Positivismusstreit nachdrücklich aufmerksam gemacht (Adorno u. a. 1972). In die Wissenschaftslehre des Kritischen Rationalismus wurde diese Einsicht besonders durch die Arbeiten von Feyerabend, Lakatos, Kuhn einbezogen (Lakatos/Musgrave 1974). Wegen der im Kritischen Rationalismus vertretenen Forderung nach Wertfreiheit der Wissenschaft verfügt die Wissenschaftslehre des Kritischen Rationalismus kaum über Kriterien, auf deren Grundlage sie die in die Konsensbildung eingehenden historisch-gesellschaftlichen Einflüsse beurteilen kann. Hier liegt eine Unzulänglichkeit dieses Wissenschaftsparadigmas, die einige seiner Vertreter korrigieren wollen, indem sie diese Lücke durch Vorstellungen aus dem Bereich der Kritischen Theorie zu schließen versuchen (u. a. Ulich 1972; Prim/Tilmann 1973).

5. Technologie als Anwendungsfeld von Theorien

Nach Auffassung der Wissenschaftslehre des Kritischen Rationalismus dienen Theorien zur *Erklärung, Prognose* und zur Entwicklung von *Technologien*. Die diesen drei Anwendungsgebieten zugrunde liegende logische Struktur ist die gleiche. Im Hinblick auf die Sozialwissenschaften kommt der »Technologie« als Anwendungsfeld von Theorien besondere Bedeutung zu; von der Prognose unterscheidet sie sich durch den unmittelbaren Bezug auf die Praxis. Technologien bezeichnen Verfahren und Produkte, die vom Hersteller unabhängig sind und mit deren Hilfe ein soziales Praxisfeld beeinflußt werden soll. Aufgrund der in logischer Hinsicht gegebenen Strukturgleichheit zwischen dem Erklärungs- und dem Anwendungsprozeß von Technologien ergibt sich, daß sich die Anwendung von Technologien auch am Modell des Zweck-Mittel-Denkens ausrichtet. Das heißt, Technologien — also z. B. Unterrichtsverfahren oder mediale Produkte — werden eingesetzt, um bestimmte, von der Theorie vorher festgelegte Ziele zu erreichen. Für die Erziehungspraxis bedeutet das z. B.: Die Praxis wird nach einer Ziel-Mittel-Relation gestaltet. Prozesse, die sich nicht in diese Ziel-Mittel-Relation einfügen lassen, werden ausgeklammert, da sie im Sinne der Zielerreichung unerwünscht sind. Insofern nun die maßgeblichen Ziele der Erziehung von Personen festgelegt werden, die nicht in dieser Erziehungspraxis stehen, und insofern die Technologien Mittel zur Erreichung dieser Ziele sind, können sie zur Kontrolle oder Manipulation der jeweils gegebenen sozialen Praxis werden. In manchen Fällen kann diese dann sogar zur Herrschaft werden — eine Gefahr, auf die die Kritische Theorie immer wieder hingewiesen hat (vgl. Kap. 4).

Das in der Verwendung von Technologien zum Ausdruck kommende Theorie-Praxis-Verhältnis ist durch eine lineare Zuordnung von Theorie und Praxis zueinander gekennzeichnet. Im Hinblick auf die in der Theorie bestimmten Zielsetzungen soll die Praxis verändert werden. Die Möglichkeit, aus der Erziehungspraxis heraus Einfluß auf die in der Theorie gegebenen Zielvorstellungen zu nehmen, wird weitgehend ausgeschaltet. Damit beinhaltet die Beziehung zwischen Theorie und Praxis einseitig die Unterordnung der Praxis unter die Theorie. Sie erfolgt zudem lediglich im Rahmen einer Zweck-Mittel-Relation.

Aufgrund der in der Verwendung von Technologien zum Ausdruck kommenden prinzipiellen Unterordnung der Praxis unter die Theorie ist die Anwendung von Technologien in der Erziehungswissenschaft — und in anderen Sozialwissenschaften — auf heftigen Widerstand bei Wissenschaftlern und Praktikern gestoßen. Daher hat Flechsig (1975) versucht, die Diskussion um die Bedeutung der Technologie für die Erziehungspraxis wieder neu in Gang zu bringen. Dazu hat er mehrere Arten von Technologien unterschieden, von denen er eine als »interaktionistisch« bezeichnet. Mit der Entwicklung eines »interaktionistischen« Konzepts von Technologie sollen die im klassischen Technologie-Konzept für die Erziehung enthaltenen Einschränkungen aufgehoben werden. Im Zusammenhang mit diesem »interaktionistischen« Konzept von Technologie soll das Theorie-Praxis-Verhältnis nicht länger nur als ein linear und zweckrational bestimmtes begriffen werden. Vielmehr soll es als ein Verhältnis verstanden werden, in dessen Rahmen eine »Interaktion« zwischen Theorie und Praxis stattfindet. Ob allerdings bei einem solchen Verständnis von »Technologie« noch die Kriterien zugrunde gelegt werden können, die die Wissenschaftslehre für die Funktion von Technologien entwickelt hat, ist zumindest zweifelhaft. Es erhebt sich sogar die Frage, ob man bei dieser Deutung des Theorie-Praxis-Verhältnisses und des Verhältnisses von Technologie, Theorie und Praxis noch von »Technologie« im Sinne des Kritischen Rationalismus sprechen sollte. Wahrscheinlich ist es sinnvoller, dies nicht mehr zu tun. Denn beim Gebrauch »interaktionistischer« Verfahren und Hilfsmittel in der Erziehung finden viele sinndeutende hermeneutische Prozesse statt, die Gesichtspunkten Rechnung tragen, die von der Wissenschaftslehre des Kritischen Rationalismus nicht zugelassen werden.

6. Werturteil, Wertbasis und Wertungen

In Abgrenzung von der globalen Forderung des Positivismus nach Wertfreiheit, die auch Max Weber mit seinem Programm einer wertfreien Sozialwissenschaft vertreten hatte, versucht Hans Albert die Funktion von Werten und Werturteilen im Rahmen des Kritischen Rationalismus zu bestimmen, indem er zwischen »Werturteil«, »Wertbasis« und »Wertungen« unterscheidet (Albert 1965). Unter »Werturteilen« will er nur noch normative Aussagen in der Objektsprache der Wissenschaft verstanden wissen (z. B. »Lehrer sollen gerecht sein«). Davon unterscheidet er die »Wertbasis« der Wissenschaften. Sie enthält die normativen Grundlagen der verschiedenen Wissenschaften. Hierzu gehören die Werte, die die wissenschaftliche Arbeit bestimmen und die ihren Niederschlag in den »wissenschaftstheoretischen Voraussetzungen«, der »Auswahl von Forschungsproblemen«, der »Entscheidung für bestimmte Methoden und Forschungstechniken« sowie der »Entscheidungen über die Anwendung der Forschungsergebnisse« finden (Prim/Tilmann 1973, S. 140). Von den eigentlichen Werturteilen und der Wertbasis müssen schließlich Wertungen im Objektbereich einer Wissenschaft unterschieden werden. Hierzu gehört u. a. die empirische Untersuchung von normativen Sätzen einschließlich der daraus folgenden normativen Aussagen, z. B. »23 % der Schüler haben ernstere psychosoziale Probleme«. Nach Auffassung des Kritischen Rationalismus ist eine solche Aussage nicht normativ, sondern deskriptiv. Sie kann auf der Grundlage der Wissenschaftslehre überprüft werden. Diese Unterscheidung verschiedener Arten von Werten erlaubt es dem Kritischen Rationalismus am Konzept einer wertfreien Wissenschaft festzuhalten. »Die Forderung nach Wertfreiheit ist eine metatheoretische Norm (der Wertbasis zugehörig) und richtet sich bei Albert ausschließlich gegen die Aufstellung objekttheoretischer Normen in einer Wissenschaft; die Aufstellung einer Norm auf der Meta-Ebene und Wertfreiheit in der Objekttheorie sind miteinander verträglich« (König 1975, S. 161).

Doch auch mit dieser Unterscheidung verschiedener Bereiche normativer Aussagen ist das Problem nicht gelöst, das sich dadurch ergibt, daß mit der Forderung nach Wertfreiheit Probleme der sozialen Praxis wissenschaftlich unentscheidbar werden. Mit dem Festhalten an dem Konzept einer wertfreien Wissenschaft wird auf eine Normen einbeziehende Aufklärung und bewußte Entwicklung der Praxis mit Hilfe der Wissenschaft weitgehend verzichtet. Die Kritik an dem Konzept der Wertfreiheit der Wissenschaft trifft voll den klassischen Positivismus, jedoch auch den Kritischen Rationalismus. Nach Auffassung des klassischen Positivismus gelten normative Sätze als sinnlos; damit wird eine von normativen Vorstellungen durchsetzte Praxis von vornherein aus der intersubjektiven Diskussion ausgeschlossen. Reflektierter wird dieses Problem innerhalb des Kritischen Rationalismus angegangen. Hier können Normen und normative Sätze zum Gegenstand der Untersuchung gemacht werden; auch wird ihre Bedeutung im Rahmen der sozialen Praxis nicht bestritten. Wie Albert betont hat, gilt das Prinzip der kritischen Prüfung auch für normative Probleme (1971, S. 27):

»Und wer die Wertfreiheit der Wissenschaft etwa so deuten wollte, daß sich der Bereich des Moralischen, der Werte und der Normen grundsätzlich kritisch-rationaler Analyse entziehe, der hätte aus der Fragwürdigkeit normativer Wissenschaften dogmatischen Charakters eine falsche Konsequenz gezogen.«

In diesem Zusammenhang hat Albert eine Reihe von metatheoretischen Regeln formuliert, die dazu dienen sollen, normative Sätze zu überprüfen. Einmal müssen normative Sätze auf ihre logische Stimmigkeit überprüft und müssen etwaige logische Widersprüche beseitigt werden. Sodann sollen normative Sätze daraufhin untersucht werden, ob »bei ihrer Begründung metaphysische (nicht bewährte) deskriptive Sätze auftreten«. Schließlich sollen normative Sätze auf ihre Realisierbarkeit hin überprüft werden, um sicherzustellen, daß die in ihnen enthaltenen Forderungen auch verwirklicht werden können. Angesichts der Tatsache, daß das metatheoretische Regelsystem des Kritischen Rationalismus »sowohl zur kritischen Überprüfung deskriptiver als auch normativer Sätze herangezogen werden kann, welchen Sinn hat dann eigentlich noch die These der Wertfreiheit der Wissenschaft bzw. die Unterscheidung zwischen Erziehungswissenschaft und praktischer Pädagogik« (a.a.O., S. 166), die z. B. Brezinka vornimmt (vgl. S. 82 ff.). Diese Frage nach der Rechtfertigung der Unterscheidung von faktischen und normativen Aussagen im Sinn des Kritischen Rationalismus und die Frage nach der Begründung der (normativen) Wertbasis der sich am Kritischen Rationalismus orientierenden Wissenschaften wurden im Positivismus mit Nachdruck gestellt. Im Verlauf der kontroversen Diskussion zeigte es sich sehr deutlich, wie schwierig es für den Kritischen Rationalismus ist, seine eigene Metatheorie, die hier skizzierte Wissenschaftslehre, zu rechtfertigen. Albert vertritt daher auch die These, daß eine Entscheidung für die Wissenschaftslehre nicht mehr begründbar sei, sondern außerwissenschaftlich, vorwissenschaftlich, »irrational« sei. Auf den Vorwurf von Habermas (1972), dann sei diese Erkenntnis letztlich ein Glaubensbekenntnis, kann Albert nur mit dem Hinweis auf den Unterschied »zwischen einer blinden Entscheidung und einer solchen, die mit offenen Augen, also in klarer Erkenntnis ihrer Konsequenzen getroffen wurde« verweisen (1972, S. 297 f.). Eine befriedigende Antwort ist dies sicherlich selbst dann nicht, wenn man akzeptiert, daß eine Entscheidung mit »offenen Augen« nur als eine begründete getroffen werden kann. Diese Schwierigkeit macht deutlich, daß auch im Kritischen Rationalismus die starre Gegenüberstellung zwischen dem Prinzip der »kritischen Prüfung« und dem Prinzip der »Begründung« nicht bis zur letzten Konsequenz durchgehalten werden kann.

7. Neuere Entwicklungen im Kritischen Rationalismus

Galt es bislang, die zentralen Elemente des (klassischen) Kritischen Rationalismus darzustellen, so soll nun — diesen Abschnitt abschließend — auf einige neuere Entwicklungen in diesem Bereich aufmerksam gemacht werden (Lakatos/Musgrave 1974). Dabei beschränken wir uns vorwiegend auf einige mit der Theoriebildung und der kritischen Überprüfung in Zusammenhang stehende Fragen.
Ausgehend von der Erkenntnis, daß die Realität nur mit Hilfe von Theorien und damit in einer vorentschiedenen Weise erfaßt werden kann, schließt Feyerabend auf die Notwendigkeit einer Maximierung der Überprüfung des

Wissens. In diesem Zusammenhang entwickelt er zwei Prinzipien, von deren Berücksichtigung er den Fortschritt der Wissenschaft weitgehend abhängig sieht: das »*Proliferationsprinzip*« (Prinzip der Verbreitung) und das »*Prinzip der Beharrlichkeit*«. Aus dem Prinzip der Proliferation folgert er, daß es darauf ankomme, Theorien zu erarbeiten, die selbst dann nicht mit dem akzeptierten Standpunkt übereinstimmen, wenn dieser Standpunkt sehr bewährt und allgemein akzeptiert ist (Feyerabend 1965). Feyerabend hält es um des wissenschaftlichen Fortschritts willen für notwendig, daß zu den eigenen bereits für bewährt gehaltenen Theorien möglichst viele Alternativen entwickelt werden. Solche Alternativen sind deswegen notwendig, weil sie bestimmte Elemente enthalten können, die möglicherweise gegen die bereits akzeptierten Theorien sprechen, die sich aber erst bei der Entwicklung von Alternativen zeigen. Eine Überprüfung der akzeptierten Theorien findet damit nicht mehr nur durch den Vergleich mit Fakten bzw. Basissätzen statt, sondern erfolgt auch in einer Auseinandersetzung mit *rivalisierenden* Theorien. Damit ist für Feyerabend ein *Theorienpluralismus* gegenwärtig unaufhebbar. Theorienpluralismus ist ein wesentliches Merkmal allen Wissens, das den Anspruch der Objektivität erhebt. Deutlich sieht Feyerabend, daß die Berücksichtigung des »Proliferationsprinzips« als Mittel zur kontinuierlichen wechselseitigen Kritik von Theorien nicht ausreicht. Vielmehr bedarf es eines Gegenprinzips, des *Prinzips der Beharrlichkeit*. Eine Theorie wird in der Wissenschaftspraxis nicht sofort aufgegeben, wenn Gesichtspunkte auftauchen, die mit ihr nicht vereinbar sind. Vielmehr wird diese Situation Anlaß zu verstärkter Anstrengung und fortschreitender Analyse. Denn ob eine Theorie anerkannt oder aber verworfen wird, ist eine Frage, die erst im Verlauf eines geschichtlichen Prozesses beantwortet werden kann. In diesem Punkt gewinnt der Kritische Rationalismus — auch schon bei Popper — eine historische Dimension, die die Wissenschaftsanalytik ergänzt. Somit hat Feyerabend zwar zwei Prinzipien formuliert, die für die Wissenschaftsentwicklung notwendig sind; wie sie jedoch im einzelnen zueinander stehen, ist eine Frage, deren Beantwortung noch aussteht. Da diese Frage nicht beantwortet wird, kann auch die Wissenschaftsentwicklung kaum weiter analysiert werden. In dieser Schwierigkeit optiert Feyerabend »eher für eine anarchistische Erkenntnistheorie, die chaotische Proliferation zum obersten Prinzip erhebt, als für die wissenschaftliche Stagnation, die die notwendige Folge der Beharrungsmaxime sein wird« (Schäfer 1974, S. 80).

Auch bei Lakatos findet eine Weiterentwicklung und Verfeinerung des klassischen, von Popper entwickelten Falsifikationsprinzips statt. Stand für Popper die Überprüfung von Theorien im Mittelpunkt seiner Methodologie, so wies Lakatos dem »wissenschaftlichen Forschungsprogramm« als einer umfassenderen Einheit diese Stellung zu. Im Unterschied zu einzelnen Theorien ist das »Was« des Forschungsprogramms durch eine Kontinuität gekennzeichnet. In seinem Rahmen werden als unzulänglich erkannte Theorien durch bessere ersetzt, ohne daß dadurch die Kontinuität des wissenschaftlichen Forschungsprogramms gefährdet wird. Lakatos unterscheidet zwischen einem »harten Kern« des Forschungsprogramms, der beibehalten werden muß, um überhaupt die Identität und Kontinuität dieses Forschungsprogramms zu sichern, und den mit ihm im Zusammenhang stehenden, sich wandelnden Theorien, die im Verlauf des Forschungsprozesses ausformuliert bzw. modifiziert und neu gefaßt werden. Da Lakatos auf der Grundlage dieser Unterscheidung nun — im Unterschied zu Popper — das Festhalten an Theorien trotz Gegenevidenz für rational und wissenschaftlich begründbar hält, braucht er auch das Verhältnis der beiden Feyerabendschen Prinzipien zueinander und damit die Entwicklung der Wissenschaft nicht als irrational zu bezeichnen, sondern kann ihre Beziehung als rational bestimmen.

Noch einen Schritt weiter in der Erschütterung des Gültigkeitsanspruchs des Falsifikationsprinzips geht Lakatos, indem er versucht, Poppers Prinzip der Überprüfung von Theorien auf Poppers Theorie selbst anzuwenden. In Entsprechung zu Poppers Kriterium der Falsifizierbarkeit entwickelt er ein Metakriterium zur Überprüfung der Popperschen Wissenschaftsmethodologie. Prägnant beschreibt Schäfer (1974, S. 208) das Problem: »So wie eine Theorie zu verwerfen ist, wenn sie im Widerspruch zu ›anerkannten Basissätzen‹ steht, muß eine Theorie der Rationalität verworfen werden, wenn sie ›in Widerspruch zu akzeptierten, normativen Basissätzen der Forschungsgemeinschaft steht'« (Lakatos). Dementsprechend mußte auch Popper zugestehen, daß es in der Wissenschaftsgeschichte Beispiele gibt, die nach seiner Wissenschaftsauffassung als unwissenschaftlich zu bezeichnen wären, die aber trotzdem in der Forschungsgemeinschaft der Gegenwart als hervorragende Wissenschaftsleistungen anerkannt werden.

Ohne auf die an diese Überlegungen anschließenden kontroversen — auch die erwähnten Positionen relativierenden — Diskussionen hier näher eingehen zu können, sollen zwei für die Wissenschaftslehre des Kritischen Rationalismus wichtige Ergebnisse festgehalten werden. Einmal ergibt sich — in Verbindung mit den bereits beschriebenen Überlegungen Feyerabends —, daß das Falsifikationsprinzip, wie es Popper entwickelt hat, in seinem Geltungsanspruch relativiert wird: Dieser Prozeß hat einen aufgeklärten Falsifikationismus zur Folge. Zum anderen wird noch einmal die Abhängigkeit des Gültigkeitsanspruchs von Theorien von der Forschungsgemeinschaft deutlich herausgearbeitet. Die Forschungsgemeinschaft entscheidet letztlich darüber, was als »Erkenntnisfortschritt«, als »zunehmende Wahrheitsnähe unserer wissenschaftlichen Theorien« zu gelten habe; dennoch wird im Kritischen Rationalismus nicht eine völlige »Auslieferung« an den Konventionalismus vertreten, der die Abhängigkeit wissenschaftlicher Ergebnisse von den geltenden Konventionen betont.

Mit der Erschütterung des Absolutheitsanspruchs des Falsifikationsprinzips, der zunehmenden Annäherung der Wissenschaftslehre an die Wissenschaftspraxis, der auch schon von Popper geforderten Anerkennung der Bedeutung der Forschungsgemeinschaft für die wissenschaftliche Erkenntnis und der Einführung einer Reihe die bisherige Wissenschaftslehre des Kritischen Rationalismus ergänzender Gesichtspunkte, geht die Erkenntnis der Bedeutung der *Wissenschaftsgeschichte* einher. Sie wurde vor allem von Kuhn (1973), aber auch von Lakatos, Feyerabend und Popper selbst immer mehr herausgearbeitet, so daß sie heute als ein wesentlicher Bestandteil des Kritischen Rationalismus angesehen werden muß. Denn letztlich wird erst in einem historischen Prozeß über die Bewährtheit bzw. Gültigkeit von Theorien entschieden. Damit hat der Kritische Rationalismus versucht, einen der zentralen Kritikpunkte von seiten der Kritischen Theorie im Rahmen seines

Wissenschaftskonzepts zu berücksichtigen. Andere Einwände von seiten der Kritischen Theorie, die bestimmte Voraussetzungen des Kritischen Rationalismus in Frage stellen, sollen in den anschließenden Thesen angedeutet und teilweise im folgenden Kapitel weiter ausgearbeitet werden. Manche Fragen sind nach wie vor im Rahmen der Wissenschaftslehre des Kritischen Rationalismus unbeantwortet geblieben. Trotz bislang ausstehender theoretischer Klärung haben einige dieser kritischen Fragen jedoch eine Antwort in der Wissenschaftspraxis erhalten. Obwohl die Frage nach der Bedeutung des Entstehungs- und Verwertungskontextes der Wissenschaft als theoretisches Problem im Kritischen Rationalismus bislang weitgehend ungelöst ist (vgl. Ulich 1972; Prim/Tilmann 1973; Friedrichs 1974), bemüht man sich fortwährend darum, diese Frage auf der Ebene der Wissenschaftspraxis zu beantworten. In diesem Sachverhalt kann man zu Recht ein Beispiel für das von vielen Kritikern des Kritischen Rationalismus herausgestellte Auseinanderklaffen von Wissenschaftslehre und Wissenschaftspraxis sehen, das zu den in wissenschaftstheoretischer Hinsicht am schwierigsten zu bewältigenden Problemen des Kritischen Rationalismus gehört.

Empirische Forschung mit emanzipatorischen Zielsetzungen

Ausgehend von einer Kritik an der für den Kritischen Rationalismus zentralen Forderung nach Wertfreiheit der Wissenschaft gab es seit der zweiten Hälfte der sechziger Jahre eine Reihe von Bemühungen um die Entwicklung einer empirischen erziehungswissenschaftlichen Forschung mit emanzipatorischen Zielsetzungen, die in der ersten Hälfte der siebziger Jahre um Versuche ergänzt wurden, Handlungsforschung als ein neues Paradigma der Erziehungswissenschaft zu entwickeln. Im folgenden Abschnitt sollen unter Rückgriff auf Mollenhauer, Blankertz, Lempert und Klafki zunächst die Bemühungen skizziert werden, die das Verhältnis von Empirie und Kritischer Theorie im Rahmen der Erziehungswissenschaft zu bestimmen versuchen. Unter anderem müssen dabei folgende Fragen nach den Möglichkeiten und Grenzen einer emanzipatorischen erfahrungswissenschaftlichen Forschung beantwortet werden:

— Wie wird das Verhältnis von einer der Emanzipation als Zielsetzung verpflichteten kritischen Erziehungstheorie und erfahrungswissenschaftlicher Forschung und der in ihrem Rahmen entwickelten »Theorien mittlerer Reichweite« bestimmt?

— Wie kann die Bildungsforschung die verschiedenen an sie gestellten Ansprüche erfüllen und zugleich einen Beitrag zur Emanzipation der Menschengattung leisten?

— Wie ist schließlich das Verhältnis der verschiedenen Paradigmen »Empirie«, »Hermeneutik« und »kritische Theorie« in der Erziehungswissenschaft zu bestimmen?

1. Mollenhauer (1966) gehört zu den ersten Autoren der Erziehungswissenschaft, die nach den Möglichkeiten der Verbindung von empirisch-analytischer Forschung und emanzipatorischem Erkenntnisinteresse gefragt haben. Ausgangspunkt seiner Überlegungen ist die Unterscheidung zwischen einer an den Geltungen von Normen und ihrer Begründung interessierten Erziehungswissenschaft, die er als *Prinzipienwissenschaft* bezeichnet, welche »die maßgebenden Prinzipien für pädagogisches Handeln zu ermitteln habe«, und einer als *Erfahrungswissenschaft* bezeichneten Erziehungswissenschaft, der es nicht um die »begründende Formulierung von Maßstäben pädagogischen Handelns, sondern ... um die Formulierung nachweisbarer Maßstäbe des faktischen Erziehungshandelns unter bestimmten raum-zeitlichen Bedingungen« geht (Mollenhauer 1966, S. 54). Für die Entwicklung der erfahrungswissenschaftlichen Erziehungswissenschaft beansprucht die Wissenschaftslehre des Kritischen Rationalismus mit ihren Kriterien von Wissenschaft Zuständigkeit. Im Verlauf der Erörterung des Verhältnisses von »Prinzipienwissenschaft« und »Erfahrungswissenschaft« unterzieht Mollenhauer das »empiristische Sinnkriterium« (Popper), das besagt, daß theoretische Sätze prinzipiell an der Erfahrung scheitern müssen, der Kritik. Er weist darauf hin, daß für eine emanzipatorische Erziehungswissenschaft die Ermittlung von Grundbegriffen unerläßlich ist, »die von vornherein die Zuordnung der aus ihnen folgenden Sätze zu empirisch Beobachtbarem mindestens nicht ausschließen« (a.a.O., S. 56).

Kritisch wendet sich Mollenhauer zudem gegen die linear verfahrende deduktive Methode des Kritischen Rationalismus, der insofern ein »konservatives Moment innewohnt«, als sie die Tendenz hat, »die möglichen Fragen immer schon so weit einzuschränken, daß sie auf die vorhandenen Methoden passen« (a.a.O., S. 59). Und weiter heißt es:

»Die Methoden der empirischen Sozialforschung aber zeichnen sich ja gerade dadurch aus, daß der Gegenstand nur vermittelt zur Kenntnis kommt, und zwar derart vermittelt, daß man sagen könnte, er werde durch die Methode erst produziert: Die in Befragungen zum Vorschein kommende Meinung ist diejenige Meinung, die der Befragte als Antwort auf die Interviewfrage hervorbringt!« (a.a.O., S. 59 f.).

Da die empirische Forschungsmethode den Untersuchungsgegenstand erst in einer bestimmten distanzierten Form konstituiert, enthält das darin liegende gegenstandsunabhängige Moment der Methode ein Element der Verdinglichung. Diese Verdinglichung des erforschten Gegenstands durch die Methode der Forschung steht im Widerspruch zu den Zielen der empirischen Forschung, die »eine kritische Reaktion auf den vorgegebenen Prozeß der Verdinglichung des Menschen in der bürgerlichen Gesellschaft« und »damit ein Instrument der Emanzipation« sein will. Und weiter erläutert Mollenhauer,

»daß Empirie innerhalb der Sozialwissenschaften sich deren Zweck entfremden kann — das bedeutet aber weiterhin, daß jener Zweck dem Forschungsinstrumentarium selbst nur auf mangelhafte Weise innewohnt und einer Theorie bedarf, die nicht identisch ist mit der das Forschungsinstrumentarium konstituierenden Theorie. Die gesuchte Theorie hätte zum Zweck, dasjenige Interesse zu begründen, das einerseits die empirische Forschung legitimiert, andererseits in dieser Forschung sich realisiert« (a.a.O., S. 60 f.).

Die Empirie findet also in den Sozialwissenschaften häufig eine Anwendung, die ihrem eigentlichen Zweck widerspricht, eine kritische Reaktion auf die Verdinglichung des Menschen und eine seine Aufklärung bewirkende Aktivität zu sein. Um die Empirie vor einer solchen gegen ihre eigenen Intentionen verstoßenden Verwendung zu schützen, bedarf es einer übergeordneten kritischen Theorie. Erst mit ihrer Hilfe kann eine Verdinglichung vermieden und möglicherweise eine emanzipatorische erziehungswissenschaftliche Forschung begründet werden. Das heißt, es bedarf zunächst vor allem der Erarbeitung einer kritischen, die empirische Forschung selbst legitimierenden *Erziehungstheorie*, die

»aus der gesellschaftlichen Interessenlage, die die Erziehungspraxis bestimmt, so wenig zu lösen (ist, Ch. W.) wie diese Praxis selbst. Soweit aber diese Theorie es auf Erkenntnisse abgesehen hat, muß es ihr darauf ankommen, diese Interessenlage wenigstens rational diskutierbar zu machen. Das aber ist ohne strikte Berücksichtigung des empiristischen Sinnkriteriums nicht mehr möglich. Und schließlich: ist rationale Diskutierbarkeit das Kriterium für die Vertretbarkeit einer wissenschaftlich gemeinten Aussage, dann kommt darin zugleich zum Vorschein, was sie jedem Herrschaftsinteresse gegenüber auszeichnet: das Interesse an Emanzipation. Es ist das gleiche Interesse, das auch der Erziehungspraxis in einer Gesellschaft zu substituieren wäre, die sich selbst als sich demokratisierend interpretiert — der gleichsam bessere Begriff der Sache, ihre real bessere Möglichkeit« (a.a.O., S. 62).

Diese dem Interesse an Emanzipation verpflichtete allgemeine Erziehungstheorie muß sogleich die übergeordnete Metatheorie darstellen, an der sich die »Theorien mittlerer Reichweite« (Merton) orientieren müssen, deren Entwicklung Ziel der Theoriebildung des Kritischen Rationalismus ist. Durch die Einbettung der Theorien mittlerer Reichweite in eine emanzipatorische Metatheorie soll vermieden werden, daß sich die auf die »Theorien mittlerer Reichweite« bezogene empirische Forschung unkritisch von Herrschaftsinteressen in den Dienst nehmen läßt. Mit einer solchen Entscheidung für eine kritische Rationalität und ein emanzipatorisches Erziehungsinteresse wird die von den Vertretern des Kritischen Rationalismus geforderte Wertfreiheit und Wertneutralität bewußt aufgegeben. Statt dessen sollen die Zwecke empirischer erziehungswissenschaftlicher Forschung an die allgemeinen Ziele emanzipatorischer Erziehung zurückgebunden werden, wobei sich allerdings eine Reihe hier nicht näher zu erörternder Schwierigkeiten ergibt (vgl. Feuerstein 1973, S. 98 f.).

2. Ähnlich argumentiert Blankertz (1966), wenn er bei der Entwicklung seines Begriffes von pädagogischer Theorie von der Adornoschen Aufgabenbeschreibung für Theorie ausgeht, in der darauf hingewiesen wird, daß Theorie im »Spannungsfeld des Möglichen und Wirklichen« steht und »unabdingbar kritisch« ist (Adorno 1972a, S. 82). Diese Einsicht in den kritischen Charakter von Theorie

führt zu der Forderung nach einer sich auf das Ganze beziehenden, die empirischen Theorien überspannenden *Erziehungstheorie*, die es ermöglicht, in Auseinandersetzung mit ihr, die einzelnen »Theorien mittlerer Reichweite« zu entwickeln und sie vor ihrem Horizont zu interpretieren. Damit kann das »empiristische Sinnkriterium« aber auch nur für einen Teil der Erziehungswissenschaft, nämlich für die mit Hilfe der »Theorien mittlerer Reichweite« zu gewinnenden Kenntnisse, gelten, nicht aber auf die übergreifende Theorie ausgedehnt werden, ohne diese zu verdinglichen und auf empirisch überprüfbare Sachverhalte zu reduzieren. Die Spannungen zwischen einem solchen Anspruch der Theorie und der Empirie müssen ausgehalten und dialektisch vermittelt werden. Sie können nicht dadurch gelöst werden, daß Empirie und Theorie nebeneinander gestellt werden. Vielmehr muß die pädagogische Theorie den Theorien empirischer Forschung übergeordnet sein, da sie für diese den normativen Rahmen bestimmen und sie begründen soll.

»Ist nun Erziehung trotz ihrer letzten Bindung an das transzendentale Subjekt ein gesellschaftliches Phänomen, so hat Pädagogik als Theorie ihr erkenntnisleitendes Interesse in Mündigkeit und Emanzipation. Solches Sollen, im Primat der Vernunft begründet, setzt das erzieherische Interesse am Subjekt in eins mit dessen gesellschaftlicher Funktion, indem die Macht der empirischen Gesellschaft überboten ist mit dem Anspruch auf ein menschliches Leben. Eine so verstandene Theorie gewinnt die Maßstäbe der Kritik durch ihr Interesse an der Aufhebung von Verdinglichung und Selbstentfremdung des Menschen. ... Pädagogische Theorie, die sich notwendig überempirisch versteht, nicht weil Empirie verachtet oder das empirische Argument gering geschätzt ist, sondern weil Empirie begründet werden soll, diese Theorie führt mit der Waffe der empirischen Forschung über das Faktum des Gegebenen hinaus, um das empirische Leben selbst auf eine andere Stufe zu heben: daß Fortschritt sei!« (Blankertz 1966, S. 74 f.).

3. Einen Schritt weiter in der Präzisierung des emanzipatorischen Interesses für die empirische Forschung führen die Arbeiten von Lempert (1971, 1974). Innerhalb ihres Rahmens findet sich neben entsprechenden theoretischen Vorstellungen auch eine Reihe empirischer Untersuchungen, die zum Teil bereits in die Richtung der Handlungsforschung verweisen. Ausgangspunkt für Lemperts Bemühungen ist die Frage nach den Zielsetzungen und dem Interesse, das

die *Bildungsforschung* leiten sollte, nach der Möglichkeit, die empirische Forschung auf dieses Interesse zu verpflichten, und nach den Konsequenzen für die Aufgaben einer solchen auf bestimmte Interessen verpflichteten Forschung. Um diese Fragen zu beantworten, müssen drei Aspekte empirischer Forschung berücksichtigt werden, die bislang nicht immer deutlich genug gesehen worden sind:

»1. daß Bildungsforschung wie alle Forschung von Interessen gesteuert wird, daß also nicht zwischen interessenfreier und interessengeleiteter, sondern nur zwischen interessenblinder und interessenbewußter Bildungsforschung und im letzten Falle auch zwischen verschiedenen Leitinteressen gewählt werden kann,
2. daß verschiedene Interessen sich nach dem Maß ihrer immanenten Rationalität voneinander unterscheiden lassen, d. h. intersubjektiv einleuchtend nicht nur beschrieben, kausal erklärt und final verstanden, sondern auch nach ihrer Berechtigung beurteilt werden können,
3. daß verschiedene Interessen die Aufgaben der empirischen Bildungsforschung verschieden bestimmen« (Lempert 1971a, S. 312).

Die Berücksichtigung dieser drei Gesichtspunkte führt Lempert dann weiter zu der Forderung, daß Bildungsforschung ein »Erfordernis des emanzipatorischen Interesses« sei, da sie auf »Kritik und Selbstreflexion« ziele. Ziel der Bildungsforschung sollen nicht nur die empirisch zu ermittelnden Interessen der einzelnen Menschen und Gruppen sein, sondern die Interessen der Menschengattung, die nur aus der Interpretation historischer Entwicklung erschlossen werden können.

Bei der Ausformulierung des Programms emanzipatorischer Bildungsforschung unterscheidet Lempert unter Bezug auf Habermas (1969) das *technische*, das *praktische* und das *emanzipatorische Erkenntnisinteresse*, denen die drei folgenden unterschiedlichen Wissenschaftsparadigmen zugeordnet werden: das *empirisch-analytische*, das *historisch-hermeneutische* und das *kritisch-emanzipatorische*. Allen drei Erkenntnisinteressen kommt im Rahmen erziehungswissenschaftlicher Forschung Bedeutung zu; dem emanzipatorischen Interesse wird dabei eine den anderen Interessen übergeordnete Stellung eingeräumt. Denn: »Erkenntnis in emanzipatorischem Interesse ist also erstens Erkenntniskritik, zweitens Ideologiekritik und drittens Selbstreflexion im engeren Sinne« (a.a.O., S. 321). Sodann werden die unterschiedlichen Erkenntnisinteressen in Anlehnung an Habermas weiter präzisiert. Das *technische Erkenntnisinteresse*, das eine besondere Affinität zur empirisch-analytischen Forschung hat, zielt auf »technische Verfügung über vergegenständlichte Prozesse«, auf die Rationalisierung von Arbeit und auf die technologische Anwendung von Erkenntnissen. Das *praktische Interesse* richtet sich auf die »Erhaltung und Erweiterung der Subjektivität möglicher handlungsorientierender Verständigung« sowie auf den Konsens von Handelnden und die Verbesserung von Kommunikationsprozessen und Prozessen kommunikativen Handelns. Das *emanzipatorische Interesse* schließlich leitet die empirische erziehungswissenschaftliche Forschung so an, daß sie einen Beitrag für den Menschen zu der »Erhaltung der Verfügung über sich selbst«, der »Aufhebung und Abwehr irrationaler Herrschaft« und der »Befreiung von Zwängen aller Art« leistet. »Zwingend wirkt nicht nur materielle Gewalt, sondern auch die Befangenheit in Vorurteilen und Ideologien. Diese Befangenheit läßt sich, wenn auch nicht völlig lösen, so doch vermindern, durch die Analyse ihrer Genese, durch Kritik und Selbstreflexion« (a.a.O., S. 318).

Aus dem die beiden anderen Erkenntnisinteressen einbeziehenden Anspruch des emanzipatorischen Interesses empirischer erziehungswissenschaftlicher Forschung ergibt sich eine Reihe von Konsequenzen für die Auswahl der Inhalte empirisch-analytischer Forschung sowie für die Notwendigkeit der Vermittlung ihrer Ergebnisse an die von ihnen Betroffenen:

»Bildungsprozesse in emanzipatorischer Absicht untersuchen bedeutet vor allem:
— die faktische pädagogische Verdrängung sozial unterdrückter Bedürfnisse ermitteln und kausal analysieren,
— die derart gewonnenen Gesetzesaussagen in den Verständnishorizont der Individuen, für die sie gelten, hinein interpretieren und
— den Einstellungswandel, den ihre Mitteilung bei diesen Individuen hervorruft, experimentell überprüfen« (a.a.O., S. 328).

Mit diesen Angaben wird das Programm emanzipatorischer Bildungsforschung präzisiert, wie es weiterhin bestimmend blieb. Auch hier wird in dem Moment der Rückmeldung der Ergebnisse der Forschung an die Betroffenen ein zentrales Anliegen der Handlungsforschung angesprochen, ohne daß daraus bereits die später gezogenen Konsequenzen abgeleitet worden wären.

Bei Lempert besteht noch eine deutliche Trennung zwischen dem emanzipatorischen Erkenntnisinteresse der am Paradigma der empirisch-analytischen Wissenschaft und Methodologie orientierten Bildungsforschung und der abermals hermeneutisch-kritischen Vermittlung der Ergebnisse empirischer Forschung in den Verstehenshorizont und die Lebenswelt der Betroffenen. In wissenschaftstheoretischer Hinsicht ergibt sich damit eine Arbeitsteilung zwischen *Hermeneutik* und *Kritik* einerseits sowie *Empirie* andererseits, die sich bereits bei Mollenhauer und Blankertz zeigte und die auch für Klafki (1971) bestimmend ist. Kritisch hat sich Feuerstein gegen dieses »Nebeneinander« von Empirie und Hermeneutik bzw. Kritischer Theorie gewandt und ihre Integration in einer *»objektiv-sinnverstehenden Theorie«* verlangt, für die aber auch bei Habermas, auf den er sich beruft, erst Vorarbeiten vorliegen (vgl. Feuerstein 1973, S. 58 ff.). So scharfsinnig diese Kritik ist, so muß der Anspruch relativiert werden, die Integration von Empirie und Hermeneutik bzw. Kritischer Theorie nur im Rahmen einer »objektiv-sinnverstehenden Theorie« als zureichend anzuerkennen.

4. Auch Klafkis (1971, 1976) Versuch der Konzeptualisierung der Erziehungswissenschaft als *kritisch-konstruktive Theorie* weist in die gleiche Richtung wie die bisher beschriebenen Ansätze. Für ihn ist die Einbeziehung empirisch-analytischer Forschung in ein Gesamtkonzept der Erziehungswissenschaft, das die verschiedenen Paradigmen integriert, die zentrale Aufgabe. So schreibt er:

»Auch in der Erziehungswissenschaft bleibt die Erforschung von Tatsachen und Zusammenhängen mit erfahrungswissenschaftlichen Methoden, so notwendig sie, wie wir früher sahen, ist, ein ›positivistisch halbierter Rationalismus‹ (Habermas), solange nicht auch nach den umfassenden geschichtlich-gesellschaftlichen Bedingungen der so ermittelten Fakten und Zusammenhänge gefragt wird« (1971, S. 380).

Daher darf die kritische empirische Forschung weder ihre Voraussetzungen ausklammern noch es zulassen, daß ihre Ergebnisse für Interessen mißbraucht werden, die ihren eigenen Zielen entgegenstehen. Sie muß sich durch *ideolo-*

127

giekritische Fragestellungen und Methoden und durch das *emanzipatorische Erkenntnisinteresse*, »d. h. durch die Orientierung der Analyse und der Kritik an der Idee der Freiheit des Menschen in einer freien, gerechten Gesellschaft« (a.a.O., S. 378), im Rahmen einer Gesamttheorie ergänzen lassen, um ihre Indienstnahme durch beliebige gesellschaftliche Mächte nach Möglichkeit zu vermeiden.

Im Kontext einer gesellschaftskritischen Erziehungswissenschaft kann man nach Ansicht Klafkis das Verhältnis zwischen *Empirie* und *Hermeneutik* »als einen ständigen dynamischen Rückkoppelungsprozeß beschreiben: von hermeneutischer Entwicklung der Fragestellungen und Hypothesen über die erfahrungswissenschaftliche Überprüfung dieser Hypothesen zur hermeneutischen Interpretation der so gewonnenen Ergebnisse und zur Herleitung neuer Hypothesen für neue empirische Untersuchungen« (a.a.O., S. 374).

In diesem Prozeß wird die *Komplementarität* von Hermeneutik, Empirie und Kritischer Theorie deutlich. Mit Hilfe der Empirie können »Erkenntnisse über gesetzmäßige oder mindestens gesetzartige Zusammenhänge« (a.a.O., S. 375) gewonnen werden, die einmal ideologiekritisch analysiert und möglicherweise modifiziert werden müssen, die zum anderen aber dazu dienen sollen — indem sie Gesetzmäßigkeiten aufweisen — pädagogisches Handeln zu beeinflussen.

Eine Schwierigkeit besteht allerdings darin, daß bisher nur teilweise festgelegt werden konnte, in welchen Fällen die Indienstnahme dieser Gesetzmäßigkeiten zur Selbstbestimmung der betreffenden Personen beigetragen hat und wann sie zur Erhaltung der vorhandenen Herrschaftsansprüche bzw. zur Manipulation der betroffenen Personen verwendet worden ist. Im nachhinein ist es schwierig, im Hinblick auf diese Gesetzmäßigkeiten zu entscheiden,

»ob es sich dabei um ideologische oder ideologiefreie Invarianten handelt. Die sprachtheoretischen Erörterungen dieses Problems haben aber gezeigt, daß bereits im Meßverfahren die Transformation der kommunikativ zugänglichen Phänomene in intersubjektiv geltende Daten das Ideologieproblem beantworten muß, um überhaupt nomologisches Wissen hervorbringen zu können« (Feuerstein 1973, S. 111).

Hier liegen Probleme, die im Zusammenhang mit einer

emanzipatorischen empirischen Forschung noch kaum reflektiert worden sind, obwohl sie dringend einer Antwort bedürfen (vgl. Kap. 4 und 5; Berger 1974; Cicourel 1974).

Zusammenfassende und weiterführende Thesen

(1) In kritischer Abgrenzung von der geisteswissenschaftlichen Pädagogik, die mit ihrer Konzentration auf die Geschichte der Pädagogik den Bereich der *erfahrungswissenschaftlichen* Aufarbeitung der Erziehungspraxis vernachlässigt hatte, stellte die empirische Pädagogik seit den Anfängen des Jahrhunderts die erfahrungswissenschaftliche Erforschung der Erziehung in den Mittelpunkt ihrer Bemühungen. Dabei verstand sie sich zunächst als eine *positivistische Wissenschaft*, deren Aufgabe es war, von den »Tatsachen« der Erziehungswirklichkeit ausgehend zu Erkenntnissen zu gelangen. Die empirische Pädagogik erkannte zunächst nicht, daß das, was in der Wissenschaft als »Tatsache« gilt, immer von den Theorien und dem metatheoretischen Regelsystem abhängig ist, die eine Wissenschaftsrichtung als gültig akzeptiert.

(2) In ihrer Entwicklung bis in die Gegenwart hinein hat die empirische Erziehungswissenschaft einige Phasen durchlaufen und dabei verschiedene Ansätze und Problemstellungen entwickelt. Zunächst hat sie sich weitgehend am positivistischen Wissenschaftsideal ausgerichtet. Sieht man ab von den Bemühungen bei Roth und Thiersch, Hermeneutik und Empirie aufeinander zu beziehen, und von den Anstrengungen bei Blankertz, Mollenhauer, Lempert und Klafki, Kritische Theorie und Empirie miteinander zu vermitteln, so erfolgte eine wesentliche Weiterentwicklung der am Positivismus orientierten empirischen Erziehungswissenschaft durch den Einfluß des *Kritischen Rationalismus*. Nicht nur hat diese vor allem von Popper begründete Wissenschaftslehre das Selbstverständnis der empirischen Erziehungswissenschaft bestimmt; sie hat auch — in den Arbeiten Brezinkas — zu einem Gesamtentwurf der Erziehungswissenschaft auf der Grundlage des Wissenschaftsverständnisses der Einheitswissenschaft geführt.

(3) Insgesamt zielt die empirische Erziehungswissenschaft auf die Beschreibung, Erklärung und Beeinflussung der im

Bereich der Erziehung gegebenen sozialen Realität. Dabei distanziert sie sich auf der Grundlage der Wissenschaftslehre des Kritischen Rationalismus gegenüber positivistischen Ansätzen, von denen die »Erziehungstatsachen« unmittelbar als gegeben angesehen werden. Statt dessen geht die empirische Erziehungswissenschaft der Gegenwart davon aus, daß *die soziale Realität der Erziehung nur im Lichte von vorher entwickelten Theorien erfaßt* werden kann, ein unmittelbarer »theoriefreier« Zugang zu dieser Realität hingegen nicht möglich ist. Aufgrund dieser in der Tradition des (philosophischen) Rationalismus stehenden Auffassung nehmen die Bemühungen um präzise definierte, explizierte und operationalisierte Begriffe sowie um die Überprüfung von Theorien an der Realität — bzw. an Basissätzen über die im Lichte der Theorien wahrgenommene Realität — die zentrale Stellung in der Erziehungswissenschaft ein, die sich an der Wissenschaftslehre des Kritischen Rationalismus orientiert.

(4) Ausgehend von der Erkenntnis, daß Theorien nicht verifiziert werden können, da es dazu ihrer unendlich häufigen Überprüfung an der Realität bedürfte, entwickelt Popper das *Falsifikationsprinzip* zur Überprüfung von Theorien. Danach geht es nicht mehr darum, den Wahrheitsgehalt von Theorien durch ihre Überprüfung nachzuweisen; vielmehr muß versucht werden, die Theorien zu falsifizieren. Gelingt dies nicht, können sie als bewährt gelten. Je häufiger die Falsifikationsversuche einer Theorie mißlingen, in desto höherem Maße kann diese Theorie als bewährt angesehen werden. Die Falsifikation wird somit zu der Instanz, die weitgehend über den Wahrheitsgehalt von Theorien entscheidet. Die Frage nach dem Wahrheitsgehalt von wissenschaftlichen Aussagen und Theorien wird darauf beschränkt, Theorien wiederholt der kritischen Prüfung auf der Grundlage des Falsifikationsprinzips auszusetzen. Nach Auffassung der Kritischen Theorie liegt hierin eine unzulässige Problemreduktion, da über den Wert von Theorien wesentlich die Entwicklung der Wissenschafts-, ja die Entwicklung der Menschheitsgeschichte entscheidet. Außerdem muß sich die Kritik auch dagegen richten, daß über den Grad der Bewährung von wissenschaftlichen Aussagen nur auf der Grundlage *eines* bestimmten Modells entschieden wird, nach dem die über-

prüften Zusammenhänge *lediglich* unter dem Gesichtspunkt einer *kausal-analytischen* Beziehung begriffen werden. Mit dem Absolutsetzen des Falsifikationsprinzips werden die Kriterien der Wissenschaftslehre des Kritischen Rationalismus zu *den* Kriterien gemacht, die über den Wissenschaftscharakter von Aussagen bzw. Theorien entscheiden. Hierin liegt ebenfalls eine nicht zu rechtfertigende Problemreduktion. Sie wiegt für den Bereich der Sozial- und Geisteswissenschaften besonders schwer, da dadurch weite Bereiche sinnbestimmten reflexiven sozialen Handelns nicht angemessen begriffen werden können.

(5) Gegen den hier formulierten *Hegemonieanspruch der Einheitswissenschaft* muß Einspruch erhoben werden. Der Kritische Rationalismus hat *ein* bestimmtes metatheoretisches Regelsystem entwickelt, auf dessen Grundlage er beurteilt, was als wissenschaftliche Erkenntnis gilt und was als unwissenschaftliche Aussage anzusehen ist, ohne daß er jedoch in der Lage ist, mit Hilfe seines metatheoretischen Regelsystems, das eine Überprüfung von Theorien an der Realität als Voraussetzung für wissenschaftliche Aussagen verlangt, dieses Regelsystem auch wissenschaftlich zu begründen. Der Kritische Rationalismus kann lediglich durch (vorwissenschaftliche) Zusatzargumente versuchen, die Plausibilität seiner Wissenschaftslehre einsichtig zu machen. Die Entscheidung für die Wissenschaftslehre des Kritischen Rationalismus als vorausgesetztes metatheoretisches Regelsystem erfolgt also bestenfalls »nach Abwägen der Konsequenzen verschiedener Erkenntnis- und Wissenschaftsbegriffe« (Brezinka). Sie kann eine »Entscheidung mit offenen Augen« sein; frei von dezisionistischen Elementen ist sie jedoch nicht.

(6) Kritik muß sich auch gegen den Anspruch des Kritischen Rationalismus im Hinblick auf die *Präzision, Definition, Explikation* und *Operationalisierung* von Begriffen richten. Denn einmal wird zur Erfüllung dieser mit Hilfe der Sprachanalyse zu erbringenden Anforderung auf die Einbeziehung der historischen Dimension verzichtet; das führt zu einer Verkürzung dieser Bemühungen um Präzision, da viele Begriffe nur im Kontext einer historischen Analyse ihre Bedeutung erschließen. Zum anderen erhebt sich die weiterreichende Frage, ob eine »universell gültige Operationalisierung theoretischer Grundbegriffe in den

Sozialwissenschaften« (Wellmer 1969, S. 35) überhaupt erreicht werden kann. Die Reflexion Wittgensteins beim Scheitern seiner Versuche, eine »weltabbildende Universalsprache der Naturwissenschaft als einzig sinnvolle sprachkritisch zu rechtfertigen«, die ihn dazu führten, den Reichtum wirklicher Sprachen zu entdecken und zu erkennen, daß »die Explikation von Umgangssprachen nur in der Dimension der Umgangssprachen selbst möglich ist« (a.a.O., S. 25 f.), deutet darauf hin, daß die Grenzen der Präzisierungsmöglichkeiten der Sprache im Bereich der Sozialwissenschaften eng sind: »Dieser Zirkel, in dem jedes Verstehen und jede Explikation von Sprache immer schon gefangen ist, verweist aber darauf, daß Sprechenlernen an das Erlernen einer Lebenspraxis gebunden ist: Sprache ist Moment einer Lebenspraxis« (a.a.O., S. 26).

(7) Die am Kritischen Rationalismus orientierte Erziehungswissenschaft zielt auf die Erarbeitung von »Quasi-Gesetzen«. Dabei geht es ihr um die Erkenntnis von *Regelmäßigkeiten*. Als deren Ursache unterstellt sie die *Stabilität von Merkmalen* und die *Konstanz von Entwicklungen*. »Regelmäßigkeit, Stabilität und Konstanz werden schließlich als Ausdruck gesetzmäßiger Zusammenhänge interpretiert« (Ulich 1976, S. 29). Nur unzulänglich wird die Tatsache berücksichtigt, daß im Bereich der Sozialwissenschaften die Zusammenhänge, auf die sich diese Merkmale beziehen, gesellschaftlich bedingt sind und — »auf Interaktionserfahrungen zurückgehend, in denen gesellschaftliche Bedingungen der Interaktion und erfahrene soziale Beziehungsstrukturen repräsentiert sind« (a.a.O., S. 32) — prinzipiell »jederzeit verändert werden können«.

(8) Auf diese Beschränktheit kausal-analytischer Erklärungsmodelle hat neben der Hermeneutik vor allem die *Systemtheorie* aufmerksam gemacht. Nach ihrer Auffassung geht der Bestimmung von kausalen Zusammenhängen notwendig die Bestimmung des Sinns übergeordneter systematischer Zusammenhänge voraus, aus denen die kausal-analytischen Erkenntnismodelle immer nur einzelne Aspekte herausgreifen und in Bezug zueinander setzen. Darüber hinaus greifen kausal-analytische Erklärungsmodelle in sozialen Zusammenhängen häufig auch insofern zu kurz, als sich eine eindeutige Unterscheidung zwischen »Ursachen« und »Wirkungen« oft gar nicht vornehmen läßt —

wie das die Wissenschaftslehre des Kritischen Rationalismus behauptet. Denn die »Wirkungen« wirken auf die »Ursachen« zurück und diese sind selbst wieder die »Ursachen« von »Wirkungen«.

(9) Diese Kritik an dem kausal-analytischen zweckrationalen Erklärungsmodell des Kritischen Rationalismus wird von seiten der Kritischen Theorie noch weitergetrieben. Sie macht gegenüber der Einheitswissenschaft geltend, daß deren Wissenschaftslehre nur ein bestimmtes zweckrationales, technisch verwertbares Wissen zulasse, das in sich widerspruchsfrei sein müsse. Da die Gewinnung technisch verwertbaren Wissens Ziel des Kritischen Rationalismus sei, tendiere die sich an ihm ausrichtende Forschung auch dazu, die im gesellschaftlichen *Objektbereich gegebenen Widersprüche einzuebnen*. Ein Verlust an Erkenntnis sei die Folge, und das Ergebnis sei die Produktion eines Wissens, das die Beziehungen der Menschen untereinander verdinglicht, sich zur Manipulation anbietet und zum Konformismus einlädt.

(10) Kritik muß sich schließlich gegen die Konzentration des Kritischen Rationalismus auf den Begründungszusammenhang wissenschaftlicher Theorien und die *Vernachlässigung ihres Entstehungs- und Verwertungszusammenhangs* richten. Insofern der Entstehungs- und Verwertungszusammenhang lediglich als eine Aufgabe psychologischer, soziologischer und historischer Forschung angesehen wird, begibt sich der Kritische Rationalismus der Möglichkeit, die Entstehung und die Verwendung von wissenschaftlichen Erkenntnissen im gesellschaftlichen Kontext zu kontrollieren. Damit findet eine Begrenzung von Wissenschaft und Wissenschaftstheorie auf *Methodologie* statt. Diese Begrenzung stellt für die Sozial- und Geisteswissenschaften eine unzulässige Problemreduktion dar, die unseres Erachtens auch nicht durch den Hinweis auf die Notwendigkeit einer wertfreien Wissenschaft aufgehoben werden kann. Denn in den Sozialwissenschaften geht es nicht nur um die Gewinnung »reiner« wissenschaftlicher Erkenntnisse. Wissenschaftliche Erkenntnisse beanspruchen vielmehr einen Sinn im Hinblick auf die gesellschaftliche, d. h. in unserem Fall erzieherische Praxis. Daher sind für die Sozialwissenschaften die Fragen nach der Entstehung und der Verwertung von Wissenschaft von so zentraler Bedeutung, daß sie diese

beiden Fragen auf keinen Fall in den unkontrollierten vorwissenschaftlichen Bereich verweisen dürfen. So wird z. B. im *Entstehungszusammenhang einer Theorie* weitgehend über ihre Qualität entschieden. Hier werden Beziehungen hergestellt und Zusammenhänge ausgearbeitet, die den Charakter und den Wert der Theorie bestimmen. Wie eine Theorie entstanden ist und welche gesellschaftlichen, sozialen und erkenntnistheoretischen Prozesse dabei eine Rolle gespielt haben, ist für die Einschätzung des Stellenwerts dieser Theorie durchaus wichtig. Bei einer praxisbezogenen Wissenschaft wie der Erziehungswissenschaft gilt entsprechendes natürlich besonders für die *Verwendung von Wissenschaft*. Denn der Wert von Theorien und Erkenntnissen kann unseres Erachtens nicht unabhängig von ihren gesellschaftlichen Folgen — lediglich im Rahmen eines Falsifikationsprozesses — eingeschätzt werden.

(11) Damit stellt sich noch einmal das Problem, ob als Antwort auf die Frage nach dem Wahrheitsgehalt von Aussagen bzw. Theorien im Bereich der Sozialwissenschaften der Hinweis auf die Wiederholbarkeit kritischer Prüfung durch verschiedene Subjekte — d. h. auf die Intersubjektivität der Erkenntnisse — als ausreichend anerkannt werden kann oder ob neben der Bezugsgröße »kritisches Subjekt« im Sinne des Kritischen Rationalismus noch ein anderes übergeordnetes Kriterium, wie etwa das der »Evolution der Menschheit« (Habermas), in Anschlag gebracht werden muß. Die Antwort auf diese Frage ist umstritten. So hat die Kritische Theorie wiederholt den »Subjektivismus« des Kritischen Rationalismus kritisiert, der darin gesehen wurde, daß einzelne Subjekte der Forschergemeinschaft den Anspruch erheben, unter Zugrundelegung einer Wissenschaftslehre über den »gesellschaftlichen« Wert wissenschaftlicher Erkenntnisse entscheiden zu können.

(12) Die hier vom Wissenschaftler in Anspruch genommene Fähigkeit, als Individuum oder im Rahmen der Forschergemeinschaft intersubjektiv gültig über den Wahrheitsgehalt wissenschaftlicher Erkenntnisse entscheiden zu können, steht in deutlichem Widerspruch zu der Rolle des Individuums, die dieses einnimmt, wenn es Gegenstand bzw. Objekt wissenschaftlicher Erkenntnis ist; für den Wissenschaftler ist es dann nur im Hinblick auf seine Theorien von

Interesse; als geschichtliches Subjekt kommt es nicht in den Blick. Vielmehr ist im Sinne einer objektiven Erkenntnisgewinnung eine klare *Trennung zwischen dem Subjekt der Forschung, dem Forscher, und dem Objekt der Forschung, dem Forschungsgegenstand*, unerläßlich. Insofern die Subjekte des Forschungsprozesses nun aber für sich in Anspruch nehmen, Gesetzmäßigkeiten erkennen und dadurch gesellschaftliche Sachverhalte erklären zu können, gehören sie zu dem »elitären Zirkel der Wissenschaftler« (Ulich 1972), der sich deutlich vom »Rest« der Gesellschaft unterscheidet, der mögliche Untersuchungsobjekte darstellt. So gesehen impliziert die Wissenschaftslehre des Kritischen Rationalismus ein »dualistisches« Gesellschaftssystem, in dem die verschiedenen gesellschaftlichen Gruppen unterschiedliche Rechte haben. Gesellschaftskritische Elemente kann der Kritische Rationalismus nur insofern einschließen, als die empirische Forschung nur in einer Gesellschaft möglich ist, in der der Wissenschaft das Recht zur Forschung eingeräumt wird, was zur Folge hat, daß die Wissenschaft ein entsprechendes Interesse an der Erhaltung ihrer gesellschaftlichen Voraussetzungen und damit ein Interesse an der Erhaltung der gesellschaftlichen Freiräume haben muß.

(13) Kritik muß sich auch auf das *Theorie-Praxis-Verhältnis* dieses Wissenschaftsparadigmas richten. Es ist durch die Vorrangigkeit der Theorie gekennzeichnet, mit deren Hilfe Technologien gewonnen werden sollen, mit denen verändernd in die Erziehungspraxis eingegriffen werden kann. Dabei erfolgt der Einsatz der Technologien auf der Grundlage vorher theoretisch bestimmter Ziele. So wird der Praxis die Möglichkeit genommen, verändernd auf die Theorie einzuwirken. Ausgeschlossen bleibt die Erkenntnis, daß wissenschaftliche Theorien nur im Kontext mit einem bereits in seiner Sinnhaftigkeit gedeuteten Praxisfeld entstehen. Wegen dieser fehlenden Erkenntnis ist es auch den im Rahmen der Wissenschaftslehre des Kritischen Rationalismus entwickelten Theorien nicht möglich, diesen ihren Entstehungszusammenhang in ihrem Zugriff auf die Praxis in sich aufzunehmen. Die Theorien werden also nicht reflexiv. Sie bleiben gegenüber der jeweiligen Erziehungspraxis in einer sie objektivierenden und damit verdinglichenden Distanz, der sich der Praxiszusammenhang der Theorie verbirgt.

(14) Nach Auffassung der Kritischen Theorie reduziert der Kritische Rationalismus Erkenntnistheorie auf *Methodologie*. Das mit Hilfe der Methodologie gewonnene Wissen hat allerdings häufig nur den »Schein« wissenschaftlicher Objektivität. Es bleibt den Erscheinungen verhaftet, ohne zu dem »Wesen« der Dinge und der untersuchten Zusammenhänge vorzustoßen. Eine sich den Fragen nach den »wirklichen« Ursachen der Erscheinungen verschließende Wissenschaft kann nicht umhin, lediglich »Scheinwissen« zu produzieren. Entsprechend der Forderung des Kritischen Rationalismus ist dieses Wissen zwar widerspruchsfrei; doch wird diese Widerspruchsfreiheit nur dadurch erreicht, daß die in den gesellschaftlichen und erzieherischen Zusammenhängen steckenden Widersprüche ausgeklammert werden. Da sich das so gewonnene Wissen nur auf den Status quo der gesellschaftlich-erzieherischen Praxis bezieht, ist es ein *statisches* Wissen. Es ist nicht in der Lage, seine Geschichtlichkeit zu begreifen, geschweige denn, daß es die Richtung für Veränderungen angeben könnte. Denn nach Auffassung der Wissenschaftslehre des Kritischen Rationalismus gibt es keinen zwingenden Übergang vom Sein zum Sollen.

(15) Die empirisch-analytische Forschung muß auf eine *kritische Theorie der Erziehung* bezogen werden, die den normativen Rahmen absteckt, in dem »Theorien mittlerer Reichweite« entwickelt werden und zur Anwendung kommen können. Dabei ist es im Einzelfall nicht einfach zu bestimmen, ob eine solche »Anbindung« der empirischen Forschung an die übergeordneten Zielvorstellungen einer kritischen Erziehungstheorie gelingt. In der Gegenwart kann eine solche Erziehungstheorie nur in Auseinandersetzung mit der Kritischen Theorie und ihren Zielvorstellungen gewonnen werden. Ihr wollen wir uns daher im folgenden zuwenden.

4. Kapitel
Kritische Erziehungswissenschaft

Einführung

Die kritische Erziehungswissenschaft entwickelte sich als Paradigma der Erziehungswissenschaft vor allem unter Bezug auf die Kritische Theorie der »Frankfurter Schule«, in ausdrücklicher Abgrenzung zur geisteswissenschaftlichen Pädagogik und zur empirischen Erziehungswissenschaft. Diesen beiden Paradigmen gegenüber betont sie den historisch-geschichtlichen Charakter der Erziehung und die Notwendigkeit einer Orientierung der Erziehung an einer kritischen Theorie der Gesellschaft, der Wissenschaft und des Subjekts. Erziehungswissenschaft muß ausdrücklich ihre jeweiligen gesellschaftlichen Entstehungs- und Verwertungsbedingungen in ihr Selbstverständnis einbeziehen; anderenfalls kann sie es nicht vermeiden, daß sie gegen ihre eigenen Intentionen von gesellschaftlichen Interessengruppen in den Dienst genommen wird. Der kritischen Erziehungswissenschaft ist ein ausdrückliches Engagement für die Zielvorstellungen zu eigen, die in den Leitbegriffen der Kritischen Theorie zum Ausdruck kommen. Erziehung wird als untrennbar von gesellschaftlicher und humaner Entwicklung im Sinne dieser Leitvorstellungen begriffen. Somit hat die kritische Erziehungswissenschaft eine normative Orientierung, die sie sowohl von der geisteswissenschaftlichen Pädagogik wie der empirischen Erziehungswissenschaft unterscheidet, deren Defizite in dieser Hinsicht von König (1975, S. 175 f.) zu Recht so gekennzeichnet wurden:

»Nachdem zum einen in der geisteswissenschaftlichen Tradition zwischen ›Rechtfertigung‹ und ›faktischer Anerkennung‹ nicht unterschieden ist, nachdem zum anderen aber auch eine empirische Erziehungswissenschaft über keine Kriterien zur Begründung von Normen verfügt, kann eine Verknüpfung von hermeneutischen und empirischen Verfahren in der Erziehungswissenschaft per regulas unmöglich eine ›Verbesserung‹ der Praxis leisten: Sie kann immer nur faktisch anerkannte Zwecke als Ziele ansetzen und (qua empirischer Wissenschaft) die Frage nach einer noch besseren Realisierung dieser Ziele diskutieren; sie kann damit (in weit stärkerem Maße als der reine Positivismus) immer nur ›affirmativ‹ und (wie man heute üblicherweise sagt) ›systemstabilisierend‹ wirken.«

Ungeachtet der allgemeinen Orientierung an den Leitvorstellungen Kritischer Theorie stellt die kritische Erziehungswissenschaft kein in sich geschlossenes Paradigma dar. Das liegt einmal daran, daß sich die Kritische Theorie zunächst als Negation traditioneller Theorie begriff. Ihre Aufgabe war die Kritik der bürgerlichen Gesellschaft und ihres Wissenschaftsbetriebes; ihr ging es nicht darum, ein »positives« Theoriekonzept zu entwickeln, das dann selbst zum Gegenstand ihrer Kritik hätte werden müssen. Zum anderen liegt die Ursache für das Fehlen eines in sich geschlossenen Paradigmas kritischer Erziehungswissenschaft in der Vielzahl und Mannigfaltigkeit ihrer Ansätze. Zum größten Teil greifen die Bemühungen um die Entwicklung kritischer Erziehungswissenschaft auf die Kritische Theorie zurück (vgl. Mollenhauer 1966, 1968; Blankertz 1966, 1971; Lempert 1971; Klafki 1971; Schäfer/Schaller 1971; Feuerstein 1973; Löwisch 1974). Zum Teil erfolgte aber auch ein unmittelbarer Rückgriff auf Marx (Heydorn 1972, 1970; Koneffke 1969; Gamm 1974, 1972, 1970). Häufig wurden auch Erkenntnisse aus den benachbarten Sozialwissenschaften in die Erziehungswissenschaft aufgenommen, die selbst nur durch die Auswirkungen der Kritischen Theorie auf die Sozialwissenschaften gewonnen werden konnten (Hurrelmann 1975, 1974; Kamper 1974b; Fend 1974; Combe 1973). Schließlich wurde die Entwicklung kritischer Erziehungswissenschaft teilweise auch von den bereits in der Weimarer Republik erarbeiteten Konzepten sozialistischer Erziehung beeinflußt (Bernfeld 1973; Kanitz 1970; Hoernle 1969; Rühle 1969).
Trotz dieser differenzierten Entstehungssituation kritischer Erziehungswissenschaft gibt es eine Reihe von Elementen, die diesen Ansätzen gemeinsam sind, auch wenn sie jeweils unterschiedlich stark betont wurden. Treffend hat Ulich (1972, S. 52 f.) einige dieser Elemente wie folgt charakterisiert:

»1. Reflexion der gesellschaftlich-politischen Bedingtheit von pädagogischen *Aussagen*, Ablehnung des vergeistigenden Autonomie-Anspruches;
2. Relativierung der *Erkenntnisansprüche* von Hermeneutik und Realwissenschaft durch Hinweis auf die sinnhaften Voraus-

setzungen jeder Wissenschaftspraxis, welche selbst samt ihren Bedingungen innerhalb der Wissenschaft analysiert und diskutiert werden müssen;

3. Problematisierung des *Erkenntnisinteresses* von Hermeneutik und Erfahrungswissenschaft durch die gesellschaftskritische Analyse der Hintergründe von Problemwahl und Verwertung (tatsächliche Zweckzusammenhänge, Theorie-Praxis-Problem usw.);

4. *Theorie* ist ›kritische‹ Theorie: die Erziehungspraxis wird über sich selbst aufgeklärt, indem technokratische Verfügungsgewalt und ideologische Abschirmungsstrategien durch rationale Diskussion analysiert werden, indem Erziehungsziele und pädagogische ›Verantwortung‹ an ihrer Realisierung in der Praxis gemessen werden;

5. das leitende Erkenntnisinteresse ist das ›emanzipatorische‹: ›Wie ist das pädagogische Feld zu strukturieren, damit die Vernünftigkeit der zu erziehenden Subjekte nicht verhindert, sondern gefördert werde?‹.«

In Übereinstimmung mit den Zielen kritischen Denkens ist die Anleitung und die Veränderung der Erziehungspraxis ein wichtiges Ziel kritischer Erziehungstheorie. Dazu muß die Erziehungswissenschaft über die Kritische Theorie hinausgreifen, die in ihren Teilbereichen vorhandenen materiellen Inhalte umstrukturieren und unter Bezug auf die anderen Sozialwissenschaften die Erziehungszusammenhänge neu ins Bewußtsein rücken. Entscheidend ist der Beitrag, den die kritische Erziehungswissenschaft als Handlungswissenschaft für die in der Erziehungspraxis tätigen Personen leisten kann. Um diese Aufgabe zu erfüllen, muß eine kritische Erziehungswissenschaft eine Wissenschaft der Erziehungspraxis für die Praxis sein. Die konsequente Ausarbeitung dieser Auffassung hat im Laufe der letzten Jahre zur Entwicklung einer erziehungswissenschaftlichen Handlungsforschung geführt (vgl. Kap. 5).

Für diese und alle weiteren Bemühungen gilt, daß sich die in der kritischen Erziehungswissenschaft enthaltene Kritik immer auch gegen sich selbst richten muß, um nicht vermeidbaren Problemreduktionen zu erliegen. Eine solche Selbstkritik ist um so wichtiger, als sich eine kritische Erziehungstheorie auf die historisch-gesellschaftlich bedingte Erziehungspraxis einlassen muß, um unter Beibehaltung des eigenen Anspruchs das zu erreichen, was unter den jeweiligen Einschränkungen im Interesse gelingenden erzieherischen Handelns möglich ist.

Da für die Entwicklung der kritischen Erziehungswissenschaft die Kritische Theorie der »Frankfurter Schule« bis in die Gegenwart hinein von bestimmender Bedeutung ist, wollen wir ihr im folgenden besondere Aufmerksamkeit zuwenden. Dabei soll zunächst ihre historische Entwicklung nachgezeichnet werden. Im Verlauf dieser Darstellung wird deutlich werden, welche zum Teil einschneidenden Veränderungen die Kritische Theorie erfahren hat, ohne daß sich dadurch ihr Grundanspruch gewandelt hätte. Sodann soll eine Reihe von Leitbegriffen der Kritischen Theorie dargestellt werden; sie sind in der Folgezeit zu den Zielvorstellungen kritischer Erziehungswissenschaft geworden und haben die Normenreflexion in allen ihren Teilbereichen — unabhängig von der dort jeweils vorgenommenen Spezifizierung — nachhaltig beeinflußt. Schließlich gilt es, an einigen ausgewählten Fragen zu zeigen, wie das Denken der Kritischen Theorie die Entwicklung einer kritischen Erziehungstheorie beeinflußt hat. Aus diesen Zielsetzungen ergibt sich folgende Gliederung dieses Kapitels:

— Die Kritische Theorie: historische Perspektiven;
— Zentrale Begriffe der Kritischen Theorie;
— Kritische Theorie der Erziehung;
— Zusammenfassende und weiterführende Thesen.

Die Kritische Theorie: historische Perspektiven

Der Einfluß der Kritischen Theorie auf die Sozialwissenschaften, die Studentenbewegung und die Liberalisierungstendenzen in den sechziger und siebziger Jahren ist nur schwer einzuschätzen, doch wird man ihn insgesamt relativ hoch ansetzen dürfen. Deshalb ist es um so erstaunlicher, daß — sieht man von einigen Ansätzen ab — bislang keine Gesamtdarstellungen der Kritischen Theorie und ihrer Wirkungsgeschichte vorliegen. Die Kritische Theorie stellt sich noch immer in einer nur schwer zu überschauenden Vielfalt dar, wobei es fortwährend zur Modifizierung und Weiterentwicklung der in ihr enthaltenen Aspekte kommt. Entscheidend für ihre Entwicklung war die enge Verbindung von Philosophie und Sozialwissenschaft (Soziologie), die sowohl der Philosophie als auch der Sozialwissenschaft neue Wege gezeigt hat, die bis in die Gegenwart für beide Bereiche bestimmend sind.

1. Traditionelle und Kritische Theorie (Horkheimer)

Bereits in den dreißiger Jahren hat Max Horkheimer in einigen Aufsätzen in der »Zeitschrift für Sozialforschung« das Selbstverständnis der »Frankfurter Schule« formuliert, das nach der Emigration seiner führenden Vertreter und ihrer Rückkehr nach dem Kriege für die Sozialwissenschaften so einflußreich wurde. Für die vor dem Kriege dem »Institut für Sozialforschung« an der Frankfurter Universität angehörenden Philosophen und Sozialwissenschaftler war die »Kritik der politischen Ökonomie das Zentralstück der Theorie. ... In einer Situation, in der Furcht und Elend der Massen noch ebenso handgreiflich real wie die Hoffnungen auf eine revolutionäre Entladung des Klassenkonflikts begründet erschienen, konnten die marxistischen Theoretiker ihre theoretische Arbeit noch unmittelbar als Moment eines revolutionären Kampfes, als dessen kritisches Selbstbewußtsein begreifen« (Wellmer 1969, S. 7). Sehr deutlich hat Max Horkheimer in seinem bekannten Aufsatz »Traditionelle und Kritische Theorie« von 1937 die Grundgedanken der Kritischen Theorie formuliert, die bis in die Gegenwart herein für große Teile der Sozialwissenschaften wegweisend sind.

Im Zentrum dieser Abhandlung steht die Kritik an dem *objektivistischen Selbstmißverständnis* der bürgerlichen Wissenschaft. In dieser Kritik kommt folgendes Verständnis von Theorie zum Tragen:

»Theorie gilt in der gebräuchlichen Forschung als ein Inbegriff von Sätzen über ein Sachgebiet, die so miteinander verbunden sind, daß aus einigen von ihnen die übrigen abgeleitet werden können. Je geringer die Zahl der höchsten Prinzipien im Verhältnis zu den Konsequenzen, desto vollkommener ist die Theorie. Ihre reale Gültigkeit besteht darin, daß die abgeleiteten Sätze mit tatsächlichen Ereignissen zusammenstimmen. Zeigen sich dagegen Widersprüche zwischen Erfahrung und Theorie, so wird man diese oder jene revidieren müssen. Entweder hat man schlecht beobachtet, oder mit den theoretischen Prinzipien ist etwas nicht in Ordnung. Im Hinblick auf die Tatsachen bleibt die Theorie daher stets Hypothese« (Horkheimer 1970a, S. 12).

141

Aufgabe der traditionellen Theorie ist der Aufbau eines »universalen Systems der Wissenschaft«, dessen Ordnung sich nur einem »deduktiven gedanklichen Zusammenhang« erschließt. Eine solche Theorie ist eingespannt in das System der *Arbeitsteilung*. Sie erfüllt die ihr zugeschriebene Funktion, ohne nach den Zusammenhängen zu fragen, in denen sie steht und aus denen heraus sie ihre Legitimation erhalten muß. Horkheimer weist zu Recht darauf hin, daß sich dieses Theorieverständnis an den Naturwissenschaften und der Arbeit des Wissenschaftlers in diesem Bereich orientiert. Dort ist eine Sichtung des »Wissensmaterials« mit Hilfe von Hypothesen erforderlich. Ohne dieses Vorgehen wäre der technische Fortschritt des bürgerlichen Zeitalters nicht möglich gewesen. Zweifellos bewirkt eine solche Arbeit einen kontinuierlichen Prozeß der Veränderung der materiellen Grundlagen der Gesellschaft. Wenn jedoch der Begriff der Theorie verselbständigt wird, »als ob er etwa aus dem inneren Wesen der Erkenntnis oder sonstwie unhistorisch zu begründen ist, verwandelt er sich in eine verdinglichte, ideologische Kategorie« (a.a.O., S. 17).

Von diesem Theorieverständnis unterscheidet sich das Konzept der Kritischen Theorie und der von ihr beeinflußten Sozialwissenschaften einschließlich der Erziehungswissenschaft erheblich. Davon ausgehend, daß »wie der Einfluß des Materials auf die Theorie ... auch die Anwendung der Theorie auf das Material nicht nur ein innerszientivischer, sondern zugleich ein gesellschaftlicher Vorgang« (a.a.O., S. 18) ist, versucht Horkheimer zwischen der auf die *gesellschaftlichen* »*Erscheinungen*« gerichteten traditionellen und der das »*Wesen*« *der Gesellschaft* erkennenden Kritischen Theorie zu unterscheiden. Die gesellschaftlichen Erscheinungen werden als Produkte der allgemeinen gesellschaftlichen Praxis begriffen. »Dieselbe Welt, die für den Einzelnen etwas an sich Vorhandenes ist, das er aufnehmen muß und berücksichtigt, ist in der Gestalt, wie sie da ist und fortbesteht, ebensosehr Produkt der allgemeinen gesellschaftlichen Praxis« (a.a.O., S. 21). Als solche muß sie von der Theorie begriffen, in ihrer historischen Genese analysiert und unter Einbeziehung der Historizität der Theorie interpretiert werden. Dazu muß Theorie die gesellschaftliche Welt als *Produkt von Arbeit* und der für die bürgerliche Gesellschaft charakteristischen *Arbeitsteilung* sowie der entsprechenden *Produktionsverhältnisse* auffassen. Als Kritische Theorie wird die Theorie die Erscheinungen von ihrem Wesen her begreifen. Leitend ist dabei für sie »das Interesse an vernünftigen Zuständen«, mit dessen Hilfe sie eine Unterscheidung zwischen »Wesen« und »Erscheinung« vollziehen kann. Dabei gilt:

»... das kritische Denken (ist, Ch. W.) heute durch den Versuch motiviert, über die Spannung real hinauszugelangen, den Gegensatz zwischen der im Individuum angelegten Zielbewußtheit, Spontaneität, Vernünftigkeit und den für die Gesellschaft grundlegenden Beziehungen des Arbeitsprozesses aufzuheben. Das kritische Denken enthält einen Begriff des Menschen, der sich selbst widerstreitet, solange diese Identität nicht hergestellt ist. Wenn von Vernunft bestimmtes Handeln zum Menschen gehört, ist die gegebene gesellschaftliche Praxis, welche das Dasein bis in die Einzelheiten formt, unmenschlich, und diese Unmenschlichkeit wirkt auf alles zurück, was sich in der Gesellschaft vollzieht« (a.a.O., S. 30).

Damit wird der Unterschied zwischen der Wirklichkeit der bürgerlichen Gesellschaft und der »Idee einer künftigen Gesellschaft als der Gemeinschaft freier Menschen« (a.a.O., S. 36) angesprochen, in der das Individuum als Resultat seines Herrschaftswillens nicht in Vereinzelung lebt und in der die Beziehungen zwischen den Menschen nicht infolge des *Tauschprinzips* verdinglicht sind. Angesichts dieses Interesses an »vernünftigen Zuständen« muß die Kritische Theorie sich der Reproduktion gesellschaftlicher Ungleichheit widersetzen, die für die traditionelle Theorie kein Problem darstellte, da sie uneingeschränkt eine »positive Rolle in einer funktionierenden Gesellschaft« einzunehmen wähnte. Für die Kritische Theorie sind Begriffe wie

»Klasse, Ausbeutung, Mehrwert, Profit, Verelendung, Zusammenbruch ... Momente eines begrifflichen Ganzen, dessen Sinn nicht in der Reproduktion der Gesellschaft, sondern in ihrer Veränderung zum Richtigen zu suchen ist. Wenngleich die kritische Theorie nirgends willkürlich und zufällig verfährt, erscheint sie der herrschenden Urteilsweise daher subjektiv und spekulativ, einseitig und nutzlos. Da sie den herrschenden Denkgewohnheiten, die zum Fortbestehen der Vergangenheit beitragen und die Geschäfte der überholten Ordnung besorgen, diesen Garanten einer parteiischen Welt zuwiderläuft, wirkt sie als parteiisch und ungerecht« (a.a.O., S. 37).

Da die Kritische Theorie sich gegen Ausbeutung und Unterdrückung wendet, die immer wieder in der Gesellschaft in Erscheinung treten, muß sie sich gegen eine Ordnung wenden, die diese Geschehnisse begünstigt. Indem sie die prinzipielle Identität zwischen dem Interesse an der Verminderung von Herrschaft und Gewalt und dem Interesse an der Weiterentwicklung der Menschengattung — dem Interesse an »vernünftigen Zuständen« — aufdeckt, ist sie auch aufgerufen, Partei zu ergreifen. Das bedeutet für die Kritische Theorie die Notwendigkeit der Ideologiekritik und das Aufzeigen der Verbesserungsbedürftigkeit von gesellschaftlichen Zuständen. Denn: »Im Übergang von der gegenwärtigen zu einer künftigen Gesellschaftsform soll die Menschheit sich ... erstmals zum bewußten Subjekt konstituieren und aktiv ihre eigenen Lebensformen bestimmen« (a.a.O., S. 48). Obwohl auch gegenwärtig schon einige Elemente der »zukünftigen Kultur« bekannt sind, ist eine Umgestaltung der ökonomischen Verhältnisse notwendig. Die »undifferenzierte Feindschaft gegen die Theorie« stellt jedoch ein Hemmnis für diese Fortentwicklung dar. Zu Recht betont Horkheimer, daß von der Bewältigung dieser Schwierigkeit das Schicksal der Menschheit abhängt. Ihr sind die Kritische Theorie, die Sozialwissenschaften sowie die Erziehungswissenschaft durch ihr Interesse an »vernünftigen Zuständen« verpflichtet.

Welche Konsequenzen aus dem Interesse der Vernunft an ihr gemäßen gesellschaftlichen Bedingungen gezogen werden, ist in den verschiedenen Phasen der Entwicklung der Kritischen Theorie unterschiedlich beantwortet worden. Hatte es in der Abhandlung von 1937 noch den Anschein, als glaubte Horkheimer an die geschichtliche Möglichkeit Kritischer Theorie, durch die dialektische Indienstnahme der traditionellen Theorie und Wissenschaft und durch das Praktischwerden der Kritischen Theorie gesellschaftliche Strukturen verändern zu können, so stellte sich diese Hoffnung bereits 1947 in Horkheimers und Adornos »Dialektik der Aufklärung« weniger zuversichtlich dar.

2. Dialektik der Aufklärung (Horkheimer/Adorno)

In der von Horkheimer und Adorno 1947 veröffentlichten Schrift »Dialektik der Aufklärung« ging es darum, zu zeigen, wie Aufklärungs- und Emanzipationsbewegungen in ihr Gegenteil umschlagen können. *Aufklärung* kann nicht mehr linear als Zunahme an Freiheit interpretiert werden. Denn mit dem Aufklärungsprozeß sind Nebenwirkungen verbunden. Daher kann sie nicht nur im Sinne Kants als »Ausgang des Menschen aus seiner selbstverschuldeten Unmündigkeit« begriffen, auch nicht mehr im Sinne Hegels als dialektische Bewegung des Werdens, des Zu-sich-selber-Kommens des absoluten Geistes verstanden werden, in dem die Natur als seine »Entäußerung« und die Geschichte als sein »Bewußtwerden« begriffen werden. Anders bei Marx: Bei ihm erfolgt Aufklärung durch einen dialektischen Prozeß; in seinem Verlauf muß es zu einer Veränderung der *gesellschaftlichen Praxis* kommen. So hat Marx zwar von Hegel die dialektische Methode übernommen, doch wird sie bei ihm auf die wirkliche Geschichte angewandt. Denn in der Geschichte »vollzieht sich die tatsächliche Dialektik der Entstehungs- und Erzeugungsgeschichte des Menschen *zum* Menschen durch die menschliche Arbeit« (Schmied-Kowarzik 1976, S. 142). In der kapitalistischen Gesellschaft »schlägt die naturwüchsige ›Erzeugung des Menschen durch die menschliche Arbeit‹ in politisch-ökonomische Verhältnisse um, die eine vollständige Negation und ›Entfremdung des Menschen von dem Menschen‹ (Marx, Ch. W.) bedeuten und die daher eine Negation der Negation erforderlich machen: die revolutionäre Aufhebung der entfremdeten Verhältnisse, die die Voraussetzung schafft für die bewußte ›Aneignung des menschlichen Wesens durch und für den Menschen‹ in einer ›*menschlichen* Gesellschaft als dem Ziel der menschlichen Entwicklung‹« (a.a.O., S. 142). Von dieser Situation sind die gesellschaftlichen Bedingungen im Kapitalismus noch weit entfernt. Die entscheidende Frage lautet: Ist Aufklärung möglich, ohne daß die gesellschaftlichen Bedingungen des Kapitalismus grundlegend verändert werden? Für Horkheimer und Adorno vollzieht sich der Prozeß menschlicher Aufklärung unter den Bedingungen des fortgeschrittenen Kapitalismus nicht mehr mit Notwendigkeit.

Horkheimers und Adornos Auffassung im Hinblick auf die Möglichkeiten von Aufklärung kommt in der »Dialektik der Aufklärung« in folgender »Doppeltheorie« zum Ausdruck: »Schon der Mythos ist Aufklärung, und: Aufklärung schlägt in Mythologie zurück« (Horkheimer/Adorno

1971, S. 5). Weiter heißt es: »Der Mythos geht in die Aufklärung über und die Natur in bloße Objektivität. Die Menschen bezahlen die Vermehrung ihrer Macht mit der Entfremdung von dem, worüber sie die Macht ausüben. Die Aufklärung verhält sich zu den Dingen wie der Diktator zu den Menschen« (a.a.O., S. 12). In diesem Prozeß der Weltbeherrschung, mit dem der Prozeß der Entfremdung unauflöslich verbunden ist, spielen die Wissenschaften und die Technik, aber auch eine entsprechend reduzierte Philosophie, eine zentrale Rolle. So wird kritisch gegenüber der auf Herrschaftsausübung angelegten Theorie der Einheitswissenschaften und dem in ihr enthaltenen Verständnis von Praxis eingewandt:

»Wenn der Theorie als einzige Norm das Ideal der Einheitswissenschaft verbleibt, muß die Praxis dem rückhaltlosen Betrieb der Weltgeschichte verfallen. ... Auf dem Weg von der Mythologie zur Logistik hat Denken das Element der Reflexion auf sich verloren, und die Maschinerie verstümmelt die Menschen heute, selbst wenn sie sie ernährt. ... Mit der Preisgabe des Denkens, das in seiner verdinglichten Gestalt als Mathematik, Maschine, Organisation an den seiner vergessenden Menschen sich rächt, hat Aufklärung ihrer eigenen Verwirklichung entsagt. ... Angesichts solcher Möglichkeit aber wandelt im Dienst der Gegenwart Aufklärung sich zum totalen Betrug der Massen um« (a.a.O., S. 31, 37, 40, 41).

Aus diesen die Situation nach dem Zweiten Weltkrieg spiegelnden Ausführungen spricht Ratlosigkeit und Zweifel an der Möglichkeit der Kritik, im Sinne der Ausführungen von 1937 gesellschaftliche Praxis über sich selbst aufzuklären und zu verbessern. In der »Dialektik der Aufklärung« wendet sich die Kritik zum ersten Mal explizit gegen sich selbst und versucht, das Moment der *Reflexion* wiederzugewinnen, das sie als Kritik verdinglichter Prozesse durch ihre eigene im Verlauf der Kritik bewirkte *Verdinglichung* zu verlieren droht.

3. Negative Dialektik (Adorno)

Adornos 1966 erschienene »Negative Dialektik« kann als der Versuch verstanden werden, sich systematisch mit der in der Dialektik der Aufklärung angesprochenen Problematik einer in ihr Gegenteil umschlagenden Aufklärung auseinanderzusetzen. Von der Dialektik heißt es (Adorno

1966, S. 14 f.): »Ihr Name sagt zunächst nichts weiter, als daß die Gegenstände in ihrem Begriff nicht aufgehen, daß diese in Widerspruch geraten mit der hergebrachten Norm der adaequatio« (Übereinstimmung, d. h. Wahrheit, Ch. W.). Der Widerspruch mit der hergebrachten Norm der »adaequatio« entsteht dadurch, daß das Denken im Grunde genommen ein *Identifizieren* ist, »das zu Denkende jedoch ein Nicht-Identisches in sich hat« (Kamper 1973, S. 87). Daraus ergibt sich:

»Der Widerspruch ist das Nichtidentische unter dem Aspekt der Identität; der Primat des Widerspruchsprinzips in der Dialektik mißt das Heterogene am Einheitsdenken. Indem es auf seine Grenze aufprallt, übersteigt es sich. Dialektik ist das konsequente Bewußtsein von Nichtidentität. Sie bezieht nicht vorweg einen Standpunkt. Zu ihr treibt den Gedanken seine unvermeidliche Insuffizienz, seine Schuld an dem, was er denkt« (Adorno 1966, S. 15).

Dialektisches Denken wird als die vornehmliche Aufgabe der Philosophie der Gegenwart begriffen. Nur in der Form der Dialektik kann das Denken seine Verdinglichung und den Umschlag seines Inhalts in das Gegenteil — wenigstens im Denken — vermeiden. Nur im Rahmen einer »negativen Dialektik« kann das Denken der Verdinglichung seiner Begriffe entweichen und das Subjekt für die philosophische Erfahrung offen halten. Aufgabe des philosophischen Denkens ist die Erfassung des Nichtbegrifflichen im Begriff. Dies gilt zumindest für das philosophische Denken der Gegenwart, das sein »wahres Interesse beim Begrifflosen, Einzelnen und Besonderen« haben muß, die es gegen den Zugriff und die Verkehrung in ihr Gegenteil durch die Verdinglichung der traditionellen Theorie des Positivismus zu schützen gilt. Das Denken der »negativen Dialektik« muß sich vor der Verdinglichung schützen, da es allein die Instanz zur Aufhebung der Verdinglichung ist. Mit Kamper (1974a, S. 81) kann man das zentrale Anliegen der »negativen Dialektik« und ihrer Parteinahme gegen die »Identifikationswut der positiven Wissenschaft« im Interesse der »Differenz von Begrifflichem und Nichtbegrifflichem in der Sache selbst« zusammenfassend so kennzeichnen:

»Um der zwanghaften ›Dialektik der Aufklärung‹ zu entgehen, bedarf es einer ›negativen Dialektik‹ der Erkenntnis, die jegliche Versöhnung des Begriffs mit der Wirklichkeit verweigert, die ›offen‹ bleibt für die Erfahrung eines nicht-identischen, durch Denken nicht identifizierbaren ›Objektiven‹. Die Ursache des ›Wahns‹ wird von Adorno in der gesellschaftlich produzierten Überheblichkeit des erkennenden Subjekts gesehen, das in einer ›schlüssigen Theorie‹ das Wirkliche endgültig beherrschen will. Die denkende ›Bewältigung‹ der Dinge und Mächte, wie sie für die bürgerliche Gesellschaft konstitutiv war, ist so radikal gescheitert, daß nun umgekehrt das ›herrscherliche‹ Subjekt überwältigt, deformiert, dividiert wird. Die ›Logik der Herrschaft‹, gegen die das Denken angehen wollte, konnte sich in einer ›Herrschaft der Logik‹ fortsetzen, die als *die* herrschende Ideologie die Köpfe der Zeitgenossen besetzt hält und mit dem Zauber des ›Immer-gleich-Gültigen‹ die Geschichte lebendiger Menschen zum Stillstand bringen will.«

Adornos Radikalisierung der Dialektik und des reflexiven Denkens stellt eine Herausforderung dar, der sich das philosophische Denken nicht entziehen kann.

Im Zusammenhang mit der wissenschaftstheoretischen Reflexion einer Handlungswissenschaft (wie der Erziehungswissenschaft) drängt sich die Frage auf, ob das Denken der »negativen Dialektik« der gesellschaftlichen Praxis in ihrer Verdinglichung noch habhaft werden kann oder ob sich dem Denken nicht in dem Versuch, sich vor seiner eigenen Verdinglichung zu schützen, die gesellschaftlich-pädagogische Praxis entzieht. Die Deutung der gesellschaftlichen Praxis als dem »Wahnsinn« verfallen legt zwar die Zurücknahme der menschlichen Subjektivität aus dem Handeln in das Denken nahe, in dem das Subjekt sich der Verdinglichung der Gesellschaft und seiner eigenen Verdinglichung entziehen kann. Doch damit verzichtet es auf die Einwirkung auf die in ihrem »Wahnsinn« übermächtige Gesellschaft und überläßt sie — so muß man den Gedanken weiterführen — ihrem Schicksal um der »Reinheit« des eigenen Denkens willen, in das die Subjektivität zurückgenommen wurde.

Für die Erziehungswissenschaft bedeutet die radikale Aufhebung der Praxis in der Theorie die Vernichtung der Praxis. Dies ist die Konsequenz aus der »negativen Dialektik«, die eine Absage an den Anspruch einer Handlungswissenschaft enthält, zur Verbesserung der gegebenen Praxis beitragen zu können. Als Wissenschaft von der Erziehungspraxis muß jedoch die Erziehungswissenschaft an ihrer Zuständigkeit für die in der Praxis erfolgenden Handlungen festhalten. Anderenfalls würde diese Praxis den Verwertungsmechanismen der Gesellschaft widerstandslos ausgesetzt werden; jede Chance — selbst auf nur geringe Verbesserungen — wäre damit aufgegeben. Dies aber wäre unzulässig, da eine gelingende Erziehungspraxis eine Voraussetzung für die Entwicklung der Menschengattung darstellt. Zudem ist der Gesellschaft eine Erziehungspraxis in jedem Fall vorgegeben, ob sich nun das Denken ihrer annimmt oder nicht. Der in der »negativen Dialektik« naheliegende Schluß, die Praxis aufzugeben, um die Verdinglichung des Denkens zu vermeiden, ist in diesem Fall unzulässig. Daher muß das Denken im Rahmen der Erziehungswissenschaft — selbst auf die Gefahr hin, durch das von ihm Kritisierte teilweise instrumentalisiert zu werden — versuchen, die gesellschaftliche Erziehungspraxis über sich selbst aufzuklären und durch Kritik einige Möglichkeiten für Emanzipation aufzuzeigen. Die Verwirklichung der Emanzipation obliegt dann jedoch — soweit wie möglich — dem erzieherisch-politischen Handeln.

4. Der eindimensionale Mensch (Marcuse)

Auch in Marcuses Denken spielt die Erkenntnis eine zentrale Rolle, daß alles gesellschaftliche Sein heute so »vollständig vermittelt wird, daß eben das Moment der Vermittlung durch seine Totalität verstellt« (Adorno) wird. Schon in dem 1937 in der Zeitschrift für Sozialforschung erschienenen Aufsatz »Philosophie und Kritische Theorie« wird dieser Gedanke angesprochen, der dann später in Marcuses »Der eindimensionale Mensch« (1967) und in zahlreichen anderen Arbeiten in den Mittelpunkt rückt (1957, 1965, 1965a, 1969a, 1973). Doch zunächst geht Marcuse in dieser im gleichen Jahr wie Horkheimers Aufsatz »Traditionelle und Kritische Theorie« erschienenen Publikation davon aus, daß die Totalität der Vermittlung des gesellschaftlichen Seins nur als Ergebnis kapitalistischer Produktion angemessen verstanden werden kann. Daraus folgert er, »daß die Kritische Theorie der Gesellschaft wesentlich mit dem Materialismus verbunden« ist (1965, Bd. I, S. 102 f.). Weiter präzisiert er:

»Die Theorie der Gesellschaft ist ein ökonomisches, kein philosophisches System. Es sind vor allem zwei Momente, die den Materialismus mit der richtigen Theorie der Gesellschaft verbinden: die Sorge um das Glück der Menschen und die Überzeugung, daß dieses Glück nur durch eine Veränderung der materiellen Daseinsverhältnisse zu erreichen sei« (a.a.O., S. 103).

Den Weg zum »Glück« sieht Marcuse durch die ökonomischen und politischen Verhältnisse vorgezeichnet. Das Erreichen des Glücks und die »Ausgestaltung der neuen Gesellschaft« sind nicht Aufgaben der Theorie bzw. der Philosophie, die hier ihre Grenze erreicht, sondern »das freie Werk der befreiten Individuen«. Eine solche Gesellschaft vor ihrer Realisierung mit Hilfe der Phantasie zu entwerfen, ist die Aufgabe der Vernunft; ihr Verhältnis zur gesellschaftlichen Praxis wird so bestimmt: »Mit dem Begriff der Vernunft als Freiheit scheint die Philosophie ihre Grenze erreicht zu haben: was noch aussteht, die Verwirklichung der Vernunft, ist keine philosophische Aufgabe mehr« (a.a.O., S. 104). Diese für die Kritische Theorie zentrale Identität von »Vernunft als Freiheit« hält zugleich das Bewußtsein dafür wach, daß sich die von der Phantasie entworfenen Möglichkeiten einer vernünftigen Gesellschaft nicht realisieren lassen. »Denn es scheint, daß das revolutionäre Potential der Menschheit durch bestimmte Mechanismen der Neutralisierung durchaus lahmgelegt werden kann, daß also Möglichkeit und Wirklichkeit des Menschen unter Umständen zusammenfallen und nur noch *eine* Dimension abgeben« (Kamper 1973, S. 73). Dieser Sachverhalt bildet in Marcuses »Der eindimensionale Mensch« (1967) — wie in Adornos »Negativer Dialektik« — eines der zentralen Themen.

In der gegenwärtigen gesellschaftlichen Situation stößt die Kritische Theorie, deren Aufgabe es ist, die Gesellschaft »im Licht ihrer genutzten und ungenutzten oder mißbrauchten Kapazitäten zur Verbesserung der menschlichen Lage« (Marcuse) zu analysieren, auf einen gesellschaftlichen Strukturzusammenhang, der sie ihrer ganzen Basis zu berauben scheint und den Marcuse folgendermaßen charakterisiert:

»Ausgeweitet zu einem ganzen System von Herrschaft und Gleichschaltung bringt der technische Fortschritt Lebensformen (und solche der Macht) hervor, welche die Kräfte, die das System bekämpfen, zu besänftigen und allen Protest im Namen der historischen Aussichten auf Freiheit von schwerer Arbeit und Herrschaft zu besiegen oder zu widerlegen scheinen« (Marcuse 1967, S. 14).

150

Die Gesellschaft übt eine *irrationale Herrschaft* aus, die die Mehrheit der Bevölkerung hinzunehmen bereit ist, da sie mit einer *Ersatzprogrammatik* zufriedengestellt wird, in der Lebensstandard und Konsumfreiheit zentrale Werte sind. Diese Ersatzprogrammatik verdeckt der Mehrzahl der Bevölkerung ihre eigenen Interessen und die Möglichkeiten der Selbstverwirklichung. Dazu dienen die technokratische Gleichschaltung der Menschen und die ideologische Verpflichtung auf gesellschaftlichen Fortschritt. In dieser Situation besteht für die Kritische Theorie die Schwierigkeit darin, die Irrationalität der Herrschaft und der vollständigen Verwaltung menschlichen Lebens angesichts des »totalen Charakter(s) der Errungenschaften der fortgeschrittenen Industriegesellschaft« (Marcuse) aufzudecken und in das Bewußtsein der Menschen zu heben. Zu gelungen ist der *Integrationsmechanismus der Gesellschaft*, der die Widersprüche integriert, als daß er der Kritik leicht greifbare Ansätze böte, ihn aufzudecken und wenigstens partiell außer Kraft zu setzen.

»Die ehedem antagonistischen Bereiche verschmelzen auf technischem und politischem Boden — Magie und Wissenschaft, Leben und Tod, Freude und Elend. Die Schönheit offenbart ihren Terror in nuklearen Fabriken, die an vorderer Stelle stehen, und Laboratorien werden zu ›Industrieparks‹ in angenehmer Umgebung« (a.a.O., S. 259).

Dieser Integrationsmechanismus ist in der Gegenwart so beherrschend, daß er sogar die *Kritik* überwindet, indem er sie irrational erscheinen läßt, die Irrationalität der Gesellschaft aber zum Modell für Rationalität macht. Darin liegt ein zentrales Charakteristikum der *Eindimensionalität* des Menschen:

»In der gegenwärtigen Periode erscheinen die technologischen Kontrollen als die Verkörperung der Vernunft selbst zugunsten aller sozialen Gruppen und Interessen — in solchem Maße, daß aller Widerspruch irrational scheint und aller Widerstand unmöglich. Es ist daher kein Wunder, daß die sozialen Kontrollen in den fortgeschrittensten Bereichen dieser Zivilisation derart introjiziert worden sind, daß selbst individueller Protest in seinen Wurzeln beeinträchtigt wird. Die geistige und gefühlsmäßige Weigerung ›mitzumachen‹ erscheint als neurotisch und ohnmächtig« (a.a.O., S. 29).

In dieser gesellschaftlichen Situation, in der Rationalität den Schein des Irrationalen und Irrationalität den des

Rationalen hat, in der die Verdinglichung des Menschen mittels einer technologischen Rationalität und der ihr inhärenten politischen Kontrolle total geworden ist, bleibt dem einzelnen nach Auffassung Marcuses nur noch unter Rückgriff auf die »Macht des Negativen« die *Verweigerung*. In ihr liegt die einzige Chance, der Umbildung der Vernunft durch die Irrationalität der Herrschaft zu entgehen. Doch auch dies gelingt nur schwer und nur wenigen, denn: Mit Hilfe der *Technologie*, der scheinbaren »Neutralität« der Technik, wird eine so totale Herrschaft über die Menschen ausgeübt, daß sie sein Denken gegen Kritik immun macht: »Das eindimensionale ›Leben‹ braucht ein eindimensionales ›Denken‹, das nicht nur gegen Transzendenz, sondern auch gegen Kritik immun bleibt. Streng genommen sperrt es sich gegen jegliche Reflexion« (Kamper 1973, S. 76). Damit hat sich der noch von Marx weitgehend als befreiend antizipierte Charakter der Technologie in sein Gegenteil verwandelt. Technologie ist zu einem Mittel der Rationalisierung der Produktionsprozesse und Produktionsverhältnisse, zugleich aber auch zu einem Mittel ihrer Unterwerfung unter die *Logik der Herrschaft* geworden, der sich auch die Menschen nicht mehr entziehen können. Die Herrschaftsverhältnisse, die die Eindimensionalität des Menschen bewirken, haben ihre Stellung in der Gesellschaft und im Denken mit Hilfe neuer Formen der *Kontrolle*, der *Aussperrung des Politischen* und der *Integration der Kritik* so verfestigt, daß die Hoffnung auf gesellschaftliche Veränderung gering geworden ist. Ob allerdings die aus der Analyse dieser Situation gezogene Konsequenz der »Weigerung mitzumachen und mitzuspielen« (Marcuse 1969, S. 190) für eine Handlungswissenschaft wie die Erziehungswissenschaft vertretbar ist, muß — selbst wenn man der Analyse grundsätzlich zustimmt — bezweifelt werden.

5. Erkenntnis und Interesse (Habermas)

Wesentliche Anstöße erhielt die Kritische Theorie durch die Arbeiten von Habermas, der sich um die Ausarbeitung und Präzisierung zahlreicher, die Kritische Theorie seit ihren Anfängen beschäftigender Fragen bemühte. Mehr noch als Horkheimer, der sich in den sechziger Jahren wiederholt zu Fragen der politischen Bildung geäußert hatte, und Adorno, der sich mit Fragen der Rolle des Lehrers in der Gesellschaft auseinandergesetzt hatte (Adorno 1970, 1969, 1962), gewann das Habermassche Denken auf die Erziehungswissenschaft Einfluß. Denn in den Arbeiten von Habermas wurde die implizite Bildungstheorie der »Frankfurter Schule«, die sich ansatzweise auch bei Horkheimer, Adorno und Marcuse findet (vgl. Uhle 1976), weiter ausformuliert. Außerdem legte Habermas in zahlreichen für die Erziehungswissenschaft wichtigen Bereichen Untersuchungen vor, die die Diskussion erheblich weitertrieben. Genannt sollen dabei nur werden die Erkenntnistheorie (1973), Kommunikationstheorie (1971), Sprachtheorie (1971), Rollentheorie (1968), Handlungstheorie (Habermas/Luhmann 1971), Sozialisationstheorie (1968) und Gesellschaftstheorie (1973). Aus der Vielzahl dieser Bereiche können im weiteren nur einige Aspekte herausgegriffen werden.

Einen Ausgangspunkt seines Denkens formuliert Habermas bereits in seiner Frankfurter Antrittsvorlesung von 1965. Hier ging es ihm um die Wiedergewinnung der Philosophie als Erkenntniskritik. Erkenntniskritik erschien ihm nur als Gesellschaftskritik möglich. Eine gesellschafts- und erkenntniskritische Philosophie hat die *Selbstreflexion der Wissenschaft* zum Ziel. Der enge Bezug zwischen Gesellschaftstheorie, erkenntniskritischer Philosophie und Wissenschaft ist offensichtlich. Gemeinsam ist diesen drei Bereichen das Interesse an Mündigkeit und Emanzipation. Doch zielen Mündigkeit und Emanzipation nicht nur auf individuelle Bildungsprozesse, sondern zugleich auch auf den Bildungsprozeß der »Menschengattung«. Nur unter Bezug auf den Entwicklungsprozeß der Gattung sind die individuellen Bildungs- und Emanzipationsprozesse angemessen beurteilbar. Diese Einsicht, daß individuelle Bildungsprozesse von dem historisch-gesellschaftlichen Entwicklungsstand und von der Situation der »Menschengattung« insgesamt abhängig sind, ist auch für die kritische Erziehungswissenschaft ein bestimmendes Merkmal geworden. Darin wird sie auch von den neueren Ansätzen der Sozialisationstheorie bestätigt (Kamper 1974b; Walter 1974; Hurrelmann 1976).

Im Rahmen dieses Entwicklungs- und Bildungsprozesses

der Menschengattung und des in ihn eingreifenden Wissenschaftsprozesses spielt die Unterscheidung zwischen der praktischen, der instrumentellen und der kritischen Vernunft mit ihrer Begründung aus den verschiedenen Erkenntnisinteressen eine wichtige Rolle. Mit der aus der Wissenschaftsgeschichte gewonnenen Unterscheidung zwischen Natur- und Geisteswissenschaften, zu denen zu einem späteren Zeitpunkt die kritischen Wissenschaften hinzukommen, werden drei verschiedene Erkenntnisinteressen in Korrespondenz gesehen: das *technische* Erkenntnisinteresse, das auf eine möglichst vollständige Verfügung über seine Gegenstände zielt, das *praktische* Erkenntnisinteresse, das an Verständigung über die zentralen Fragen des Lebens orientiert ist, und das *emanzipatorische* Erkenntnisinteresse, das prinzipiell um den Abbau der Herrschaft über den Menschen bemüht ist. Es fragt sich, welcher Stellenwert der Unterscheidung von verschiedenen Erkenntnisinteressen und Wissenschaftsparadigmen zukommt und welche Bedeutung sie für die Gesamtentwicklung der Wissenschaft hat. Habermas erläutert, was er unter Erkenntnisinteresse versteht, wie folgt:

»Das ›Erkenntnisinteresse‹ ist deshalb eine eigentümliche Kategorie, die sich der Unterscheidung zwischen empirischen und transzendentalen oder faktischen und symbolischen Bestimmungen sowenig fügt wie der zwischen motivationalen und kognitiven. Denn Erkenntnis ist weder ein bloßes Instrument der Anpassung eines Organismus an eine wechselnde Umgebung, noch ist sie der Akt eines reinen Vernunftwesens und als Kontemplation den Lebenszusammenhängen ganz enthoben« (1973, S. 243).

Angesichts des in theoretischer Hinsicht nicht geklärten Status der verschiedenen Erkenntnisinteressen muß die Festschreibung dieser Unterscheidung in jedem Fall vermieden werden; unseres Erachtens dürfen die verschiedenen »Erkenntnisinteressen« lediglich als Ausdruck einer bestimmten historisch-gesellschaftlichen Situation begriffen werden, in der das Interesse an der Beherrschung der Welt, das Interesse an menschlicher Verständigung und das Interesse an Emanzipation auseinanderfallen. Während das technische und das praktische Erkenntnisinteresse in »tiefsitzenden Handlungs- und Erfahrungsstrukturen begründet« liegen und »mit den Konstituentien gesellschaftlicher Systeme verknüpft« sind (Habermas 1973, S. 400), hat das emanzipatorische Erkenntnisinteresse lediglich einen »abgeleiteten Status«: »Es sichert den Zusammenhang des theoretischen Wissens mit einer Lebenspraxis, d. h. einem ›Gegenstandsbereich‹, der unter Bedingungen *systematisch verzerrter Kommunikation* und einer scheinhaft legitimierten Repression erst entsteht. Abgeleitet ist deshalb auch der Typus von Erfahrung und Handlung, der diesem Objektbereich entspricht« (a.a.O., S. 400).

Schließlich erhebt sich angesichts der mangelnden Präzision des Erkenntnisbegriffes die Frage, inwieweit dem Begriff ein eigener, erkenntnistheoretisch festzumachender Stellenwert zukommt. Möglicherweise kommt in diesem Entwurf verschiedener Erkenntnisinteressen lediglich der Prozeß der Spaltung der Vernunft zum Ausdruck. Anders als Horkheimer und Marcuse versucht Habermas nicht, diese Dreiteilung der Vernunft zu überwinden. Sie wird als gegeben akzeptiert. »Das einzige, was bleibt, ist der mutige Einsatz einer übrig gebliebenen Reflexion, die der drohenden Reflexionslosigkeit der Wissenschaften durch treffende Unterschiede Widerstand leistet« (Kamper 1974a, S. 85).

Kurz müssen noch einige weitere wissenschaftstheoretische und wissenschaftskritische Arbeiten von Habermas erwähnt werden. Dazu gehören die Schriften zum sogenannten Positivismusstreit (Habermas 1970; ders. in Adorno u. a. 1972), die Beiträge zur Kritik der Hermeneutik (ders. in Apel u. a. 1971) sowie die Abhandlungen zur Systemtheorie (Habermas/Luhmann 1971; Habermas 1973; 1974). In diesen wissenschaftstheoretischen Erörterungen kritisiert Habermas die Voraussetzungen der verschiedenen theoretischen Positionen. Kritik wird dabei häufig zur *Ideologiekritik* (vgl. Plamenatz 1972; Lenk 1964). Sie fragt nach den Voraussetzungen, die in den jeweiligen Ansätzen nicht thematisiert werden, und bemüht sich, den Universalitätsanspruch des Kritischen Rationalismus, der Systemtheorie und der Hermeneutik zu entkräften. Insofern Habermas nach der Funktion der jeweiligen Wissenschaftstheorie für die kapitalistische Gesellschaft fragt, in der die Wissenschaft zu einer »Produktivkraft« geworden ist, die vom Herrschaftssystem für seine Interessen instrumentalisiert wird, wird seine Kritik zur Ideologiekritik. So ist die Kritik, die Habermas an den verschiedenen Wissenschaftsprogrammen formuliert, immer Wissenschaftskritik und Ideologiekritik zugleich. Damit erbringt die Kritik eine Leistung, die von den kritisierten wissenschaftstheoretischen Ansätzen nicht erbracht wird, und begründet somit ihr spezifisches Anliegen, das sie dem Universalitätsanspruch der jeweiligen Wissenschaftsrichtung entgegensetzt.

Darüber hinaus hat sich Habermas in vielen der von ihm bearbeiteten Bereiche darum bemüht, »das kritische Geschäft hinter dem konstruktiven« (1973, S. 372) zurücktreten zu lassen. Damit macht er den Versuch, die Wissenschaft mit Hilfe der Selbstreflexion, die die Kritik immer schon im Vorgriff einbezieht, und durch die »konstruktive Ausarbeitung« einzelner Probleme um neue Erkenntnisse zu bereichern. Die Ergänzung der Kritik durch das »konstruktive Geschäft« ist erforderlich, wenn die »Idee einer in praktischer Absicht entworfenen Theorie der Gesellschaft« ernst genommen wird, die »den Anspruch auf Wissenschaftlichkeit mit einer auf Praxis bezogenen theoretischen Struktur« verbinden soll (Habermas 1972, S. 10). Für eine solche Vermittlung der Theorie mit der Praxis ist eine wechselseitige Verschränkung der folgenden drei Aspekte erforderlich:

— »die Bildung und Fortbildung kritischer Theoreme, die wissenschaftlichen Diskursen standhalten;
— sodann die Organisation von Aufklärungsprozessen, in denen solche Theoreme angewendet und an der Auslösung von Reflexionsprozessen in bestimmten Zielgruppen auf eine einzigartige Weise überprüft werden können;
— und schließlich die Wahl angemessener Strategien, die Lösung taktischer Fragen, die Führung des politischen Kampfes.
Auf der ersten Ebene geht es um wahre Aussagen, auf der zweiten um wahrhaftige Ansichten, auf der dritten um kluge Entscheidungen« (a.a.O., S. 37 f.).

Mit der Unterscheidung dieser drei Funktionen, die eine in praktischer Absicht entworfene Theorie wahrnehmen muß, geht Habermas einen Schritt über die Negativität der Kritischen Theorie hinaus. Nicht mehr nur die Bildung kritischer Theoreme, sondern auch die Organisation von Aufklärungsprozessen und die Entwicklung angemessener Strategien zur Verwirklichung kritischer Erkenntnisse ist das Ziel. Damit gewinnt die Kritische Theorie hier ihre Praxis als Aufgabenfeld wieder; das Theorie-Praxis-Verhältnis erhält eine neue Qualität und rückt in den Mittelpunkt des Interesses. Mit dieser Entwicklung gewinnt die

sich über sich selbst hinaus entwickelnde Kritische Theorie
Dimensionen und Aufgabenfelder, ohne deren Berücksichtigung auch eine der Erziehungspraxis verpflichtete kritische Erziehungswissenschaft nicht möglich ist.

Zentrale Begriffe der Kritischen Theorie

Im Laufe ihrer Geschichte hat die Kritische Theorie eine
Reihe von Grundbegriffen entwickelt. Diese Grundbegriffe
sind für das Verständnis der Kritischen Theorie und das
ihrer Wirkungsgeschichte von zentraler Bedeutung, da sie
Bezugspunkte bilden, im Rahmen derer sich die Kritische
Theorie entwickelt hat.

Die hier ausgewählten Begriffe erheben nicht den Anspruch,
alle zentralen Konzepte Kritischer Theorie darzustellen,
sondern sind lediglich die in der Erziehungswissenschaft als
Leitbegriffe rezipierten. Die Aufnahme zentraler Begriffe
der Kritischen Theorie in die Erziehungswissenschaft bedeutet nicht, daß sie schon eine Bildungs- oder Erziehungstheorie beinhalten. Sie liefern lediglich Elemente einer solchen. Allerdings dürfte eine kritische Erziehungstheorie
nicht ohne diese Begriffe entwickelt werden können; sie
geben die Richtung an, in der sich die Bemühungen um eine
kritische Erziehungstheorie bewegen müssen.

Für die Darstellung der zentralen Bezugspunkte Kritischer
Theorie ergibt sich die Schwierigkeit, daß die Begriffe in so
enger wechselseitiger Beziehung zueinander stehen, daß
eine eindeutige Distinktion zwischen ihnen nicht möglich
ist; die Übergänge zwischen den Begriffen sind fließend.
Bei der folgenden Darstellung wird daher versucht, die
Gedankenfolge so zu strukturieren, daß die unter den
jeweiligen Begriffen abgehandelten Sachzusammenhänge
ineinandergreifen und sich ein Gesamtzusammenhang ergibt. Damit wird aber nicht versucht, ein »geschlossenes«
System Kritischer Theorie zu entwickeln, was in jedem
Fall deren Intentionen widersprechen würde.

1. Aufklärung

Bereits aus den bisherigen Ausführungen wurde deutlich,
daß die Kritische Theorie an die Traditionen europäischer

Aufklärung anknüpft und diese weiter zu entwickeln versucht. Sie weiß sich in der Kontinuität der *Befreiungsbewegung* der Menschheit, deren Ziel Kant so bestimmt hatte:

»Aufklärung ist der Ausgang des Menschen aus seiner selbstverschuldeten Unmündigkeit. Unmündigkeit ist das Unvermögen, sich seines Verstandes ohne Leitung eines anderen zu bedienen. Selbst verschuldet ist diese Unmündigkeit, wenn die Ursache derselben nicht am Mangel des Verstandes, sondern der Erschließung und des Mutes liegt, sich seiner ohne Leitung eines anderen zu bedienen. Sapere Aude! Habe Mut, dich deines eigenen Verstandes zu bedienen! ist also der Wahlspruch der Aufklärung.«

In Kants Verständnis der Aufklärung ist ein systematischer und ein historischer Aspekt enthalten, so daß Holz (1976, S. 41) Kants Definition interpretierend folgern kann:

»Aufklärung wird gefaßt als die geschichtliche Bewegung, deren Inhalt die Autonomie des Menschen, das heißt Freiheit durch Selbstbestimmung ist. Aufklärung ist ebenso ein philosophischer Status (sei es des Individuums, sei es der Organisationsform der Gesellschaft) wie ein gesellschaftlicher Prozeß, in dem dieser Status erstrebt, erreicht und gesichert wird.«

Kant sieht durchaus beide Aspekte der Aufklärung. Doch stößt sein Aufklärungsbegriff darin auf seine Grenzen, daß nach Kants Auffassung die Freiheit des Menschen vorwiegend als eine vom Individuum zu erbringende Leistung begriffen wird, die nur in geringem Ausmaß durch die jeweiligen gesellschaftlichen Bedingungen beschränkt wird. Indem die Kritische Theorie die Abhängigkeit der Freiheit und Selbstbestimmung des einzelnen von dem historisch-gesellschaftlichen Stadium der Menschheitsentwicklung betont, modifiziert sie Kants Verständnis von Aufklärung in ihrem Sinne. Im Rahmen der Kritischen Theorie umfaßt Aufklärung die Einsicht, »daß die Bedingung der Freiheit nicht allein in der Erziehung und Ausbildung des Individuums zum rechten Verstandesgebrauch liegen kann, sondern gesellschaftliche Voraussetzungen einschließt, die politisch erkämpft werden müssen« (a.a.O., S. 41). So verstanden, beinhaltet Aufklärung das *Infragestellen von Autorität und Herrschaft*, die sich nicht rational begründen kann, und das *Bestehen auf Mündigkeit und Freiheit* als Zielbegriff für menschliche Entwicklung.

Unter den gegenwärtigen gesellschaftlichen Bedingungen kann der Prozeß der »Aufklärung«, der die Autonomie des Individuums einschließlich des in seiner *Selbstbehauptung* enthaltenen Anspruchs auf *Durchsetzung* gegenüber seiner Umwelt und sich selbst zum Ziel hat, allerdings auch sein Gegenteil bewirken. Horkheimer und Adorno (1971, S. 7) haben diese Gefahr so beschrieben:

»Seit je hat Aufklärung im umfassendsten Sinn fortschreitenden Denkens das Ziel verfolgt, von den Menschen die Furcht zu nehmen und sie als Herren einzusetzen. Aber die vollends aufgeklärte Erde strahlt im Zeichen triumphalen Unheils.«

Damit ist auf die Umwandlung von Aufklärung in Mythos und »Wahnsinn« verwiesen. Sie drohen der Aufklärung, wenn das Individuum sich durch die Indienstnahme seines Verstandes in reiner Selbstbehauptung durchsetzen will. Die Befreiung von den Abhängigkeiten, in die das Individuum verstrickt ist, wird dann zu einer neuen Fessel, von der es sich ebenfalls wieder befreien muß. Der Versuch des Individuums, sich gegen die Gesellschaft zu behaupten, führt zu seiner *Vereinzelung* und *Verdinglichung*. Sein Insistieren auf *Rationalität* der Organisation menschlicher Gesellschaft unterwirft es der Rationalität von Herrschaft, die so umfassend organisiert ist, daß sie den Menschen vollständig beherrscht:

»In dieser Hinsicht aber zeigt sich das Gegenteil der Absicht. Die durch Aufklärung ermöglichte Logik, die für die Ordnung der menschlichen Verhältnisse tauglich schien, wurde als beherrschende Logik über die Apparaturen der Macht zu einer ›Logik der Herrschaft‹, welche die Individuen unter rigiden Zwang annimmt. Sie kann das deshalb fast unwidersprochen, weil das ›eindimensionale Individuum‹ durch sein ›eindimensionales Denken‹ derart disponiert ist, daß es sich mit genau dem Zwang identifizieren muß, der es betrifft« (Kamper 1973, S. 102 f.).

Angesichts dieser Situation wurden im Rahmen der Kritischen Theorie drei Ansätze sichtbar, die darauf zielen, trotz der die Aufklärungsprozesse immer wieder einschränkenden Bedingungen Aufklärung zu verwirklichen.
Den ersten Ansatz, die Gefahr der Verdinglichung von Aufklärungsprozessen zu vermeiden, hat Adorno in seiner »negativen Dialektik« aufgezeigt. Ziel ist hier die Wiedergewinnung der Wahrheit der Aufklärung durch die Aufklärung der Aufklärung über sich selbst mit Hilfe der in

ihr immer schon enthaltenen Kritik. Aufklärung soll die Befreiung des einzelnen Menschen aus seiner Unmündigkeit und Verdinglichung bewirken. Dies soll mit Hilfe der Kritik der (scheinbaren) Rationalität des instrumentellen Handelns erfolgen, die immer wieder Aufklärungsprozesse verdinglicht und ihren Zielsetzungen entfremdet. Darüber hinaus muß das kritische Denken sich um Prozesse und Erscheinungen bemühen, die bislang nicht auf den Begriff gebracht worden sind oder durch die Abstraktion der Begriffe »unbegriffen« geblieben sind und sich daher der Aufklärung entzogen haben. Adorno (1966, S. 17 f.) faßt diesen Sachverhalt so:

»Philosophie hat, nach dem geschichtlichen Stande, ihr wahres Interesse dort, wo Hegel, einig mit der Tradition, sein Desinteressement bekundete: beim Begrifflosen, Einzelnen und Besonderen; bei dem, was seit Platon als vergänglich und unerheblich abgefertigt wurde und worauf Hegel das Etikett der faulen Existenz klebte. Ihr Thema wären die von ihr als kontingent zur quantité négligeable degradierten Qualitäten. Dringlich wird, für den Begriff, woran er nicht heranreicht, was sein Abstraktionsmechanismus ausscheidet, was nicht bereits Exemplar des Begriffs ist.«

Nach Auffassung des zweiten Ansatzes sollen sich Aufklärungsprozesse auf die *Befreiung der Sinnlichkeit* von Verdinglichung richten. Hier ist der *Abbau gesellschaftlicher Repression* das Ziel. Wiederholt hat Marcuse diesen Begriff der Aufklärung in das Zentrum seiner Arbeit gestellt. So schreibt er z. B. im Zusammenhang mit einer Abhandlung über die Studentenbewegung:

»Sie (die Studentenbewegung, Ch. W.) hat die Rebellion in zwei Hauptrichtungen weitergeführt: sie hat den Bereich der nicht-materiellen Bedürfnisse (der Selbstbestimmung, der nichtentfremdeten menschlichen Beziehungen) ebenso in den politischen Kampf einbezogen wie die physiologische Dimension des Daseins: den Bereich der Natur. Der gemeinsame Boden ist die Emanzipation der Sinnlichkeit. Sie bewirkt die neuen Erfahrungen einer von den Erfordernissen der etablierten Gesellschaft vergewaltigten Welt und des vitalen Bedürfnisses nach einer völligen Umgestaltung« (Marcuse 1973, S. 149).

Bei Marcuse wird die für die Kritische Theorie so charakteristische Verschränkung von Aufklärung und Emanzipation deutlich. Zudem soll die Befreiung aus der »unver-

schuldeten Unmündigkeit« nicht nur mit Hilfe des das
Individuum isolierenden Verstandes, sondern mit Hilfe
einer nicht auf Herrschaft angelegten *»kommunikativen
Sinnlichkeit«* erfolgen, in der gesellschaftliche Bedingungen
und Herrschaftsstrukturen als — wenigstens momentan —
auflösbare Fesseln erlebt werden können.

Schließlich läßt sich noch eine dritte Variante von »Auf-
klärung« unterscheiden, die Habermas in Anlehnung an das
Modell des »therapeutischen Diskurses« entwickelt hat.
Hier wird die auf Aufklärung zielende Selbstreflexion als
Internalisierung eines »therapeutischen Diskurses« aufge-
faßt. Dabei gilt:

»das denkende Subjekt muß ebenso wie das reflektierende,
wenn die Argumentation nicht bloß analytisch (und grundsätzlich durch Maschinen substituierbar) sein soll, mindestens zwei
Dialogrollen spielen. Das ist problemlos im Falle des (verinnerlichten) Diskurses. Die Stellung von Diskursteilnehmern ist
egalitär und grundsätzlich austauschbar; deshalb macht die
interne Verteilung von Dialogrollen im Denken keine Schwierigkeit. Nicht so in der (verinnerlichten) Therapie. Die Stellung
der Partner im analytischen Gespräch ist asymmetrisch; sie verändert sich im Laufe der Kommunikation vielfach und termi-
niert erst am Ende einer gelingenden Behandlung in jener sym-
metrischen Beziehung, die zwischen Diskursteilnehmern von
Anbeginn statthat. Die Selbstreflexion eines einsamen Subjekts
erfordert deshalb eine durchaus paradoxe Leistung: ein Anteil
des Selbst muß von einem anderen Anteil in der Weise abgespal-
ten sein, daß das Subjekt sich selbst Hilfestellung geben kann«
(Habermas 1972, S. 34).

Nach diesen Vorstellungen erfolgen Aufklärungsprozesse
als Prozesse der Reflexion, in deren Verlauf Verding-
lichungen, Kommunikations- und Denkbarrieren aufgelöst
werden. Möglicherweise ergibt das beschriebene asymmetrische Kommunikationsverhältnis zwischen Klient und
Analytiker auch ein Modell für Erziehungsprozesse, die
im Sinne einer kritischen Bildungstheorie als Aufklärungsprozesse begriffen werden können. Für die Verwirklichung
von Aufklärungsprozessen kommt dabei dem Bildungswesen heute nach Auffassung von Habermas eine zentrale
Bedeutung zu. Darüber hinaus bedarf es auch des politischen Kampfes, der »Wahl angemessener Strategien« und
der »Lösung taktischer Fragen« (Habermas 1972, S. 37).

2. Emanzipation

Der Emanzipationsbegriff wird im Rahmen der Kritischen Theorie und der von ihr beinflußten Sozialwissenschaften in unterschiedlicher Bedeutung verwendet. Eine zentrale Bedeutungsvariante des Begriffs läßt sich durch einen Rückgriff auf die von Marx in »Zur Judenfrage« (1843) getroffene Unterscheidung zwischen *»politischer«* und *»menschlicher«* Emanzipation gewinnen. Den Ausgangspunkt für diese Unterscheidung bildet die folgende Einsicht:

»Es genügte keineswegs zu untersuchen: wer soll emanzipieren? Wer soll emanzipiert werden? Die Kritik hatte ein Drittes zu tun. Sie mußte fragen: *Von welcher Art der Emanzipation* handelt es sich? Welche Bedingungen sind im Wesen der verlangten Emanzipation begründet? . . .« (Marx 1966,, Bd. 1, S. 34).

Es folgt eine Präzisierung der beiden in unterschiedlichen Phasen der Menschheitsentwicklung zu realisierenden Formen der Emanzipation. Danach kommt die bürgerliche Revolution nicht über die »politische« Emanzipation hinaus. Durch die politische Emanzipation gelingt es ihr, den Staat von der Bevormundung durch die Religion zu befreien und den Bürgern das Recht auf Eigentum zu erkämpfen. Marx präzisiert:

»Die Frage von dem *Verhältnisse der politischen Emanzipation zur menschlichen Emanzipation.* . . . Die *politische* Emanzipation von der Religion ist nicht die durchgeführte, die widerspruchslose Emanzipation von der Religion, weil die politische Emanzipation nicht die durchgeführte, die widerspruchslose Weise der *menschlichen* Emanzipation ist« (Marx 1966, Bd. 1, S. 36 f.).

Um über die »politische« Emanzipation hinaus die »menschliche« zu erreichen, bedarf es nach Auffassung von Marx der *Abschaffung des Privateigentums*, das für die Aufrechterhaltung der Herrschaft des Menschen über den Menschen verantwortlich ist und somit auch zur Verdinglichung des Menschen beiträgt. Doch bildet die Abschaffung des Privateigentums nur *eine* Voraussetzung für die Erreichung der menschlichen Emanzipation.

»*Alle* Emanzipation ist *Zurückführung* der menschlichen Welt, der Verhältnisse, auf den *Menschen selbst.* Die politische Emanzipation ist die Reduktion des Menschen, einerseits auf das

Mitglied der bürgerlichen Gesellschaft, auf das *egoistische unabhängige* Individuum, andererseits auf den *Staatsbürger,* auf die moralische Person. Erst wenn der wirkliche individuelle Mensch den abstrakten Staatsbürger in sich zurücknimmt und als individueller Mensch in seinem empirischen Leben, in seiner individuellen Arbeit, in seinen individuellen Verhältnissen, *Gattungswesen* geworden ist, erst wenn der Mensch seine ›forces propres‹ als *gesellschaftliche* Kräfte nicht mehr in der Gestalt der *politischen* Kraft von sich trennt, erst dann ist die menschliche Emanzipation vollbracht« (a.a.O., S. 53).

Ziel der »politischen« und »menschlichen« Emanzipation ist letztlich der zum Gattungswesen gewordene Mensch, der sich als Individuum zugleich als gesellschaftliche Kraft begreift und bei dem die Selbstreflexion mit dem Interesse an Mündigkeit und Emanzipation verbunden ist. Eine solche Emanzipation ist weder ohne die Veränderung der gesellschaftlichen Bedingungen noch allein durch die Veränderung der gesellschaftlichen Bedingungen zu erreichen. Sie erfordert neben der Veränderung der Herrschaftsverhältnisse tiefgreifende Bildungsprozesse. Vermieden werden muß die bloße Ablösung einer Herrschaftsstruktur durch eine andere. Emanzipation muß sowohl als ein Befreiungsprozeß von Völkern und gesellschaftlichen Gruppen begriffen werden als auch als ein Vorgang aufgefaßt werden, der Individuen betrifft und der bei den Faktoren ansetzen muß, die ihr Bewußtsein und ihr gesellschaftliches Sein bestimmen. Damit verweist das Marxsche Konzept »menschlicher« Emanzipation auf die Notwendigkeit der Berücksichtigung des *subjektiven Faktors* (vgl. Horn 1973), d. h. der in der Persönlichkeit der jeweiligen Individuen gegebenen Bedingungen, die ihrer Emanzipation förderlich oder auch abträglich sein können. Diese vor allem für den Bereich der Erziehung wichtige Seite der Emanzipationsbewegung darf nicht zu einer »kostenlosen Inflation« des Emanzipationsbegriffs verleiten. Narr (1973, S. 200) verlangt daher einen präzisen Gebrauch des Emanzipationsbegriffs: »Emanzipation ist nur als historischer, Widersprüche und Inhalt der Emanzipation bezeichnender, die Bezugsebene reflektierender, Kollektivenprozeß (Handlung) erheischender und die Gesellschaftsstruktur insgesamt einbeziehender Begriff und sozialer Vorgang möglich.«
Seit dem Ende der sechziger Jahre ist der Emanzipations-

begriff auch in der *Erziehungswissenschaft* zu einem zentralen Konzept entwickelt worden, der bei vielen Autoren den Bildungsbegriff ersetzt hat (vgl. Hesse 1973; Klafki 1971, 1971a, 1976; Schäfer/Schaller 1971; Gamm 1972, 1974). Bahnbrechend für die Rezeption des Begriffes und die damit verbundenen Zielvorstellungen wurden Mollenhauers Schrift »Erziehung und Emanzipation« (1968), die Arbeit der »Kommission zur Reform der Hessischen Bildungspläne« und der Beitrag von Lempert »Bildungsforschung und Emanzipation« (1969, zit. 1971a). Bei Mollenhauer wird Emanzipation gefaßt als »die Befreiung des Subjekts ... aus Bedingungen, die seine Rationalität und das mit ihr verbundene Handeln beschränken«. Bei Lempert (1971a, S. 318) heißt es:

»Das *emanzipatorische* Interesse ist das Interesse des Menschen an der Erweiterung und Erhaltung der Verfügung über sich selbst. Es zielt auf die Aufhebung und Abwehr irrationaler Herrschaft, auf die Befreiung von Zwängen aller Art. Zwingend wirkt nicht nur materielle Gewalt, sondern auch die Befangenheit in Vorurteilen und Ideologien. Diese Befangenheit läßt sich wenn nicht völlig lösen, so doch vermindern, durch die Analyse ihrer Genese, durch Kritik und Selbstreflexion.«

Mollenhauer und Lempert betonen den subjektiven Faktor im Rahmen von Emanzipationsprozessen und orientieren sich dabei an der Habermasschen Präzisierung des Emanzipationsbegriffs, die den Akzent auf diesen Aspekt des Gesamtprozesses legt und Emanzipation damit weitgehend zu einem die gesellschaftlichen Bedingungen der Erziehung kritisch einbeziehenden Bildungsbegriff macht.

Wie in den Sozialwissenschaften hat *Emanzipation* auch in der Erziehungswissenschaft zunächst einen »negativen« Sinn. Der Begriff dient dazu, Situationen zu identifizieren, in denen Unterdrückung und Gewalt erfahren werden. Insofern Emanzipation nach der Überwindung des als »negativ« identifizierten Sachverhalts verlangt, ist Emanzipation ein Zielbegriff für einen erwünschten Zustand. Als solcher erfordert Emanzipation ein Eintreten für die Erreichung des gewünschten Zustandes, d. h. ein Engagement für gesellschaftlich unterdrückte Individuen und Gruppen und durch den Einsatz für ihre Interessen die Unterstützung ihrer Befreiungs- und Entwicklungsbemühungen. Bei dieser Bestimmung von Emanzipation ergeben

sich zahlreiche Ansätze für emanzipatorisches Erziehungshandeln. Emanzipatorisches Erziehungshandeln muß — wie
es Lempert (1974) ausgedrückt hat — auf die Erweiterung
»menschlicher Handlungs- und Befriedigungsmöglichkei-
ten und -fähigkeiten« zielen; es soll einen Beitrag zur
Selbstentfaltung des Menschen liefern, ist dabei aber auch
an »objektive und subjektive Potentiale« gebunden. Welches Maß an Emanzipation erreicht werden kann, »vari-
iert im Laufe der Geschichte von Gesellschaft zu Gesellschaft«:

»es wird unter anderem überall dort unterschritten, wo die
Handlungs- und Befriedigungschancen und -potentiale verschiedener Gruppen und Individuen stark voneinander abweichen;
deshalb gehört die Verbesserung der Situation unterforderter
und benachteiligter und in der Sozialisation psychisch unter-
entwickelter und deformierter Kollektive und Personen zu den
bevorzugten Zielen emanzipierender Strategien« (Lempert 1974,
S. 14).

Emanzipation kann als Zielbegriff für Bildungsprozesse
nur im jeweiligen historisch-gesellschaftlichen Kontext präzisiert und spezifiziert werden. So sind unter den Bedingungen spätkapitalistischer Gesellschaftssysteme die Möglichkeiten der Emanzipation andere als z. B. in den Ent-
wicklungsländern, in denen Emanzipation zunächst häufig
lediglich Befreiung von Hunger und materieller Not
bedeutet. Emanzipationschancen können nur in bezug auf
die jeweils vorhandenen Emanzipationspotentiale bestimmt werden, die in den industrialisierten Gesellschaften
des Westens im Sinne »menschlicher« Emanzipation noch
nicht ausgeschöpft sind. Denn der unter den gegebenen
gesellschaftlichen Bedingungen erfolgende Sozialisations-
prozeß ist für viele Menschen noch immer mit einem hohen
Maß an Repression und fehlenden Möglichkeiten zur
Selbstverwirklichung verbunden. Im Verlauf des Sozialisa-
tionsprozesses wird das Individuum durch die Einübung
sozialer Rollen in seinen Fähigkeiten und Bedürfnissen
(mittels selektiver Förderung) so geprägt, daß — schichten-
spezifisch unterschiedlich — einige Fähigkeiten entwickelt
werden können, andere verdrängt werden müssen. Dabei
zeigen sich die unter bestimmten gesellschaftlichen Bedingungen gegebenen Möglichkeiten und Grenzen der sozialen
Entwicklung des Menschen. Zu starke repressive Soziali-

sationsprozesse, die Bedürfnisartikulation und -befriedigung verhindern, führen häufig zu pathologischen Verhaltensstörungen, die die Menschen von ihrer Selbstverwirklichung abhalten (vgl. Hornstein/Bastine/Junker/Wulf u. a. 1977).

Angesichts der gegenwärtig vorhandenen Tendenz zur Intensivierung bürokratischer Herrschaft, zur Kontrolle und Rationalisierung gesellschaftlichen Lebens im Sinne instrumentellen Handelns sowie dem damit verbundenen Schein der Rationalität ist ein Aufbrechen dieser Struktur mit dem Ziel, »menschliche« Emanzipation und Humanisierung gesellschaftlichen Lebens zu bewirken, schwierig; zu stark ist der Zwang zur Qualifikation für die Erfordernisse der Arbeitswelt; zu eindimensional verlaufen die Sozialisationsprozesse; zu wenig ist eine »gesellschaftliche Phantasie« entwickelt, die noch Alternativen denken kann. Doch nur wenn an den immanenten Widersprüchen der Gesellschaft Problembewußtsein entwickelt und das Denken in Alternativen angeregt werden kann (vgl. Wulf 1973b), können Emanzipationsprozesse gelingen. Nur wenn es den Menschen im Verlauf des Emanzipationsprozesses gelingt, sich aus der Vereinzelung zu befreien und sich als *Gattungswesen* zu verstehen, können sie ihre Verdinglichung abbauen. Doch droht Verdinglichung auch dann, wenn Emanzipation als Ziel dogmatisch gefaßt und hypostasiert und nicht als ein *reflexiver Prozeß* begriffen wird.

3. Verdinglichung

Ein zentrales Anliegen von Aufklärung und Emanzipation besteht darin, den Menschen vor Verdinglichung zu schützen bzw. ihn von Verdinglichung zu befreien. Teilweise kann Verdinglichung in der Gegenwart als ein Ergebnis der Warenproduktion und des Warentauschs begriffen werden, deren Funktion zur Erhaltung der gesellschaftlichen Ordnung der bürgerlichen Gesellschaft kaum überschätzt werden kann (vgl. Mandel 1972; Haug 1971) und deren Bedeutung für die Verzerrung und Verdinglichung von Kommunikationsprozessen im Bereich der Erziehung besonders Mollenhauer (1972) herausgearbeitet hat. Mit Lukács läßt sich der Bezug zwischen Warenstruktur und menschlicher Kommunikation so charakterisieren:

»Das Wesen der Warenstruktur ... beruht darauf, daß ein Verhältnis, eine Beziehung zwischen Personen den Charakter einer Dinghaftigkeit und auf diese Weise eine ›gespenstige Gegenständlichkeit‹ erhält, die in ihrer strengen, scheinbar völlig geschlossenen und rationalen Eigengesetzlichkeit jede Spur ihres Grundwesens, der Beziehung zwischen Menschen, verdeckt« (Lukács 1968, S. 257).

Die Verdinglichung erfaßt die Kommunikations- und Bildungsprozesse und damit das Bewußtsein des Menschen. Sie bewirkt eine Rationalisierung der menschlichen Beziehungen im Sinne instrumentellen, nicht aber kommunikativen Handelns. Verdinglichung schränkt die Fähigkeit zur Selbstbestimmung des Menschen ein und begrenzt seinen Handlungs- und Reflexionsraum. Zwar liegt in der Fähigkeit des Menschen, sich selbst objektivieren zu können, eine Voraussetzung für die menschliche Existenz. Doch darf die in diesem Prozeß angesprochene Art der verdinglichenden Objektivierung nicht mit der Totalität der Verdinglichung des Menschen gleichgesetzt werden, die dazu führt, daß der Mensch in seiner Entwicklung hinter seinen Möglichkeiten zurückbleibt. In unserer Gesellschaft wird die Verdinglichung des Menschen zudem noch durch die Kontrolle seitens bürokratischer Verwaltung intensiviert; konsequent wird dabei das Individuelle dem Allgemeinen subsumiert und das »Konkrete« dem »Abstrakten« untergeordnet. Die hierin liegende Bedrohung des menschlichen Lebens wird von den »positiven« Wissenschaften und ihrer Ausrichtung auf die Gewinnung von Verfügungswissen noch verstärkt. Die dabei zum Ausdruck kommende, das gesellschaftliche Leben durchdringende Entwicklungstendenz führt zur Intensivierung der in der Struktur des Gesellschaftssystems enthaltenen Gewalt. Wenn es der Kritik nicht gelingt, die Hypostasierung ihrer Begriffe und Konzepte zu vermeiden, besteht sogar die Gefahr, daß sie von den übermächtigen Verdinglichungstendenzen vereinnahmt wird. Kamper (1973, S. 104) beschreibt diese Situation wie folgt:

»Die Hypostasierung von Begriffen, das Für-Wirklich-Halten von Ausgedachtem, die durch Theoretisierung fortschreitende Abstraktheit des ›Maßgeblichen‹ schlägt infolge der universalen Reflexivität des Menschen als ›Wirklichkeit‹ auf den Denkenden zurück und läßt auch den nicht aus, der betont gegen eine Verdinglichung Stellung bezieht.«

Selbst wenn man die Radikalität dieser Problemsicht teilt, darf die Konsequenz nicht *Resignation* sein. Denn trotz der im Charakter des Wirtschaftssystems begründet liegenden Macht der Verdinglichungstendenzen der bürgerlichen Gesellschaft sind diese auch veränder- und einschränkbar. In Prozessen »gelingender Aufklärung«, in denen die Aufklärung — etwa in der biographischen Selbstreflexion — reflexiv wird, kann die Verdinglichung des Menschen teilweise aufgehoben werden. Dies gilt für individuelle und kollektive Bildungsprozesse. In kollektiven Bildungsprozessen ergibt sich außerdem die Möglichkeit, die Verdinglichung des Individuums auch durch gelingende Kommunikations- und Interaktionsprozesse zu verringern. Durch den Abbau des verdinglichenden Elements in den Kommunikationsprozessen wird zugleich ein Beitrag zur Verringerung der Verdinglichung des einzelnen geleistet. Die Bemühungen um die Verminderung von Selbstverdinglichung und verdinglichter Kommunikation verweisen aufeinander; sie können immer nur punktuell und teilweise gelingen; zu groß ist die Macht der gesellschaftlichen Mechanismen, die der Entdinglichung entgegenwirken. Sie immer wieder anzugehen, muß Teil einer Erziehung sein, die Aufklärung, Emanzipation und Selbstbestimmung verpflichtet ist. Negation und Weigerung können nur die erste Phase im Protest gegen Instrumentalisierung und Verdinglichung darstellen; um eine Humanisierung menschlichen Lebens zu erreichen, gilt es über sie hinaus zu gelangen.

4. Kritik

Seit Horkheimers Schrift »Traditionelle und Kritische Theorie« gehört das Konzept der *Kritik* zu den zentralen Elementen des Denkens der Kritischen Theorie und der von ihr beeinflußten Sozialwissenschaften. Bis in die Gegenwart hinein hat dieser Begriff zur Kennzeichnung einer spezifischen, sich vom traditionellen Gebrauch der Wissenschaften unterscheidenden Orientierung gedient. So ist in den letzten Jahren im Bereich der Erziehungswissenschaft eine Reihe von Arbeiten entstanden, die den Anspruch der Kritik im Mittelpunkt ihrer Intentionen haben. Zu diesen gehören unter anderen: »Kritische Schule« (Gamm 1970); »Kritische Erziehungswissenschaft und kommunikative Didaktik« (Schäfer/Schaller 1971); »Kritik der Lehrerrolle« (Combe 1973); »Pädagogik — Kritische Instanz der Bildungspolitik?« (Zenke 1972); »Kritische Friedenserziehung« (Wulf 1973); »Erziehung und Kritische Theorie« (Löwisch 1974); »Einführung in die Kritische Erziehungswissenschaft« (Schaller 1974); »Aspekte kritisch-konstruktiver Erziehungswissenschaft« (Klafki 1976). Es ist nun zu fragen, was ein solches Konzept der Kritik im Rahmen der Erziehungswissenschaft bedeutet. Um diese Frage zu beantworten, bedarf es zunächst einer Analyse des Kritikbegriffs der Kritischen Theorie der »Frankfurter Schule«.

Für Horkheimer wurde Kritik als konstitutives Element Kritischer Theorie zur Gesellschaftskritik.

»Der zwiespältige Charakter des gesellschaftlichen Ganzen in seiner aktuellen Gestalt entwickelt sich bei den Subjekten des kritischen Verhaltens zum bewußten Widerspruch. Indem sie die gegenwärtige Wirtschaftsweise und die gesamte auf ihr begründete Kultur als Produkt menschlicher Arbeit erkennen, als die Organisation, die sich die Menschheit in dieser Epoche gegeben hat und zu der sie fähig war, identifizieren sie sich selbst mit diesem Ganzen und begreifen es als Willen und Vernunft; es ist ihre eigene Welt. Zugleich erfahren sie, daß die Gesellschaft außermenschlichen Naturprozessen, bloßen Mechanismen zu vergleichen ist, weil die auf Kampf und Unterdrückung beruhenden Kulturformen keine Zeugnisse eines einheitlichen, selbstbewußten Willens sind; diese Welt ist nicht die ihre, sondern die des Kapitals« (Horkheimer 1970a, S. 28).

Im Zentrum der *Gesellschaftskritik* steht bei Horkheimer die Kritik am Kapital, das in unserer historisch-gesellschaftlichen Situation die Strukturen der Gesellschaft dadurch bestimmt, daß es die Struktur der Wirtschaft nach seinen Interessen formt. Kritik setzt ein als Widerspruch gegen den Anspruch der Notwendigkeit dieser Entwicklung. Dadurch, daß die Kritik die Abhängigkeit der Gesellschaft und damit auch der Wissenschaft von den Verwertungsgesetzen des Kapitals herausarbeitet, stellt sie den Geltungsanspruch der Gesellschaft und ihrer Wissenschaft in Frage. Durch eine kritische Reflexion, die die Bewegungsgesetze der Wirtschaft, Wissenschaft und Erziehung — der Gesellschaft insgesamt — aufdeckt, soll ein neues Verständnis des Individuums und des gesellschaftlichen Ganzen erreicht werden, das Horkheimer so charakterisiert:

»Das kritische Denken und seine Theorie ist beiden Arten ent-
gegengesetzt. Es ist weder die Funktion eines isolierten Individuums noch die einer Allgemeinheit von Individuen. Es hat
vielmehr bewußt ein bestimmtes Individuum in seinen wirklichen Beziehungen mit anderen Individuen und Gruppen, in
seiner Auseinandersetzung mit einer bestimmten Klasse und
schließlich in der so vermittelten Verflechtung mit dem gesellschaftlichen Ganzen und der Natur zum Subjekt« (a.a.O.,
S. 30 f.).

Indem Kritik also dem Menschen seine Abhängigkeit
bewußt macht, ermöglicht sie es ihm, seine Beziehungen
zur Gesellschaft, zu anderen Menschen und zu sich selbst
neu zu begreifen. Die Folge ist ein neues Selbst- und Weltverständnis des Menschen.
Kritik, die in der *Gesellschaftskritik* ihr bestimmendes Element hat, wird zur systematischen *Erkenntnis-* und *Wissenschaftskritik*, die sich vor allem gegen den *Positivismus*
(Adorno u. a. 1972; Habermas 1970), aber auch gegen
die *Hermeneutik* (Apel u. a. 1971) und die *Systemtheorie*
(Habermas/Luhmann 1971) richtet. Deutlich wird diese
Verbindung zwischen Gesellschafts- und Wissenschaftskritik
schon bei Horkheimer (1970, S. 49) in folgenden Überlegungen:

»Wird die theoretische Anstrengung, die im Interesse einer ver-
nünftig organisierten zukünftigen Gesellschaft die gegenwärtige
kritisch durchleuchtet und anhand der in den Fachwissenschaften
ausgebildeten traditionellen Theorien konstruiert, nicht fort-
gesetzt, so ist der Hoffnung, die menschliche Existenz grundlegend zu verbessern, der Boden entzogen.«

Neben der wechselseitigen Beziehung zwischen Gesell-
schafts- und Wissenschaftskritik wird hier ein weiteres Element der Kritik sichtbar: die Absicht, den Status quo der
Gesellschaft und der Wissenschaft im Interesse an »vernünftigen Zuständen« zu verbessern. Die Kritik der Kritischen
Theorie darf sich nicht nur darauf beschränken, die Unzulänglichkeit von Zuständen oder Zusammenhängen aufzuweisen und sich dabei vom »Gegenstand« der Kritik die
Art und Weise vorgeben zu lassen, in der sie die Kritik
artikuliert; sie muß auch darum bemüht sein, die kritisierten Zustände zu verbessern. Dazu darf sie nicht bei der
bloßen Negation stehen bleiben; vielmehr muß sie in konstruktiver Weise praktisch werden, indem sie dazu beiträgt, die soziale Praxis zu verbessern. Darauf haben —

von unterschiedlichen Standpunkten aus — auch Theunissen (1969), Bubner (1971) und Willms (1973) die Kritische Theorie hingewiesen. Angesichts dieser Erkenntnis führt die große »Weigerung« (Marcuse), selbst wenn sie angesichts der Macht und der Gewalt der Herrschaftsstrukturen naheliegt, die Kritische Theorie in eine »Sackgasse«.

Nach Auffassung der Kritischen Theorie »existiert nur eine Wahrheit, und die positiven Prädikate der Ehrlichkeit und inneren Konsequenz, der Vernünftigkeit, des Strebens nach Frieden, Freiheit und Glück sind nicht im gleichen Sinn irgendeiner anderen Theorie und Praxis zuzusprechen« (Horkheimer 1970, S. 40). Diesen Zielen verpflichtet, ist »die fortgeschrittenste Gestalt des Denkens in der Gegenwart die kritische Theorie der Gesellschaft ... und, (weil, Ch. W.) jede konsequente intellektuelle Anstrengung, die sich um den Menschen kümmert, sinngemäß in sie einmündet, gerät Theorie überhaupt in Verruf« (a.a.O., S. 48). Die Schwierigkeit der Kritik liegt darin, daß sie das (im Sinne instrumenteller Vernunft) rational gefügte System der Gesellschaft und der Wissenschaft als Kritik aufbrechen muß und damit in den Verruf des »Irrationalen« kommt, dem sie sogar — wie die Selbstkritik zugestehen muß — in einigen Phasen ihrer Entwicklung erlag.

Kritik ist eine zentrale Voraussetzung für Emanzipation. In der kritischen Analyse bestehender Gesellschafts-, Wissenschafts- und Erziehungsstrukturen findet eine Distanzierung von diesen Strukturen und damit eine partielle Befreiung von ihren Zwängen statt. Wenn sich die Kritik auf vorhandene Sozialstrukturen richtet, dann ist sie nicht *nur* Gesellschaftskritik. Kritik muß dann auch Kritik an verzerrten Kommunikationsprozessen sein. Als solche muß sie sich z. B. auch auf die Selbstverdinglichung des Menschen in Sozialisations- und Erziehungsprozessen richten und versuchen, das Zurückbleiben der Realität hinter den in ihr enthaltenen Möglichkeiten aufzuweisen. In dieser Funktion ist die Kritikfähigkeit ein wesentliches Element menschlicher Existenz. Allerdings darf die Radikalität der Kritik angesichts der Ohnmacht pädagogischen Handelns gegenüber den geschichtlichen Makrostrukturen, die das Leben der jungen Menschen prägen, nicht dazu führen, daß der Sinn erzieherischen Handelns nicht mehr gesehen wird. Denn dann wären Resignation und Apathie, Handlungsunfähigkeit und Verzweiflung — das Aufgeben der pädagogisch-gesellschaftlichen Praxis — das Ergebnis. Diese Entwicklung würde dazu führen, daß der von der Kritischen Theorie anfänglich so emphatisch betonte Primat der Praxis angesichts der scheinbaren Unmöglichkeit, die Praxis zu verändern, rückgängig gemacht wird und die Praxis der Theorie untergeordnet wird. Damit aber würde die Kritik ihre Aufgabe verfehlen, einen Beitrag zu einem vom Interesse an vernünftigen Zuständen gelenkten gesellschaftlichen Entwicklungsprozeß zu leisten. Um solche Fehlentwicklungen zu vermeiden, darf Kritik nicht Selbstzweck werden. Eine der Dialektik verpflichtete Kritik muß den »Gegenstand« der Kritik nachzeichnen und dabei die in ihm enthaltenen Unzulänglichkeiten ins Bewußtsein heben. Vermeiden muß sie die dogmatische Setzung einer Alternative, in der sie selbst den Anspruch auf absolute Gültigkeit erhebt; Kritik muß sich stets auch gegen sich selbst wenden und damit reflexiv bleiben. Bubner (1973a, S. 130 f.) hat den Prozeß dialektischer Kritik so beschrieben:

»Die Dialektik besitzt ihre Stärke darin, sich kritisch auf entgegenstehende Positionen einzulassen, um die unvernünftig dogmatischen Momente daran aufzudecken, aber dies nur dank einem Vernunftanspruch, an den auch sie sich gebunden weiß, ohne ihn einseitig für sich zu reklamieren.«

Eine solche Kritik geht auf das Kritisierte ein und zeigt nach Möglichkeit einen Weg auf, das Kritisierte weiter zu entwickeln. Dann erst wird Kritik konstruktiv. Wenn die Erziehungswissenschaft ihre gesellschaftliche Aufgabe und ihre Verpflichtung dem einzelnen Educandus gegenüber nicht verfehlen will, muß sie sich als »kritisch-konstruktive Theorie« begreifen (Klafki 1976). Als kritisch-konstruktive Theorie muß sie sich auch von ahistorischen, undialektisch gedachten Zielvorstellungen distanzieren. Denn durch solche Zielvorstellungen wird die pädagogisch-gesellschaftliche Praxis nicht im Sinne der Vernunft verändert; entweder bleibt die Erziehungspraxis gegenüber derartigen Setzungen gleichgültig, oder aber sie versucht, sich überstürzt und »oberflächlich« an diese Normen anzupassen. Vielleicht werden dadurch kurzfristig erfolgversprechende politische Handlungen erreicht, eine tiefergreifende, Sozialisationsdefizite thematisierende und aufarbeitende Erziehung wird jedoch nicht verwirklicht. Denn eine solche

Erziehung muß den Educandus in seiner personellen und gesellschaftlichen Situation ansprechen.

5. Gesellschaft

Unter »Gesellschaft« läßt sich zunächst verstehen der »Gesamtzusammenhang sozialen Handelns und Verhaltens, der sich im Austausch und Zusammenwirken arbeitsteiliger Tätigkeiten der Menschen konstituiert« (Tjaden 1976, S. 237). Insofern sich die Kritische Theorie als Gesellschaftstheorie begreift, zielt sie auf die Analyse und die Erklärung des gegenwärtigen Gesellschaftssystems. Kritisch ist diese Gesellschaftstheorie insofern, als sie unter Rückgriff auf Marx und Engels und die von ihnen entwickelte historisch-materialistische Gesellschaftstheorie die gegenwärtige Vergesellschaftungsform an der möglichen Entfaltung von Gesellschaft mißt. Der Kritischen Theorie der Gesellschaft geht es um die Erkenntnis der Totalität der Gesellschaft, auf deren Grundlage erst einzelne Strukturelemente interpretiert werden können. Von einem bestimmten Entwicklungsstadium an kann die Gesamtheit der gesellschaftlichen Entwicklung nur unter Bezug auf das Konzept der *Arbeitsteilung* angemessen verstanden werden. In der marxistischen Theorie wird das Konzept des gesellschaftlichen Arbeitsteilungszusammenhangs in dem Sinne ausgearbeitet, »als hier als Grundzug von Gesellschaft das in sich differenzierte und integrierte Gesamtsystem menschlicher Produktion erscheint, dessen Funktion insgesamt ist, menschliche Bedürfnisse zu befriedigen und zu entwickeln und außermenschliche Natur zu verändern und anzuzeigen« (a.a.O., S. 238). Mit fortschreitender Arbeitsteilung und Verbesserung der Arbeitsproduktivität werden Arbeitskraft und Produktionsmittel sowie ihr Zusammenwirken in den Produktionsverhältnissen für die Entwicklung der Struktur der Gesellschaft immer bestimmender. Marx hat die Bedeutung der Produktionsverhältnisse für die Entwicklung der Gesellschaftsstruktur so beschrieben:

»In der gesellschaftlichen Produktion ihres Lebens gehen die Menschen bestimmte, notwendige, von ihrem Willen unabhängige Verhältnisse ein, Produktionsverhältnisse, die einer bestimmten Entwicklungsstufe ihrer materiellen Produktivkräfte entsprechen. Die Gesamtheit dieser Produktionsverhältnisse bildet die ökonomische Struktur der Gesellschaft, die reale Basis, worauf sich ein juristischer und politischer Überbau erhebt und welcher bestimmte gesellschaftliche Bewußtseinsformen entsprechen. Die Produktionsweise des materiellen Lebens bedingt den sozialen, politischen und geistigen Lebensprozeß überhaupt. Es ist nicht das Bewußtsein der Menschen, das ihr Sein, sondern umgekehrt ihr gesellschaftliches Sein, das ihr Bewußtsein bestimmt. Auf einer gewissen Stufe ihrer Entwicklung geraten die materiellen Produktivkräfte der Gesellschaft in Widerspruch mit den vorhandenen Produktionsverhältnissen oder, was nur ein juristischer Ausdruck dafür ist, mit den Eigentumsverhältnissen, innerhalb deren sie sich bisher bewegt hatten. Aus Entwicklungsformen der Produktivkräfte schlagen diese Verhältnisse in Fesseln derselben um. Es tritt dann eine Epoche sozialer Revolution ein. Mit der Veränderung der ökonomischen Grundlage wälzt sich der ganze ungeheuere Überbau langsamer oder rascher um« (Marx MEW, Bd. 13, S. 8 f.).

Die Bedeutung der Produktionsverhältnisse für das Verständnis der gesellschaftlichen Strukturen und ihrer Entwicklungsmöglichkeiten ist im Rahmen der kritischen Sozialwissenschaften immer wieder betont worden. Daher wurde in den kritischen Sozialwissenschaften z. B. »Kritik« — wie Horkheimer schreibt — auch weniger »im Sinne der idealistischen Kritik der reinen Vernunft als in dem der dialektischen Kritik der politischen Ökonomie« verstanden. Insofern Kritik die Differenz zwischen den gegenwärtigen gesellschaftlichen Strukturen und ihren Möglichkeiten aufdeckt und die Erarbeitung von Strategien zur Entwicklung der Gesellschaft im Sinne des Interesses an »vernünftigen Zuständen« (Horkheimer) möglich macht, ist sie ein wichtiges Element, ohne das die Gesellschaftstheorie der »Frankfurter Schule« nicht begriffen werden kann. Allerdings ergibt sich im Hinblick auf diese Kritik eine Reihe von Verkürzungen, die sich auch im Gesellschaftskonzept der Kritischen Theorie niederschlagen. Reichelt (1976, S. 355) hat sie folgendermaßen charakterisiert:

»Die Kritische Theorie hat an der Marxschen Kritik der politischen Ökonomie als der Darstellung der Anatomie der bürgerlichen Gesellschaft, ihrer tragenden Struktur, festgehalten, wenngleich sie nie den Versuch unternommen hat, diese Theorie den veränderten Verhältnissen gemäß umzuformulieren oder gar konkrete Untersuchungen der sich verändernden Gesellschaft an ihrer Basis einzuleiten. Nicht zu Unrecht hat man Horkheimer und Adorno verschwiegene Orthodoxie vorgeworfen. Ein

wesentliches Motiv der Marxschen Geldtheorie hat dabei Schlüs-
selcharakter für den Gesellschaftsbegriff der Kritischen Theorie:
die im Tauschvorgang sich vollziehende reale Abstraktion von
aller Besonderheit und die damit einhergehende Verkehrung
des Abstrakten zu einem Ersten. .... In subtilen Untersuchungen
wird die fortschreitende Durchkapitalisierung der Welt, die zunehmende Herrschaft des Tauschwerts über den Gebrauchswert,
bis in die von der unmittelbaren Sphäre der Reproduktion
abgehobensten Bereiche verfolgt und in der Formel von der
›verwalteten Welt‹ zusammengefaßt; gleichwohl hat diese nicht
mehr den Status einer systematischen Theorie.«

Es erhebt sich die Frage, inwieweit unter den gegenwärtigen Bedingungen der Gesellschafts- und der Wissenschaftsentwicklung die Erarbeitung einer systematischen Theorie
der Gesellschaft überhaupt noch möglich ist. Entsprechende
Schwierigkeiten hatte auch schon Adorno (1969, S. 17)
gesehen, als er schrieb:

»Die Irrationalität der gegenwärtigen Gesellschaftsstruktur verhindert ihre rationale Entfaltung in der Theorie. Die Perspektive, daß die Lenkung der ökonomischen Prozesse an die politische Macht übergeht, folgt zwar aus der deduziblen Dynamik
des Systems, ist aber zugleich eine zu objektiver Irrationalität
hin. Das, nicht allein der sterile Dogmatismus ihrer Anhänger,
dürfte erklären helfen, warum es längst zu keiner überzeugen-
den Gesellschaftstheorie mehr kam.«

Trotz dieser einschränkenden Einschätzung der Möglichkeit, eine überzeugende Theorie der Gesellschaft zu entwik-
keln, hält Adorno an seiner Auffassung fest, nach der die
gegenwärtige Gesellschaft nur angemessen begriffen werden
kann, wenn anerkannt wird, daß sie weitgehend nach
den Gesetzen der Kapitalverwertung organisiert ist.
Nach der »klassischen Periode« der Kritischen Theorie, in
der vor allem unter Bezug auf den Tauschvorgang eine
Theorie der Gesellschaft als Gesellschaftskritik entwickelt
wurde, wird gegenwärtig eine Reihe neuerer Ansätze
erarbeitet, die den Gesellschaftsbegriff zu erweitern und im
Hinblick auf die spezifischen Probleme der *spätkapitalistischen Gesellschaft* zu präzisieren versuchen (vgl. Tjaden
1971, 1972; Offe 1972; Mandel 1972, 1972a; Jaeggi 1973;
Habermas 1973; Hirsch 1971, 1974). Waren die Untersuchungen Horkheimers, Adornos und des frühen Habermas in erheblichem Maße sozialphilosophisch und kultur-
kritisch orientiert, so finden sich gegenwärtig in zunehmen-
dem Maße sozialwissenschaftliche Untersuchungen, die

unter Hinzuziehung empirischer Arbeiten ein Gesellschaftskonzept zu entwickeln versuchen. In diesem Zusammenhang entstand eine Reihe von Untersuchungen zur Rolle des Staates im Spätkapitalismus (vgl. Offe 1972; Habermas 1973; Hirsch 1974). Diese Untersuchungen haben sich darum bemüht, das Grundkonzept einer kritischen Gesellschaftstheorie an die gesellschaftlichen Bedingungen der Gegenwart anzupassen und dabei weiter zu präzisieren. So versuchte z. B. Offe (1972) bestimmte Entwicklungstendenzen der gegenwärtigen Gesellschaft auf den Begriff zu bringen; er führte den Nachweis, daß sich die bekannten Erscheinungsformen des Konkurrenzkapitalismus des 19. Jahrhunderts heute nicht mehr ohne weiteres in der gesellschaftlichen Realität aufweisen lassen; statt dessen haben sich im gegenwärtigen Kapitalismus andere Erscheinungsformen herausgebildet, bei denen die Prinzipien kapitalistischer Wirtschaftsordnung nicht immer so klar zu erkennen sind. Zwar bleibt der Widerspruch zwischen »wachsender Vergesellschaftung« der Produktion und ihrer »privaten Aneignung« bzw. zwischen den »Produktivkräften« und den »Produktionsverhältnissen« erhalten; doch bilden sich im Spätkapitalismus neue Erscheinungsformen dieses Widerspruchs heraus, ohne daß dadurch die traditionellen Erscheinungsformen jedoch völlig aufgehoben werden. Thesenartig versucht Offe einige dieser neuen Erscheinungsformen auf den Begriff zu bringen (1972, S. 182 f.):

»1. Der Widerspruch zwischen Einzelkapital und den Bestandsbedingungen des Kapitalismus als einer sozialökonomischen Formation ist, etwa seit dem Zweiten Weltkrieg und unter entscheidender Mitwirkung ›revisionistischer‹ Parteien und Gewerkschaften, auf dem Wege der Institutionalisierung formell politischer Interventions- und Dispositionsspielräume seiner antagonistischen *Erscheinungsform* entkleidet und auf die Logik eines Dilemmas reduziert worden, das so sehr manipulierbar ist, daß die systemsprengenden Konsequenzen ökonomischer Krisen und ökonomischer Konflikte neutralisiert werden können.

2. Die Präokkupation des Staatsapparates mit dieser seiner Hauptfunktion hat den beobachtbaren Effekt einer strukturell notwendigen und fortschreitenden Frustration und Verelendung aller der gesellschaftlichen Lebensbedürfnisse bzw. ihrer Befriedigungschancen, die zu ›versorgen‹ für den Kapitalverwertungsprozeß nicht unmittelbar bedeutsam ist, und *soweit* es das nicht

ist. (Das mag man ›Disparitäten‹ nennen oder, wenn denn der Ausdruck anstößig ist, auch anders.)

3. Die zunehmend *staatliche* Organisation des technischen Fortschritts, die vorwiegend *oligopolistische Organisation* sowohl des Güter- als auch des Arbeitsmarktes sowie einige andere Faktoren haben das gemeinsame Ergebnis, daß die *sowohl* arbeits- wie kapitalsparende Investition zum vorherrschenden Typus des einzelnen Akkumulationsprozesses geworden ist. Das hat die Folge nicht nur einer permanenten (statt periodischen) Unterausnutzung des Kapitals (dauernde Überkapazitäten, Mangel an ›investment-outlets‹), sondern ebenso der Entstehung eines Potentials von nicht-absorbierbarer ›surplus-Arbeitskraft‹, die eine Zeitlang auf den ›nicht-produktiven‹, ›tertiären‹ Sektor irrational organisierter Distributions- und Verwaltungsfunktionen verlagert wird, dann aber zunehmend aus dem Reproduktionsprozeß vollends ausgeschlossen und nicht einmal mehr als ›Reservearmee‹ negativ auf ihn bezogen ist. . . .

4. Die Ressourcen (›Macht‹), die den Staatsapparat in die Lage versetzen, seine Koordinations- und Krisenvermeidungsfunktionen auszuüben, sind nun zweifellos nicht genuin ökonomischer Natur. . . . An dieser Stelle kommen genuin politische Ressourcen ins Spiel, nämlich Massenloyalität und massenhafte Akklamationsbereitschaft einerseits, die Transformation parlamentarisch-repräsentativer Verfassungsorgane zu ›Filterinstitutionen‹ und PR-Agenturen der Exekutive andererseits. In dieser Situation wird Massenloyalität (oder genauer: der positive Saldo von Repression — die Loyalität partiell ersetzen, aber nicht auf sie verzichten kann — und Massenloyalität) zu einer entscheidenden und kritischen Variablen des Gesamtsystems.«

In der so charakterisierten Situation der spätkapitalistischen Gesellschaft kommt den »*Auffangmechanismen*« eine erhebliche Bedeutung zu, mit denen der Staat immer wieder versucht, die Krisen des kapitalistischen Systems zu kompensieren oder aber ihnen prophylaktisch entgegenzuwirken. Insbesondere auf drei Ebenen wird der Versuch gemacht, mit Hilfe dieser Auffangmechanismen die selbstdestruktiven Tendenzen der Gesellschaft zu kompensieren:

1. Auf der Ebene der *Einzelkapitale* zeigt sich eine zunehmende Tendenz zur *Oligopolisierung* und *Monopolisierung*, mit deren Hilfe die Existenzrisiken der Unternehmen, die aus der Konkurrenzsituation entstehen, verringert werden. So werden von einer bestimmten Größe ab die Wirtschaftsunternehmen marktunabhängig.

2. Auf der Ebene des *Gesamtkapitals* geht es darum, durch systematische Investitionen den *wissenschaftlich-technischen Fortschritt* und damit eine profitable Kapitalinvestition zu

sichern. Dabei müssen die Bereiche der Forschung und der
Entwicklung miteinander verknüpft werden, um eine effi-
ziente Verwertung von Forschungsergebnissen im Interesse der Kapitalverwertung zu gewährleisten (vgl. Hirsch
1971, 1974).
3. Schließlich geht es auf der Ebene der *gesamtgesellschaftlichen* Struktur darum, durch eine *»interventionistische
Staatstätigkeit«* das gesamte Gesellschaftssystem funktions-
fähig zu erhalten. In diesem Zusammenhang gilt es, durch
antizyklische Gegensteuerungen Krisen aufzufangen und
die Interessen einzelner Gruppen daran zu hindern, die
Gesamtgesellschaft zu gefährden (vgl. Habermas 1973;
Offe 1972).
Diese drei »Auffangmechanismen« greifen in der gesellschaftlichen Wirklichkeit ineinander und können nur in
analytischer Absicht voneinander getrennt werden. Für das
Erziehungswesen sind vor allem die beiden letztgenannten
»Auffangmechanismen« von zentraler Bedeutung. Denn
in ihrem Rahmen erfolgen die staatlichen Investitionen,
die für den Bildungsbereich und seine Weiterentwicklung
wichtig sind. Mit Hilfe dieser Auffangmechanismen soll
die *Legitimität* der gesellschaftlichen Macht und damit zugleich auch die *Massenloyalität* erhalten werden, die aufgrund bestimmter gesellschaftlicher Entwicklungen in Frage
gestellt werden bzw. in eine Krise geraten (vgl. Habermas
1972).
Unter den Bedingungen des Spätkapitalismus entstehen die
einer solchen Krise zugrunde liegenden Konflikte zwar in
der Produktionssphäre, sie werden aber nicht mehr dort
ausgetragen, sondern an die Peripherie verdrängt. Es ergibt sich eine Situation, die Offe (1972a, S. 160) darin
charakterisiert sieht, »daß im staatlich regulierten Kapitalismus nicht mehr der globale Konflikt zwischen Klassen
das dynamische Zentrum sozialen Wandels darstellt; er
wird zunehmend überlagert von einem ›horizontalen‹
Schema der Ungleichheit, der Disparität von Lebensberei-
chen. Allerdings ist es wahrscheinlich, daß die in der klassischen Phase des Kapitalismus unterprivilegierten Gruppen
und Schichten auch am ehesten die Leidtragenden jener
Systemdefekte sein werden, die die gleichmäßige Entfaltung der Produktivkräfte und der Freiheitschancen in allen
Bereichen des gesellschaftlichen Lebens unterbinden. Im un-

teren Bereich der Einkommensskala kumulieren sich gleichsam die Effekte distributiver Benachteiligung und horizontaler Disparität.« Infolge dieser Entwicklung kommt es zur Herausbildung verschiedener gesellschaftlicher Lebenswelten, in denen sich im Hinblick auf die Lebensqualität erhebliche Unterschiede zeigen. Insofern die verschiedenen Lebenswelten aber die Sozialisationsprozesse bestimmen, denen die nachwachsende Generation ausgeliefert ist, schlägt sich die Disparität der Lebenswelten auch in den familialen Sozialisationsprozessen nieder. Da diese Prozesse einen erheblichen Einfluß auf das schulische Verhalten der Kinder haben, wirkt sich die Disparität zwischen den Lebenswelten der verschiedenen gesellschaftlichen Klassen bzw. Schichten auch unmittelbar auf das Erziehungswesen aus.

6. Kommunikation — Diskurs

Eine zentrale Bedeutung für die Erziehungswissenschaft haben auch Habermas' »Vorbereitende Bemerkungen zu einer Theorie der kommunikativen Kompetenz« (1971) und die damit im Zusammenhang stehenden zahlreichen Arbeiten zur Sprach-, Kommunikations- und Diskurstheorie erlangt. In dem genannten Beitrag zur Theorie der kommunikativen Kompetenz geht es darum, »das System von Regeln zu rekonstruieren, nach dem kommunikativ kompetente Sprecher aus Sätzen Äußerungen bilden und in andere Äußerungen umformen« (a.a.O., S. 107). »Äußerungen« unterscheiden sich von »Sätzen« insofern, als sie eine »pragmatische Einheit der Rede« bilden, die auf einen »elementaren Satz als linguistische Einheit« unter Absetzung vom Vollzug der Kommunikation reduziert werden kann.

Im Verlauf seiner Analyse unterscheidet Habermas zwei Formen umgangssprachlicher Kommunikation, das *kommunikative Handeln* und den *Diskurs*: »In Gesprächen, die als kommunikatives Handeln fungieren . . ., sind Äußerungen als kommunikatives Handeln gerade daran zu erkennen, daß sie in den Kontext außersprachlicher Äußerungen eingelassen sind. In Diskursen hingegen sind nur sprachliche Äußerungen thematisch zugelassen; die Handlungen und Expressionen der Beteiligten begleiten zwar

den Diskurs, aber sie sind nicht Bestandteil des Diskurses«
(a.a.O., S. 114 f.).

Des weiteren wird im Rahmen kommunikativen Handelns
die Geltung von Sinnzusammenhängen unproblematisiert
vorausgesetzt. Die Kommunikation vollzieht sich unter
gegenseitiger Anerkennung der Person und unter Anerkennung der Geltung des Gesagten. Diese im *Sprachspiel der
Kommunikation* geltenden Sinnzusammenhänge lassen
sich auf vier Ebenen differenzieren. Habermas beschreibt
sie wie folgt:

»Ein Sprachspiel verläuft ungestört, wenn sich die sprechenden
und handelnden Subjekte in ihren Äußerungen so verstehen,
daß sie
a) den pragmatischen Sinn der interpersonalen Beziehung (der
im Sprechakt auch verbalisiert werden kann) intentional mitteilen und entsprechend auffassen können;
b) den Sinn des propositionalen Gehaltes ihrer Äußerungen
intentional mitteilen und entsprechend auffassen können;
c) den Geltungsanspruch der Meinungen, die sie kommunizie-
ren, nicht in Frage stellen; und
d) den Geltungsanspruch der Handlungsnorm, der sie jeweils
folgen wollen, akzeptieren können« (a.a.O., S. 116).

Entsprechend diesen Ausführungen lassen sich also für
jedes kommunikative Handeln zwei kontrafaktische Erwartungen explizieren (a.a.O., S. 118 f.): »Wir erwarten,
daß handelnde Subjekte allen Normen, denen sie folgen,
intentional folgen« (Intentionalitätserwartung). »Wir
erwarten, daß handelnde Subjekte nur Normen folgen,
die ihnen gerechtfertigt erscheinen« (Legitimitätserwartung).

In Abgrenzung von diesen Elementen kommunikativen
Handelns wird im Diskurs der Gültigkeitsanspruch problematisiert; es wird versucht, die problematisierten Geltungsansprüche von Meinungen und Normen durch die *Virtuali-
sierung von Handlungszwängen* und *Geltungsansprüchen*
zu begründen, wobei die im kommunikativen Handeln naiv
vorgenommene Idealisierung der Kommunikationssituation und des Gegenübers als Unterstellung auch im Diskurs
erhalten bleibt:

»Diese beiden kontrafaktischen Erwartungen (Intentionalitäts-
und Legitimitätserwartung in der Kommunikationssituation,
Ch. W.), die in der für Handelnde unvermeidlichen Idealisierung der wechselseitig imputierten Zurechenbarkeit enthalten
sind, verweisen also auf eine in praktischen Diskursen grund-

sätzlich erreichbare Verständigung. Der Sinn des Geltungsanspruchs von Handlungsnormen besteht mithin in dem Versprechen, daß das faktische Verhalten der Subjekte als ein verantwortliches Handeln zurechnungsfähiger Subjekte erwiesen werden kann. So beruht die Geltung einer Norm auf dem Anspruch diskursiver Begründbarkeit: wir supponieren, daß die Subjekte sagen können, welcher Norm sie folgen *und warum* sie diese Norm als gerechtfertigt akzeptieren . . .« (a.a.O., S. 119).

Davon ausgehend, daß Verständigung nicht ohne die Unterscheidung des wahren vom falschen Konsens möglich ist, stellt Habermas die Behauptung auf, die er im weiteren auch zu belegen versucht, *»daß wir in jedem Diskurs genötigt sind, eine ideale Sprechsituation zu unterstellen . . .«* (a.a.O., S. 122). Ideal nennt Habermas im Hinblick auf die Unterscheidung des wahren vom falschen Konsensus eine Sprechsituation, »in der die Kommunikation nicht nur nicht durch äußere kontingente Einwirkungen, sondern auch nicht durch Zwänge behindert wird, die aus der Struktur der Kommunikation selbst sich ergeben. Die ideale Sprechsituation schließt systematische Verzerrung der Kommunikation aus« (a.a.O., S. 137). Auf der Grundlage der Notwendigkeit einer Unterscheidung von wahrem und falschem Konsens wird der Versuch gemacht, Elemente einer *Konsensustheorie der Wahrheit* zu benennen, der im Zusammenhang der Begründungsproblematik in der Wissenschaftstheorie erhebliche Bedeutung zukommt. Danach kann über die Wahrheit von Theorien nur durch einen Konsensus im Rahmen eines Diskurses entschieden werden; auf einen Diskurs und den Versuch, Konsensus herzustellen, müssen sich daher die verschiedenen Parteien einlassen.

»Die Unterscheidung des wahren vom falschen Konsensus muß in Zweifelsfällen durch Diskurs entschieden werden. Aber der Ausgang des Diskurses ist wiederum von der Erzielung eines tragfähigen Konsensus abhängig. Die Konsensustheorie der Wahrheit bringt zu Bewußtsein, daß über die Wahrheit von Aussagen nicht ohne Bezugnahme auf die Kompetenz möglicher Beurteiler, und über diese Kompetenz wiederum nicht ohne Bewertung der Wahrhaftigkeit ihrer Äußerungen und der Richtigkeit ihrer Handlungen entschieden werden kann« (a.a.O., S. 134).

Da die in jedem Diskurs notwendig unterstellte bzw. antizipierte ideale Sprechsituation unter anderem gekennzeichnet ist durch die »Gegenseitigkeit ungekränkter Selbstdarstellung«, also die »Reziprozität von Verhaltenserwartungen« sowie durch »die Gleichverteilung von Chancen, zu befehlen und sich zu widersetzen, zu erlauben und zu verbieten, Versprechen zu geben und abzunehmen, Rechenschaft abzulegen und zu verlangen«, wodurch die Möglichkeit gesichert ist, jederzeit in Diskurse eintreten zu können, erweisen sich »die kontrafaktischen Bedingungen der idealen Sprechsituation ... als Bedingungen einer idealen Lebensform, ... die der Maxime Geltung verleiht, daß sich, wann immer wir in der Absicht, einen Diskurs zu führen, eine Kommunikation aufnehmen und nur lange genug fortsetzen würden, ein Konsensus ergeben müßte, der per se wahrer Konsensus wäre« (a.a.O., S. 138 f.). In diesem Versuch, Sprachtheorie und Kommunikationstheorie dadurch in Bezug zu einer kritischen Gesellschaftstheorie zu setzen, daß die enge Verflechtung von idealer Sprechsituation und idealer Lebensform herausgestellt wird, stehen Habermas' Bemühungen um die Entwicklung einer Theorie kommunikativer Kompetenz durchaus in der Tradition der Kritischen Theorie, die sie in der klassischen Form hier weiterentwickelt.

7. Theorie-Praxis-Verhältnis

Das Theorie-Praxis-Verhältnis stand in der Kritischen Theorie und in den kritischen Sozialwissenschaften von Anfang an im Zentrum der Reflexion. Dies zeigt sich bereits in Horkheimers ersten Schriften, in denen er deutlich macht, daß kritisches Verhalten unmittelbar auf die gesellschaftliche Praxis gerichtet sein muß.

»An der Existenz des kritischen Verhaltens, das freilich Elemente der traditionellen Theorien und dieser vergehenden Kultur überhaupt in sich birgt, hängt heute die Zukunft der Humanität. Eine Wissenschaft, die in eingebildeter Selbständigkeit die Gestaltung der Praxis, der sie dient und angehört, bloß als ihr Jenseits betrachtet und sich bei der Trennung von Denken und Handeln bescheidet, hat auf die Humanität schon verzichtet. Selbst zu bestimmen, was sie leisten, wozu sie dienen soll, und zwar nicht nur in einzelnen Stücken, sondern in ihrer Totalität, ist das auszeichnende Merkmal der denkerischen Tätigkeit. Ihre eigene Beschaffenheit verweist sie daher auf geschichtliche Veränderung, die Herstellung eines gerechten Zustands unter den Menschen« (Horkheimer 1970, S. 56).

Kritisches Denken im Sinne der Kritischen Theorie darf und kann also nicht ausschließlich erkenntnisorientiert sein. Theorie muß ein unmittelbares Interesse an der Verbesserung gesellschaftlicher Zustände haben. Sie muß ihre *Entstehungsbedingungen* und den *Verwendungszusammenhang*, in dem sie steht, reflektieren. In diesem Prozeß muß die Theorie sich selbst — einschließlich ihrer Entstehungs- und Verwendungsbedingungen — ideologiekritisch daraufhin befragen, welche gesellschaftliche Funktion sie innehat und welche Möglichkeiten sich ihr bieten, auf die *gesellschaftliche Praxis* einzuwirken. Insofern die Kritische Theorie die strikte »Arbeitsteilung« zwischen Theorie und Wissenschaft einerseits und gesellschaftlicher Praxis andererseits als für eine bestimmte gesellschaftliche Situation charakteristisch und daher als prinzipiell veränderbar begreift, kann der »Wert« von Theorien nicht unabhängig von der gesellschaftlichen Praxis lediglich im Rahmen der Forschung bestimmt werden. Vielmehr kommt der gesellschaftlichen Praxis die Aufgabe zu, über den Wert von Theorien insofern zu entscheiden, als sich Theorien in der gesellschaftlichen Praxis zu bewähren haben.

Unter dem Einfluß der Kriegserlebnisse und der gesellschaftlichen Entwicklung in der damaligen und der nachfolgenden Zeit wandelt sich im Rahmen der Kritischen Theorie die Einschätzung der Möglichkeit, mit Hilfe der Theorie auf die gesellschaftliche Praxis verändernd einzuwirken. Prägnant charakterisiert Reichelt (1976, S. 357) diese Entwicklung:

»Die zentralen Gedankengänge der Kritischen Theorie wurden in einer historischen Situation formuliert, in der sich diese Theorie als Moment eines revolutionären Prozesses begreifen konnte: angesichts der Not des Proletariats war die Hoffnung auf eine gewaltsame Veränderung der Gesellschaft durchaus begründet. Die zunehmende Integration der Arbeiterklasse in die bürgerliche Gesellschaft ließ jedoch Praxis immer mehr zu einer Leerstelle in der Theorie werden, das herzustellende Gesamtsubjekt zu einer Art regulativer Idee. Die Theorie versteht sich schließlich als das übrig gebliebene richtige Bewußtsein eines sich hermetisch abdichtenden Systems.«

Die so veränderte Einschätzung der gesellschaftlichen Funktion der Theorie bedeutete die Aufgabe des Primats, der zunächst der gesellschaftlichen Praxis gegenüber der Theorie zugeschrieben worden war. Die Aufgabe des Primats gesellschaftlicher Praxis wurde erforderlich, da man davon ausging, daß die Praxis so vollständig von den Verwertungsgesetzen der bürgerlichen Gesellschaft bestimmt wurde, daß sich unter den gegebenen gesellschaftlichen Bedingungen kaum ein Weg zur Verbesserung der Praxis im Sinne »vernünftiger Zustände« anbot. In dieser Situation gewann die Theorie insofern an Bedeutung, als ihr die Aufgabe zukam, die prinzipiellen Möglichkeiten von Praxis offenzuhalten; die dabei von der Theorie an die Praxis gestellten Forderungen waren allerdings nicht immer frei von dogmatischen und ahistorischen Elementen. Solche finden sich z. B. auch in Horkheimers und Adornos »Dialektik der Aufklärung« und in Adornos »Negativer Dialektik« sowie in Marcuses »Der eindimensionale Mensch«. Mit dem in diesen Arbeiten sich artikulierenden Selbstverständnis der Kritischen Theorie ist ein *resignativer Zug* in der Beurteilung der Handlungsmöglichkeiten des einzelnen verbunden, der zur Vernachlässigung des subjektiven Faktors führt und bewirken kann, daß der einzelne in *Apathie* verfällt und schließlich handlungsunfähig wird.

Sollte zunächst mit Hilfe der Reflexion (Theorie) im Rahmen der Aufklärung die Befreiung aus »Unmündigkeit« und Abhängigkeit erreicht werden, so zeigte sich bald die Gefahr, daß dieser Anspruch in sein Gegenteil verkehrt werden kann: »statt der Aneignung des Gegebenen (mit Hilfe der Theorie, Ch. W.) dessen Verbrauch, statt der Verwirklichung der Vernunft deren Spaltung, statt der Anleitung der Praxis eine Verkümmerung derselben zur reflexionslosen Verhaltenstechnik« (Kamper 1974b, S. 26 f.). Das Ergebnis dieser Entwicklung konnte nun nur noch die Festschreibung der kritisierten gesellschaftlichen Situation durch die Kritische Theorie sein.

»Wo sich Widerstand in Form gedanklicher Differenzierung, kontrafaktisch und radikal ansetzend, noch halten kann, gibt es auf der einen Seite bestenfalls eine ›kritische Theorie‹, die die Unmöglichkeit von Praxis theoretisch festhält, auf der anderen Seite höchstens eine ›revolutionäre Praxis‹, die ihre Konstituentien suggestiv propagiert und sich ihren Wahncharakter durch permanente Veränderung der Aufmerksamkeit zu verbergen trachtet« (a.a.O., S. 27).

Für die Kritische Theorie der »Negativen Dialektik« war dieser kontrafaktische Widerstand des Denkens und die

Einsicht, daß unter den gegebenen gesellschaftlichen Bedingungen gelingende Praxis unmöglich ist, das charakteristische Merkmal.

Erst bei Habermas wird das *Theorie-Praxis-Verhältnis* neu angegangen. In seinem Buch »Theorie und Praxis« geht es um die Entfaltung der »Idee einer in praktischer Absicht entworfenen Theorie der Gesellschaft und ihre Abgrenzung gegenüber anderen Theorien« (Habermas 1972, S. 9 f.). Unter Rückgriff auf den frühen Horkheimer heißt es:

»Mit der Reflexion ihres Entstehungs- und der Antizipation ihres Verwendungszusammenhangs begreift sich die Theorie selbst als ein notwendiges katalysatorisches Moment desselben gesellschaftlichen Lebenszusammenhangs, den sie analysiert; und zwar analysiert sie ihn als einen integralen Zwangszusammenhang unter dem Gesichtspunkt seiner möglichen Aufhebung. Die Theorie erfaßt also eine doppelte Beziehung zwischen Theorie und Praxis: sie untersucht einerseits den geschichtlichen Konstitutionszusammenhang einer Interessenlage, der die Theorie gleichsam durch die Akte der Erkenntnis hindurch noch angehört; und andererseits den geschichtlichen Aktionszusammenhang, auf den die Theorie handlungsorientierend einwirken kann.«

Hier wird der Versuch gemacht, die vor allem beim späten Adorno von der Praxis losgelöste Theorie — wenigstens theoretisch — wieder mit der Praxis zu verbinden. Im einzelnen geht es um die Klärung von drei Aspekten des Verhältnisses von Theorie und Praxis: »(1) Den empirischen Aspekt des Verhältnisses von Wissenschaft, Politik und öffentlicher Meinung in spätkapitalistischen Gesellschaftssystemen; (2) den epistemologischen Aspekt des Zusammenhangs von Erkenntnis und Interesse; und schließlich (3) den methodologischen Aspekt einer Gesellschaftstheorie, die die Rolle der Kritik soll übernehmen können« (a.a.O., S. 11).

Im Zusammenhang mit dem ersten Aspekt stellt Habermas die Frage nach dem Theorie-Praxis-Verhältnis als Frage nach dem empirischen Aspekt des Verhältnisses von Wissenschaft, Politik und öffentlicher Meinung. Insofern es sich im politischen Kontext vorwiegend um praktische Fragen, d. h. um die Annahme oder Ablehnung von Normen handelt, muß die Theorie »ihrer Struktur nach zur Klärung praktischer Fragen dienen«, d. h., sie muß darauf angelegt sein, »in kommunikatives Handeln einzugehen« (a.a.O., S. 11). Die im Rahmen solcher Theorien erarbeiteten Interpretationen praktischer Fragen können sich »nicht unmittelbar als Handlungsorientierungen« auswirken. »In politisch folgenreiche Aufklärungsprozesse können sie deshalb nur umgesetzt werden, wenn die institutionellen Bedingungen für praktische Diskurse im breiten Staatsbürgerpublikum erfüllt sind« (a.a.O., S. 11). Da dies aber nicht der Fall ist, muß eine im Hinblick auf praktische Fragen entwickelte Theorie auch die »restriktiven Zwänge« untersuchen, die derartige Kommunikationseinschränkungen bewirken. Einen Beitrag zur Untersuchung der Voraussetzungen und der einschränkenden Bedingungen für die Institutionalisierung praktischer Diskurse zur Klärung von praktischen Fragen stellte Habermas' Untersuchung über den »Strukturwandel der Öffentlichkeit« dar. In dieser historischen Untersuchung ging es einmal darum, zu zeigen, daß »die Fiktion einer Herrschaft auflösenden diskursiven Willensbildung zum ersten Mal im politischen System des bürgerlichen Rechtsstaates wirksam institutionalisiert worden« ist; zum anderen galt es, »die Unvereinbarkeit der Imperative des kapitalistischen Wirtschaftssystems mit Forderungen eines demokratisierten Willensbildungsprozesses« herauszuarbeiten (a.a.O., S. 11). Bis in die Gegenwart herein wirkt sich dieser Widerspruch auf die Ermöglichung und Einschränkung von praktischen Diskursen, auf die theoretische Klärung praktischer Fragen aus. Heute spielen in diesem Zusammenhang vor allem zwei Entwicklungstendenzen eine wichtige Rolle. Einmal handelt es sich um die Zunahme der interventionistischen Staatstätigkeit, mit deren Hilfe krisenhafte Gesellschaftsentwicklungen aufgefangen werden sollen. Zum anderen geht es um die wachsende Interdependenz von Forschung, Technik und staatlicher Administration. »Staatsinterventionismus und geplanter wissenschaftlich-technischer Fortschritt können als Regulative für die Ungleichgewichte und Konflikte dienen, die sich aus einem durch Kapitalverwertungsimperative gesteuerten Produktionsprozeß ergeben« (a.a.O., S. 12). Dabei entsteht allerdings ein Konflikt zwischen der Steuerungstätigkeit der staatlichen Verwaltung und dem Produktivitätspotential von Wissenschaft. Der Konflikt besteht darin, daß »einerseits die unter ökonomischen Imperativen eingespielten Prioritäten nicht von einem allgemeinen diskursiven Willensbildungsprozeß abhängig gemacht wer-

den dürfen . . ., aber andererseits der Ausschluß folgenrei-
cher praktischer Fragen aus einer entpolitisierten Öffentlichkeit« problemlos auch nicht erfolgen kann (a.a.O.,
S. 13), da die Erörterung derartiger praktischer Fragen
dem Staat die heute dringender denn je benötigte Legitimation verschafft, die ihm die Erhaltung der Massenloyalität ermöglicht. Aufgrund dieser Entwicklungen erhält
die Wissenschaft einschließlich der Wissenschaftsforschung
eine zunehmend wichtiger werdende Funktion für die
Lösung praktischer Fragen; daher kommt der materiellen Wissenschaftskritik und der Entwicklung einer Praxeo-
logie eine verstärkte Bedeutung zu. Vor allem mit Hilfe
von Praxeologien soll eine praktische Verwertung der
Erkenntnis, durch die Umsetzung in praktische Strategien
einerseits und in kommunikative Praxis andererseits, erreicht werden und somit ein Beitrag zur Vermittlung von
Theorie und Praxis erzielt werden.
Im Zusammenhang mit dem zweiten Aspekt stellt Habermas die Frage nach dem Theorie-Praxis-Verhältnis als
Frage nach dem epistemologischen Aspekt des Zusammenhangs zwischen Erkenntnis und Interesse. Zugleich entwirft
er damit das Programm einer Wissenschaftstheorie, »die
den Konstitutions- und den Verwendungszusammenhang
wissenschaftlicher Theorien überhaupt systematisch erfassen
soll« (a.a.O., S. 15). Ausgangspunkt dafür war die Frage nach den Systemen von Grundbegriffen, »innerhalb
deren wir unsere Erfahrungen a priori und vor aller Wissenschaft organisieren, freilich so, daß auch die Bildung wissenschaftlicher Objektbereiche dadurch präjudiziert ist«
(a.a.O., S. 15). Habermas unterscheidet zunächst zwei solcher »Systeme von Grundbegriffen«, mit deren Hilfe
Erfahrungen gemacht werden. Einmal handelt es sich um
den Funktionskreis instrumentalen Handelns, in dessen
Rahmen Erfahrungen mit Dingen gemacht werden, zum
anderen um den Bereich der Interaktion, in welchem man
Erfahrungen mit sprechenden und handelnden Personen
macht. Wie bereits ausgeführt wurde, sind die »Objektbereiche der empirisch-analytischen und der hermeneutischen Wissenschaften . . . in diesen Vergegenständlichungen
der Realität, die wir alltäglich unter dem Gesichtspunkt
der technischen Verfügbarkeit und der intersubjektiven
Verständlichkeit immer schon vornehmen, fundiert«

(a.a.O., S. 15). Je nach Wissenschaftsrichtung unterscheiden sich die »theoretischen Grundbegriffe«, der »logische Aufbau der Theoreme«, das »Verhältnis von Theorie und Gegenstandsbereich« sowie die »Kriterien der Überprüfung«. Erheblich sind die Unterschiede zwischen den Wissenschaften vor allem im Hinblick auf die pragmatische Funktion, die »die in verschiedenen Wissenschaften erzeugten Informationen jeweils haben können«. Während das empirisch-analytische Wissen auf kausale Erklärungen und begrenzte — auf beobachtbare Ereignisse bezogene — Prognosen zielt, bemüht sich die Hermeneutik um die Interpretation von tradierten Sinnzusammenhängen. Während im Fall empirisch-analytischer Wissenschaft eine »Vergegenständlichung der Realität« unter dem Gesichtspunkt »technischer Verfügbarkeit« erfolgt, geht es bei den hermeneutischen Wissenschaften um »intersubjektive Verständlichkeit«. In beiden Wissenschaftsrichtungen kommen »erkenntnisleitende Interessen zum Ausdruck, die einen quasitranszendentalen Status haben« und die daher invariant sind. »Sie ergeben sich vielmehr aus Imperativen der an Arbeit und Sprache gebundenen soziokulturellen Lebensform« (a.a.O., S. 16). Von den beschriebenen technischen und praktischen Erkenntnisinteressen unterscheidet sich das Interesse an Emanzipation als konstitutives Interesse Kritischer Theorie. Aus ihm ergibt sich die Erfahrung der emanzipativen Kraft der Reflexion, die das Subjekt in dem Maße, als es »sich in seiner Entstehungsgeschichte transparent wird, an sich erfährt. Die Erfahrung der Reflexion artikuliert sich inhaltlich im Begriff des Bildungsprozesses, methodisch führt sie zu einem Standpunkt, von dem aus die Identität der Vernunft mit dem Willen zur Vernunft zwanglos sich ergibt. In der Selbstreflexion gelangt eine Erkenntnis um der Erkenntnis willen mit dem Interesse an Mündigkeit zur Deckung; denn der Vollzug der Reflexion weiß sich als Bewegung der Emanzipation« (Habermas 1973, S. 244 f.). Eine in diesem Sinne kritische Wissenschaft zielt auf die Aufklärung der Wissenschaft über sich selbst, d. h. über ihre Entstehungs- und Verwendungsbedingungen, mit dem Ziel, aus der Selbstreflexion Erkenntnisse über die Veränderung der Praxis im Sinne der Emanzipation zu gewinnen. Nach Auffassung von Habermas ist eine solche kritische Ausrichtung der Wissenschaft auf die gesellschaftliche Praxis unter den gegebenen gesellschaftlichen Bedingungen unerläßlich, um zu vermeiden, daß Wissenschaft von gesellschaftlichen Interessengruppen unkritisch in Dienst genommen wird.

Bei dem dritten von Habermas in Angriff genommenen Beitrag zum Theorie-Praxis-Verhältnis geht es um die methodologischen Aspekte einer kritischen Gesellschaftstheorie. Dadurch daß eine solche Theorie ihren Entstehungs- und ihren Verwendungszusammenhang reflektiert, ergibt sich gleichsam¹ »als eine methodologische Innenansicht des Verhältnisses von Theorie und Praxis, auch ein verändertes Verhältnis von Theorie und Empirie« (Habermas 1972, S. 17). Eine in praktischer Absicht entwickelte Gesellschaftstheorie muß der Tatsache Rechnung tragen, daß das erkennende Subjekt eine »eigentümliche Stellung« zu seinem Gegenstandsbereich einnimmt, »der sich aus den generativen Leistungen sprach- und handlungsfähiger Subjekte aufbaut und gleichwohl objektive Gewalt auch über diese Subjekte selber gewonnen hat« (a.a.O., S. 17). Um diesen Gesichtspunkt angemessen zu berücksichtigen und nicht den wissenschaftstheoretischen Verkürzungen anderer Wissenschaftsrichtungen zu erliegen, entwickelt Habermas vier Abgrenzungsgesichtspunkte, durch die sich eine kritische Wissenschaft gegenüber der traditionellen Wissenschaft und der Philosophie unterscheidet. Am Beispiel der Soziologie führt er dazu aus (a.a.O., S. 17 ff.):

1. »Gegenüber dem Objektivismus der strengen Verhaltenswissenschaften hütet sich die kritische Soziologie vor einer Zurückführung des intentionalen Handelns auf Verhalten.«

2. »Gegenüber dem Idealismus der geisteswissenschaftlichen Hermeneutik hütet sich die kritische Soziologie vor einer Zurückführung der in Gesellschaftssystemen vergegenständlichten Sinnzusammenhänge auf die Gehalte kultureller Überlieferung. Ideologiekritisch hinterfragt sie den faktisch eingespielten Konsensus, der die jeweils geltenden Traditionen stützt, im Hinblick auf die in die symbolischen Strukturen der Sprach- und Handlungssysteme unauffällig eingelassenen Machtbeziehungen.«

3. »Gegenüber dem Universalismus einer umfassend angelegten Systemtheorie hütet sich die kritische Soziologie vor der Zurückführung aller gesellschaftlichen Konflikte auf ungelöste Probleme der Steuerung selbtgeregelter Systeme.«

4. »Gegenüber dem dogmatischen Erbe der Geschichtsphilosophie schließlich hütet sich die kritische Soziologie vor einer Überanstrengung der reflexionsphilosophischen Begriffe.«

Jede dieser Abgrenzungen kritischer Wissenschaft gegenüber den anderen Wissenschaftsrichtungen enthält zugleich
Aussagen über das Verhältnis von Wissenschaft und Gegenstandsbereich und damit auch über das Verhältnis von
Theorie und Praxis; über die Soziologie hinaus können
diese Aussagen auch für die Erziehungswissenschaft Geltung
beanspruchen. So distanziert sich auch eine kritische Erziehungswissenschaft davon, intentionales Handeln auf Verhalten zu reduzieren. Sie vermeidet die Zurückführung der
in Gesellschafts- und Erziehungssystemen vergegenständlichten Sinnzusammenhänge auf die »Gehalte kultureller
Überlieferung«. Vielmehr fragt sie ideologiekritisch nach
den Gründen, auf die sich bestimmte Traditionen stützen,
und nach den in Sprach- und Handlungssystemen enthaltenen Machtstrukturen. Sie grenzt sich von Ansätzen ab,
die alle ungelösten Probleme und Konflikte auf Fragen
der Steuerung selbstgeregelter Systeme reduzieren. Sie hütet
sich vor einer Überanstrengung der reflexionsphilosophischen Begriffe.

Kritische Theorie der Erziehung

In deutlicher Abgrenzung gegenüber der geisteswissenschaftlichen Pädagogik und der empirischen Erziehungswissenschaft versucht die kritische Erziehungstheorie das ob-
jektivistische Selbstmißverständnis dieser Theorien zu vermeiden, die nicht in der Lage sind, sich gegenüber dem
gesellschaftlichen Entwicklungsstand der Erziehung kritisch
zu verhalten. Ausgangspunkt für eine solche Abgrenzung
ist die kritische Aufarbeitung des historisch-gesellschaftlichen Charakters der Erziehung. In ihrem Verlauf gilt es,
die *Interdependenz* zwischen dem jeweiligen *Erziehungssystem* und der *Struktur der Gesellschaft* herauszuarbeiten.
Dazu gehört unter anderem eine Analyse des Prozesses, in
dem sich bestimmte politische und ökonomische Grund-
strukturen der Gesellschaft auf die Erziehung auswirken;
dazu gehört aber auch die Frage danach, welche Funktionen das Erziehungssystem in seiner jeweiligen Ausprägung
für die Gesellschaft wahrnimmt. Eine kritische Theorie der
Erziehung muß versuchen, den in der Erziehungspraxis
tätigen Lehrern zu helfen, die meist undurchschaute Ab-

hängigkeit des Erziehungssystems von den gegebenen Gesellschaftsstrukturen zu erkennen. Dadurch kann sie zwar die Abhängigkeit der Erziehungssysteme von den Strukturen der Gesellschaft nicht abschaffen; durch eine entsprechende »Aufklärung« kann sie jedoch deren Einfluß auf das Erziehungssystem vermindern.

Der kritischen Theorie der Erziehung geht es darum, die »wirklichen« gesellschaftlichen Bedingungen der Erziehung aufzudecken. Dazu bedarf es eines Rückgriffs auf die *Ideologiekritik* (vgl. Ritsert 1975; Lieber 1974; Lenk 1964; Adorno/Horkheimer 1956; Klafki 1976b; Kanz 1972). Unter Ideologiekritik versteht man die »wissenschaftliche Aufdeckung der gesellschaftlichen Entstehungsbedingungen, Enthüllung der angeführten Begründungen bzw. der falschen Rationalisierungen und der Wirkungen jener Deutungen, Normen, ›Theorien‹, die eine aufweisbare, von Interessen bestimmte Fehleinschätzung der gesellschaftlichen Situation und der in ihr gegebenen Handlungsmöglichkeiten zur Folge haben« (Klafki 1976b, S. 51). Im Verlauf der Ideologiekritik kommt es darauf an, den Unterschied zwischen einem ökonomisch-gesellschaftlich bedingten falschen Bewußtsein und dem »auf dem erreichten Entwicklungsstand der wissenschaftlichen Erkenntnis richtige(n), ›wahre(n)‹ wissenschaftlich begründbare(n) Bewußtsein« herauszuarbeiten und damit den Unterschied zwischen Wahrheit und Ideologie auf den Begriff zu bringen (a.a.O., S. 51).

Das Verhältnis von Wahrheit und Ideologie wird jedoch dadurch schwieriger zu bestimmen, als Ideologien — verstanden als von »Herrschaftsinteressen gesteuerte Rechtfertigungslehren« — manchmal durchaus auch Wahrheitsmomente enthalten, die von dem ideologischen Teil der jeweiligen Aussage zu unterscheiden sind. So kann z. B. in bestimmten Zusammenhängen die Äußerung »wir tun alles nur mögliche, um die Chancengerechtigkeit des Schulwesens herzustellen« eine ideologische Äußerung sein, die vor allem die Funktion hat, die Adressaten dieser Äußerung glauben zu machen, daß für die Verwirklichung ihrer Interessen erhebliche Anstrengungen unternommen werden; in Wirklichkeit wird jedoch von den Personen, die diese Äußerung ausgesprochen haben, nichts oder nur wenig getan, um diese Zielvorstellung zu verwirklichen.

Der Hinweis auf diese Vorstellung hat lediglich die Aufgabe, die für dieses Ziel engagierten Personen zu beruhigen und in ihnen die Überzeugung zu stärken, es stünde mit der Verwirklichung dieser Zielvorstellung alles zum besten. Ideologiekritik müßte diese »Beruhigungs-Funktion« obiger Äußerung aufdecken und ihren loyalitätsstabilisierenden Charakter herausarbeiten. Trotz des dann zu Tage tretenden ideologischen Charakters liegt in dieser Aussage aber das »Wahrheitsmoment« darin, daß die Bemühungen um die Herstellung einer besseren Chancengerechtigkeit im Schulwesen ein wichtiges Ziel der Erziehung darstellen und zu den zentralen Anliegen einer kritischen Theorie der Erziehung gehören. Das in der als Beispiel genannten Aussage enthaltene Wahrheitsmoment muß sorgfältig von dem ideologischen Element der Aussage getrennt werden, das in dem hier zugrunde gelegten hypothetischen Fall den Gesamtcharakter der Aussage bestimmt.

Im Rahmen einer kritischen Theorie der Erziehung nimmt die Kritik von Ideologien eine wichtige Stellung ein. Zusammenfassend hat Klafki (a.a.O., S. 50) folgende Merkmale von Ideologie bzw. Ideologiekritik herausgearbeitet:

»a) Die ›Falschheit‹ ideologischen Bewußtseins (z. B. die Annahme, die feudale Gesellschaftsordnung sei eine von Gott gegebene; die kapitalistische Wirtschaftsordnung sei die sozial gerechteste, die denkbar ist; Mädchen seien in ihrer Mehrzahl ›von Natur aus‹ unpolitisch usw.) beruht nicht auf individuellen Irrtümern, sondern wird durch bestimmte gesellschaftliche Bedingungen hervorgerufen.
b) Ideologien sichern und legitimieren bestehende und gesellschaftliche Machtverhältnisse.
c) Sie entsprechen bestimmten Interessen gesellschaftlich mächtiger Gruppen.
d) Sie können auch von denen als vermeintlich wahr angesehen werden, die durch die betreffenden gesellschaftlichen Verhältnisse benachteiligt oder unterdrückt werden; insofern sind Ideologien ›entfremdetes Bewußtsein‹.«

Unter Berücksichtigung dieser zentralen Merkmale von Ideologien muß eine erziehungswissenschaftliche Ideologiekritik im Rahmen einer kritischen Theorie der Erziehung folgende Aufgaben erfüllen:

»Pädagogische Zielsetzungen, Theorien, Einrichtungen, Lehrpläne, Methoden, Medien sind erstens darauf hin zu untersuchen, ob sich in ihnen unreflektierte gesellschaftliche Interessen ausdrücken, zweitens darauf hin, ob bestimmte gesellschaftliche Gruppen ihre Interessen bewußt hinter bestimmten Zielsetzungen, Theorien usw. verbergen, um bei anderen Menschen bzw. Kindern und Jugendlichen Ideologien, falsches Bewußtsein zu erzeugen« (a.a.O., S. 53). In inhaltlicher Hinsicht sind darüber hinaus »besonders dringlich Analysen von Erziehungszielen, Begründungstheorien pädagogischer Institutionen (Schulen, sozialpädagogische Einrichtungen, Volkshochschulen usw.) und Medien (Schulbücher, Filme usw.) . . . . Unerforscht ist u. a. die Frage, ob pädagogische Institutionen, ihre Träger und die in ihnen tätigen Personen ggf. in besonderer Weise für Ideologiebildungen anfällig sind, weil diese Institutionen von den Prozessen im Produktionsbereich und den anderen gesellschaftlichen Feldern (Politik, Kultur) mehr oder minder deutlich getrennt sind und folglich ständig Gefahr laufen, hinter den tatsächlichen Entwicklungen bewußtseinsmäßig zurückzubleiben, also z. B. ›in bester Absicht‹ Vorstellungen von ›Arbeit‹ und ›Beruf‹ zu konservieren, die durch die realen Entwicklungen längst überholt sind« (a.a.O., S. 54).

Für die kritische Erziehungstheorie ist es von entscheidender Bedeutung, daß sie Prozesse der *Unterdrückung, der sozialen Ungerechtigkeit, überflüssiger Herrschaft, der Verdinglichung und Selbstentfremdung* im Bereich der Erziehung aufdeckt, ihre gesellschaftlichen und institutionellen Ursachen analysiert und mögliche Handlungskonsequenzen ins Auge faßt. Über die Kritik an den genannten unzulänglichen Strukturen im Erziehungsbereich hinaus muß eine kritische Erziehungstheorie eine konstruktive Theorie der Erziehung sein (Klafki 1971, 1976b; Schmied-Kowarzik 1974, S. 123 f.; Benner 1973, S. 299 f.). Für eine konstruktive Theorie der Erziehung reicht es nicht aus, das Element der Ideologiekritik als ein kritisches bzw. selbstkritisches Verfahren zu entwickeln. Vielmehr muß die kritische Theorie der Erziehung immer auch »konstruktive« normative Vorstellungen entwickeln, die als Bezugspunkte der Ideologiekritik und der Erziehungstheorie dienen. Denn bereits die Negation bestimmter Fehlentwicklungen und unzulänglicher Vorstellungen legt den Ansatzpunkt für eine Verbesserung dieser Bedingungen frei. Unter anderem werden die im vorherigen Abschnitt genannten Leitbegriffe Kritischer Theorie zu zentralen Zielvorstellungen kritischer Erziehungstheorie. Im einzelnen handelt es sich um Begriffe wie: »Aufklärung«, »Emanzipation«, »Befreiung von Verdinglichung«, »Befreiung von überflüssiger Herrschaft«, »Gerechtigkeit«, »Frieden«, »Freiheit«, »Solidarität«, »Selbstbestimmung« usw. Die kritische Erziehungstheorie geht also auch insofern über die geisteswissenschaftliche Pädagogik und die empirische Erziehungswissenschaft hinaus, als sie konstruktive Zielvorstellungen für die Erziehung angeben kann.

Die Ausarbeitung der konstruktiven Seite kritischer Erziehungstheorie begann mit der Präzisierung der aus den Leitbegriffen Kritischer Theorie gewonnenen Zielvorstellungen und der Entwicklung entsprechender Strategien zu ihrer Verwirklichung. Ziel war nicht länger nur die Kritik, sondern die *Veränderung* der Erziehungspraxis. So gewann die Verbesserung der Praxis als Aufgabe kritisch-konstruktiver Erziehungstheorie an Bedeutung; besonders bei den Bemühungen um die Entwicklung erziehungswissenschaftlicher Handlungsforschung wurde diese Zielsetzung verfolgt. Mit ihrer Hilfe soll die Erziehungspraxis erforscht werden, sollen Strategien entwickelt werden, die die in der Praxis tätigen Personen dabei unterstützen, ihre Praxisfelder zu verbessern. Nicht die analytische Forschungsleistung, mit deren Hilfe z. B. die Abhängigkeit der Praxisfelder von den gesellschaftlichen Makrostrukturen nachgewiesen werden kann, sondern die konstruktive Veränderung dieser Praxisfelder ist das zentrale Ziel. Um dieses zu erreichen, orientiert sich die kritisch-konstruktive Erziehungstheorie und die mit ihr in Zusammenhang stehende praxisbezogene Forschung in erheblichem Ausmaß auf die Handlungsebene der Praktiker hin; andere Dimensionen treten dabei tendenziell zurück.

Die Bedeutung kritischer Erziehungstheorie besteht mithin nicht nur in der Anwendung der Ideologiekritik auf den Erziehungsbereich, in der Entwicklung gesellschaftstheoretisch begründbarer Zielvorstellungen und im Ausbau der erziehungswissenschaftlichen praxisbezogenen Forschung; vielmehr liegt sie zu einem erheblichen Teil auch darin, daß die kritische Theorie der Erziehung *Einfluß auf zahlreiche Teilbereiche der Erziehungswissenschaft gewinnen konnte* und in diesen zu einer *Neuorientierung* der Arbeit der Praktiker führte. Diese Teilbereiche der Erziehungswissenschaft bildeten sozusagen das »Material«, das in einen neuen Deutungszusammenhang gestellt, entsprechend interpretiert und verändert wurde. So kam es annähernd in allen Bereichen zu tiefgreifenden Veränderungen des

Selbstverständnisses der Erziehungswissenschaft. Dadurch, daß die Kritische Theorie auch auf andere Sozialwissenschaften einwirkte, die auf die Erziehungswissenschaft Einfluß gewannen, wurde der Einfluß kritischen Denkens auf die Erziehungswissenschaft noch verstärkt. So kam es z. B. zur Entwicklung einer kritischen Sozialisations-, Organisations-, Institutions- und Rollentheorie und ihrer Rezeption in der Erziehungswissenschaft (vgl. Hurrelmann 1976, 1975, 1974; Kamper 1974b; Fend 1974; Mollenhauer 1972; Krappmann 1971). Durch die enge Verbindung der kritischen Theorie der Erziehung mit den verschiedenen Teilbereichen der Erziehungswissenschaft konnte die Erziehungstheorie den Grad an Konkretisierung erreichen, der für ihre Weiterentwicklung notwendig war.

Im folgenden sollen mehrere Ansätze zur Entwicklung einer kritischen Erziehungstheorie erörtert werden, wodurch die im Rahmen kritischer Erziehungswissenschaft wichtigen Vorstellungen weiter konkretisiert werden sollen. Sieht man von den in der Weimarer Republik führenden Vertretern sozialistischer Erziehung ab, deren Bedeutung für die Erziehungswissenschaft erst in den letzten Jahren wieder entdeckt wurde (vgl. Bernfeld 1973; Kanitz 1970; Hoernle 1969; Rühle 1969), so lassen sich die verschiedenen Ansätze in drei Abschnitten kurz skizzieren. Dabei sollen hier erstens noch einmal die bereits dargestellten Bemühungen von Mollenhauer (1966), Blankertz (1966), Lempert (1971) und Klafki (1971) aufgegriffen werden (vgl. 3. Kap. S. 120), von denen der Anspruch auf die Entwicklung einer kritischen Erziehungstheorie zuerst vorgetragen wurde. Zweitens sollen die in diesem Zusammenhang ebenfalls wichtigen Arbeiten von Heydorn (1970, 1972), Koneffke (1969), Gamm (1974, 1972, 1970) herangezogen werden. Schließlich gilt es drittens am Beispiel von Mollenhauers 1972 erschienener Arbeit »Theorien zum Erziehungsprozeß« den wohl bislang am weitesten ausgearbeiteten Entwurf einer kritischen Theorie der Erziehung zu erörtern.

1. Ansätze kritischer Erziehungstheorie

Mollenhauer (1966) und Blankertz (1966) ging es vor allem um die Entwicklung einer kritischen Erziehungstheorie in deutlicher Abgrenzung von der »traditionellen geisteswissenschaftlichen Pädagogik« und »einer rein empirisch konzipierten Pädagogik«. Eine kritische Theorie der Erziehung sollte für die Hermeneutik und die Empirie den normativen Bezugspunkt im Rahmen der Erziehungswissenschaft abgeben. Den Anspruch einer kritischen Theorie der Erziehung formuliert Blankertz (1966, S. 74) folgendermaßen:

»Ist nun Erziehung trotz ihrer letzten Bindung an das transzendentale Subjekt ein gesellschaftliches Phänomen, so hat Pädagogik als Theorie ihr erkenntnisleitendes Interesse in Mündigkeit und Emanzipation. Solches Sollen, im Primat der Vernunft begründet, setzt das erzieherische Interesse am Subjekt in eins mit dessen gesellschaftlicher Funktion, indem die Macht der empirischen Gesellschaft überboten ist mit dem Anspruch auf ein menschliches Leben.«

So gesehen muß eine Theorie der Erziehung stets eine kritische, auf die Selbstverwirklichung der Individuen angelegte, die Erziehungspraxis in ihrem Sinne anleitende Theorie sein, ohne diese jedoch aufgrund ihres theoretischen Charakters jemals vollständig einholen zu können. Trotz des dialektischen Charakters der Theorie bleibt der qualitative Unterschied zwischen Theorie und Praxis erhalten. Aus diesem ergibt sich auch das Spannungsverhältnis zwischen Theorie und Praxis, zwischen Möglichem und Wirklichem, das aufgedeckt und anerkannt werden muß, um die Fortentwicklung der Erziehungspraxis in bezug auf die Ziele der kritischen Theorie der Erziehung zu bewirken. Damit eine solche Verbesserung der Erziehungspraxis jedoch gelingt, bedarf es einer Konkretisierung der kritischen Theorie der Erziehung im Hinblick auf die jeweiligen Erziehungsfelder.

Im Zentrum kritischer Erziehungswissenschaft steht nach Auffassung von Mollenhauer (1966, 1968) das Interesse an Emanzipation, an dem sich das erzieherische Handeln zu orientieren hat. Von diesem Interesse heißt es: »Es ist das gleiche Interesse, das auch der Erziehungspraxis in einer Gesellschaft zu substituieren wäre, die sich selbst als sich demokratisierend interpretiert — der gleichsam bessere Begriff der Sache, ihre real bessere Möglichkeit« (1966, S. 62). Insofern sich die kritische Theorie der Erziehung an dieser Zielvorstellung orientiert, muß sie sich ideologiekritischer Verfahren bedienen, um herauszuarbeiten, welches im Einzelfall das emanzipatorische Interesse der Erziehung ist und welche Strategien sich anbieten, es zu verwirklichen. Dabei muß eine kritische Erziehungstheorie sich selbstkritisch der Grenzen des Beitrags der Erziehung zur Emanzipation der Menschen bewußt sein und dieses Bewußtsein in den Prozeß der Anleitung der Erziehungspraxis einbeziehen.

Auch für Lempert steht das emanzipatorische Erkenntnisinteresse im Zentrum der Erziehungswissenschaft. Nur durch eine Orientierung an diesem und den anderen Normvorstellungen kritischer Erziehungstheorie kann die Erziehungswissenschaft den in der Gegenwart an sie gestellten Ansprüchen gerecht werden. Insofern eine kritische Theorie der Erziehung »Emanzipation« als Aufgabe der Erziehung bestimmt, geht es ihr unter anderem um den Beitrag der Erziehung zur »Erhaltung der Verfügung über sich selbst«, zur »Aufhebung und Abwehr irrationaler Herrschaft« und zur »Befreiung von Zwängen aller Art«. In einem von einer kritischen Theorie der Erziehung angeleiteten erzieherischen Handeln kann der Abbau materieller Gewalt nur in begrenztem Maße gelingen; realistischer ist hingegen die kritische Aufarbeitung der Befangenheit in Vorurteilen und Ideologien. Im Verlauf dieses Prozesses muß die kritische Erziehungstheorie darum bemüht sein, ihre Erkenntnisse »erfolgreich« in den Verstehenshorizont, d. h. in die Umgangssprache der Betroffenen zu »übersetzen«. Denn nur wenn diese Übertragung erfolgt, kann Aufklärung wirklich gelingen; nur dann kann eine Veränderung der Erziehungspraxis sich vollziehen. Ihr Ergebnis stellt ein Kriterium für den »Erfolg« kritischer Erziehungstheorie dar. Wie bei Mollenhauer und Blankertz ergibt sich auch hier eine Reihe methodischer Probleme, die aus der Diskrepanz zwischen kritischem Anspruch und methodisch befriedigender Verwirklichung resultieren. Auf sie kann an dieser Stelle jedoch nicht näher eingegangen werden (vgl. Feuerstein 1975, S. 97 ff.).

Auch Klafkis Versuch der Entwicklung und Begründung einer »kritisch-konstruktiven Theorie« der Erziehung (1971) gelingt es nur teilweise, die Diskrepanz zwischen den Zielsetzungen kritischer Erziehungstheorie und den bislang erarbeiteten Methoden zur Verwirklichung dieser Ziele auf den Begriff zu bringen. Nach Klafkis Auffassung kann eine kritische Erziehungstheorie nicht in der Negation Kritischer Theorie verbleiben. Unter Verwendung hermeneutischer und empirischer Verfahren muß sie konstruktiv in die Erziehungspraxis eingreifen, um diese nach ihren Zielvorstellungen zu verbessern. Sie muß sich als eine »Theorie der Praxis für die Praxis« begreifen. Dabei sollte sie darauf bedacht sein, »ihre emanzipatorische Absicht mit einer Technik und Praxis umfassenden Rationalität methodologisch zu vermitteln«, damit »die Verpflichtung auf Emanzipation nicht das (verhindert, Ch. W.), was sie verspricht« (Feuerstein 1973, S. 115).

2. Ansätze kritischer Bildungstheorie

Für Heydorn (1970, 1972) ist die kritische Theorie der Erziehung bzw. Bildung durch den entschiedenen Widerstand gekennzeichnet, den sie den Herrschaftsverhältnissen entgegenbringt, die den Menschen unterwerfen. Bildung zielt darauf, den Menschen zum Menschen zu befreien; dies kann nur im Verlauf einer sich widersprüchlich entwickelnden Geschichte gelingen: »Das dialektische Verhältnis von Bildung und Herrschaft, der unaufgehobene Widerspruch, wird erst mit der fortschreitenden Geschichte zu seiner vollen Vergegenwärtigung gebracht« (Heydorn 1970, S. 9). Ziel kritischer Bildung muß es sein, die Ansprüche von Herrschaft zu unterlaufen, den Menschen zu sich selbst zu bringen und so die Gesellschaft allmählich zu verbessern. In den Worten Heydorns: »Das Werden des universellen Menschen ist zugleich der Befreiungsakt, der die Herrschaft untergehen läßt. Universalität ist umfassende, bewußte Selbstschöpfung des Menschen« (a.a.O., S. 152). Die kritische Erziehungs- oder Bildungstheorie muß allen Erziehungsversuchen widersprechen, die darauf zielen, die junge Generation in das überkommene System der Herrschaft einzugliedern, ohne sie zu einer kritischen Sicht gegenüber dieser Herrschaft zu führen. Statt dessen muß eine kritische Erziehungs- oder Bildungstheorie auf die »Entbindung kollektiver Mündigkeit« abzielen. Erziehung bzw. Bildung ist »damit ständige Initiierung von Befreiung. Sie ist Selbstversuch. Dies ist ihr antizipatorischer Charakter, mit dem sie den Menschen über seine verhängte Grenze setzt. Sie ist Zukunft im Gegenwärtigen.

... Sie folgt der Geschichte, indem sie den möglichen Schritt auf den Menschen hin vorbereitet, aber sie tut es auf eine Weise, in der dieser Mensch schon enthalten sein muß. Dies ist ihr utopisches Element, mit dem sie die Geschichte am Menschen festhält, ihn in seiner Geschichte erkennbar bleiben läßt« (Heydorn 1972, S. 148). Offen bleibt bei Heydorn weitgehend, wie sein Konzept von Bildung in Erziehungsinstitutionen eingeführt, verwirklicht und seine Realisierung überprüft werden kann.

In die gleiche Richtung zielen die Bemühungen Koneffkes (1969) und Gamms (1974, 1972, 1970). Koneffke betont die »subversiven« Möglichkeiten von Bildung, mit deren Hilfe Bildung sich den Integrationsansprüchen von Herrschaft widersetzen kann. Gamm entwickelt seine Vorstellungen kritischer Pädagogik in ähnlicher Absicht. In seiner Schrift »Das Elend der spätbürgerlichen Pädagogik« untersucht er, »was die Pädagogik heute ist, und was sie, von einer anderen politischen Perspektive her bedacht, sein könnte, wenn sie die Koalition mit der aufsteigenden statt mit der absteigenden Generation wählte« (Gamm 1972, S. 12). Ausgehend von einer Kritik am mangelnden politischen Engagement der Pädagogik versucht Gamm die »Lähmung der bürgerlichen Pädagogik« auf dem Hintergrund einer kurzen Kapitalismuskritik auf den Begriff zu bringen. In Abgrenzung zur »bürgerlichen Pädagogik« fordert er nachdrücklich die »Parteinahme für die klassenmäßig Benachteiligten« — »Parteilichkeit als Bildungsprinzip«. Nur durch ein entsprechendes Engagement der Pädagogik können nach Gamms Auffassung die sich im Bildungswesen niederschlagenden Benachteiligungen bestimmter Schichten vermindert werden.

3. Theorien zum Erziehungsprozeß

Für Mollenhauer ist die kritische Erziehungstheorie in erster Linie eine Theorie *»symbolisch vermittelten kommunikativen Handelns«*. Nur als eine Theorie kommunikativen erzieherischen Handelns, das als ein Handeln mit »gebrochenen Intentionen« begriffen wird, kann nach Auffassung Mollenhauers der spezifische Charakter einer kritischen Erziehungstheorie begriffen werden. Dementsprechend gliedert Mollenhauer sein Buch »Theorien zum

Erziehungsprozeß« in drei Kapitel: (1) Erziehung als kommunikatives Handeln; (2) Erziehung als Interaktion; (3) Erziehung als Reproduktion. Dabei rückt er jeweils einen Aspekt »seiner« Erziehungstheorie in den Mittelpunkt, betont aber die Interdependenz der verschiedenen Elemente.

Eine Theorie der Erziehung kann nur als eine *Theorie kommunikativen Handelns* angemessen begriffen werden, deren Ausprägung durch die Struktur des pädagogischen Feldes mitbestimmt wird, in dem die Erziehungsprozesse stattfinden. Im pädagogischen Feld wirken auf das kommunikative Handeln Elemente ein wie das Verhältnis der Generationen zueinander, Spontaneität, Reproduktivität, »gesellschaftliche Mächte«, Traditionen und die Reproduktion von Ungleichheit. Zudem wird das kommunikative Handeln durch Erziehungsnormen bestimmt, die jeweils historisch-gesellschaftlich vermittelt sind. Schließlich ist auch die Rolle, die die jeweiligen Kommunikationspartner innehaben, für das kommunikative erzieherische Handeln von Bedeutung. Der durch das jeweilige Rollenverhältnis der Kommunikationspartner ermöglichte und eingeschränkte Kommunikationsprozeß wird — in Anlehnung an den symbolischen Interaktionismus — als symbolisch vermittelter begriffen. Seine Struktur kann durch zahlreiche Elemente wie die Dominanz eines Kommunikationspartners und dergleichen gestört werden. Nach Möglichkeit soll die erzieherische Kommunikation so verlaufen, daß Prozesse gelingender Kommunikation verwirklicht werden.

Einen Schritt weiter zum Verständnis der Erziehungstheorie als »Theorie symbolisch vermittelten kommunikativen Handelns« führt der Versuch, die Struktur erzieherischer Interaktion mit Hilfe des symbolischen Interaktionismus zu erklären. Danach erfolgt die Verständigung in Erziehungssituationen mit Hilfe von Symbolen, »die allgemeine Anerkennung haben, die gleiche Bedeutung für verschiedene Individuen haben und imstande sind, die Allgemeinheit von Beziehungen auszudrücken« (a.a.O., S. 85 f.). Ein weiteres Ziel ist die Erklärung der Prozesse der Identitätsentwicklung unter Zugrundelegung des interaktionistischen Rollenmodells; dazu bedarf es der Analyse von erzieherischen Kommunikationssituationen einschließlich ihrer Abhängigkeit von den Strukturen der verschiedenen

Institutionen und den durch sie vermittelten Herrschaftsstrukturen.

Zu einer kritischen Erziehungstheorie wird diese Theorie
der Erziehung als »Theorie symbolisch vermittelten kommunikativen Handelns«, indem sie die »Formen und
Inhalte pädagogischer Kommunikation nicht (nur, Ch. W.)
in den Regeln der Interaktion, sondern im materiellen
gesellschaftlichen Reproduktionsprozeß unter den historischen Bedingungen der bürgerlichen Gesellschaft fundiert«
(a.a.O., S. 171). Mit dem Prinzip der »Tauschabstrak-
tion« glaubt Mollenhauer ein Kriterium gefunden zu
haben, das »einerseits die Struktur der Interaktion organisiert, andererseits auch zurückgeführt werden kann auf die
historische Gestalt der Gesellschaft, deren materielles Sub-
strat die bürgerlich-kapitalistische Produktionsweise und
ihre Verkehrsformen sind« (a.a.O., S. 178). Dadurch
kann gezeigt werden, daß »die pädagogische Beziehung
mit der materiellen Basis von Geschichte und Gesellschaft
verknüpft ist« (a.a.O., S. 178). Im Begriff der Tauschab-
straktion faßt Mollenhauer in Anlehnung an Sohn-Rethel
(1970) das Prinzip des Warentauschs als das alle Verkehrsformen im Kapitalismus bestimmende Prinzip, wobei
die Abstraktion außerhalb »der Arbeit in der bestimmten
gesellschaftlichen Verkehrsform des Austauschverhältnisses«
(Sohn-Rethel 1970) begründet liegt. Der in der Waren-
zirkulation der kapitalistischen Gesellschaft begründete
Tauschcharakter aller Verkehrsformen verdinglicht auch
die kommunikativen erzieherischen Verkehrsformen der
Menschen. Insofern verbindet dieser Begriff die Reproduk-
tionssphäre der Erziehung mit der Produktionssphäre der
Wirtschaft und kann als ein Grundbegriff materialistischer
Erziehungswissenschaft gelten. Denn »vor dem Hintergrund der idealen Unterstellung der Kommunikations-
gemeinschaft« können die infolge des Tauschcharakters in
der historisch-gesellschaftlichen Erziehungssituation entstehenden Formen verzerrter Kommunikation auf den Begriff gebracht und kann ihre Modifikation angegangen
werden.

Auch durch die Einführung des von Marx und Sohn-Rethel
übernommenen Begriffs der »Charaktermaske« versucht
Mollenhauer, die Verbindung zwischen Produktions- und
Reproduktionsbereich, bezogen auf das erzieherisch-kom-

munikative Verhältnis, herzustellen. In Anlehnung an Marx' Festellung, »daß die ökonomischen Charaktermasken der Personen nur die Personifikationen der ökonomischen Verhältnisse sind« (Marx, MEW 23, S. 100), bezeichnet Mollenhauer den Begriff der »Charaktermaske« als den »Inbegriff der objektiven Komponenten des Rollenhandelns, und zwar in Situationen und Institutionen, in denen Waren in ihrem Tauschwert erscheinen, Privateigentümer sich deshalb wechselseitig in den Formen von Käufern und Verkäufern definieren« (Mollenhauer 1972, S. 184). Mollenhauer geht davon aus, daß diese für die bürgerliche Gesellschaft charakteristische Grundbeziehung zwischen Menschen auch in anderen menschlichen Beziehungen, wie sie z. B. im Erziehungssystem institutionalisiert sind, ihren Niederschlag findet. Der Begriff der »Charaktermaske« deutet zugleich darauf hin, daß viele »Merkmale des Verhaltens von Individuen in Interaktionen« nicht nur als individuelle Merkmale, sondern auch als »Merkmale des sozialen Systems« begriffen werden müssen. Für eine kritische Erziehungstheorie muß daraus gefolgert werden, daß mißlingende oder »verzerrte« kommunikative Prozesse oft nicht den Individuen angelastet werden dürfen, sondern als Niederschlag bestimmter ökonomischer-gesellschaftlicher Strukturen begriffen werden müssen. Dies gilt auch für die durch den Begriff der »Charaktermaske« gekennzeichnete Verdinglichung menschlicher Beziehungen.

Zweifellos ist es keinem der beschriebenen Ansätze gelungen, eine geschlossene kritische Erziehungstheorie vorzulegen; eine solche ist auch kaum in Sicht. Doch gelang es den bisherigen Bemühungen, wesentliche Elemente einer kritischen Erziehungstheorie herauszuarbeiten. Zu diesen gehören: die Einsicht in den historisch-gesellschaftlichen Charakter von Erziehung, die Notwendigkeit ideologiekritischer Analyse von Erziehungszusammenhängen, die Entwicklung von Zielvorstellungen im Zusammenhang mit der kritischen Theorie der Gesellschaft und mit der Entwicklung der Menschengattung, die Entwicklung der konstruktiven Aufgaben kritischer Erziehungstheorie, die Ausarbeitung von Strategien zur Verwirklichung dieser Ziele sowie eine unter Bezug auf die Ziele kritischer Erziehungstheorie erfolgende Neuorientierung zentraler Teilbereiche der Erziehungswissenschaft.

Zusammenfassende und weiterführende Thesen

(1) Ausgangspunkt kritischer Erziehungswissenschaft ist eine vor allem unter Rückgriff auf die *Kritische Theorie* erfolgende deutliche Abgrenzung gegenüber der geisteswissenschaftlichen Pädagogik und der empirischen Erziehungswissenschaft. Im Unterschied zu diesen beiden Paradigmen enthält die kritische Erziehungswissenschaft die Verpflichtung auf die der Kritischen Theorie zugrunde liegenden Normvorstellungen. Daher kann sie auch in der Erziehung *Normen setzen und ihren Geltungsanspruch begründen.*

(2) Die kritische Erziehungswissenschaft geht von dem *historisch-gesellschaftlichen Charakter der Erziehungspraxis und der Erziehungswissenschaft* aus, d. h., sie begreift sich und ihr Aufgabenfeld durch die jeweiligen ökonomisch-gesellschaftlich-politischen Bedingungen bestimmt, denen gegenüber sie sich kritisch verhalten muß. Insofern sie die Kritik auch in Form der Selbstkritik auf sich selbst richten kann, muß die kritische Erziehungswissenschaft nach den gesellschaftlichen Entstehungs- und Verwendungsbedingungen fragen, denen sie und ihr Praxisfeld unterliegen.

(3) Wie für die Kritische Theorie der Gesellschaft hat für die kritische Erziehungswissenschaft die Praxis den Vorrang vor der Theorie. Allerdings kann die kritische Erziehungstheorie nicht mehr wie noch die geisteswissenschaftliche Pädagogik von einer ungebrochenen Wertschätzung der Praxis ausgehen. Vielmehr muß sie bedenken, daß infolge der gegebenen gesellschaftlichen Bedingungen in der Erziehungspraxis Fehlentwicklungen entstehen, die entsprechend den Normvorstellungen kritischen Denkens aufgedeckt und verändert werden müssen.

(4) Damit kommt der kritischen Theorie der Erziehung die Aufgabe zu, die Erziehungspraxis der Kritik, der *Ideologiekritik*, zu unterziehen. Gemäß den in der Kritik impliziten Normen hat die kritische Erziehungstheorie sodann die Erziehungspraxis zur Verbesserung anzuleiten. Hier wird die konstruktive Seite kritischer Erziehungstheorie angesprochen. Insgesamt ist dabei zu bedenken,

daß eine Erziehungstheorie niemals die Praxis vorweg bestimmen kann, zugleich aber eine vernünftige Praxis stets der Anleitung durch Theorie bedarf. In diesem Sinne bedarf es einer (kritischen) Theorie der Praxis als (konstruktive) Theorie für die Praxis.

(5) Im einzelnen versucht *Ideologiekritik* aufzudecken, inwiefern bestimmte unlöslich mit den ökonomisch-gesellschaftlichen Bedingungen der Gesellschaft verbundene Normen und Zielvorstellungen der Erziehung dazu dienen, unhinterfragt herrschaftsstabilisierende Wirklichkeitsauffassungen zu vermitteln. Insofern Ideologiekritik die Erziehungswissenschaft und die Erziehung davor schützt, unkritisch von Herrschaftsinteressen in den Dienst genommen zu werden, stellt sie ein wichtiges Element kritischer — der Entwicklung vernünftiger gesellschaftlicher Zustände verpflichteter — Erziehungswissenschaft dar.

(6) Schwieriger als die Einbringung der Ideologiekritik in die Erziehungswissenschaft hat sich in den vergangenen Jahren die *Entwicklung der konstruktiven Seite kritischer Erziehungstheorie und -wissenschaft* gestaltet. Hier muß eine kritische Erziehungstheorie Schwierigkeiten überwinden, die die Kritische Theorie der Gesellschaft kaum hat bewältigen können. Dabei geht es darum, aus der Negation der Mangelhaftigkeit des Faktischen in der Konfrontation mit dem Möglichen zugleich den Weg zu bestimmen, der zu einer »besseren« Erziehungspraxis führt. Zugleich ist die Gefahr zu vermeiden, den Willen zur Verbesserung der Praxis durch die Radikalität der Kritik an der Praxis zu schwächen. Es muß also eine Erziehungstheorie entwickelt werden, die die Kritik in sich aufnimmt, ohne sich jedoch in ihr zu erschöpfen. Am weitesten ist die Entwicklung der konstruktiven Seite im Bereich der erziehungswissenschaftlichen handlungsorientierten Forschung gelungen, im Rahmen derer auch auf Erkenntnisse des hermeneutischen und des empirischen Paradigmas der Erziehungswissenschaft zurückgegriffen wird, ohne daß damit die bruchlose Komplementarität der verschiedenen Wissenschaftsparadigmen unterstellt wird.

(7) Die kritische Erziehungstheorie hat sich *nicht zu einer geschlossenen Gesamttheorie* entwickelt. Dieses Ziel widerspräche auch den Intentionen kritischen Denkens, das vor allem auf die »Vorführung des Reflexionsaktes eines kriti-

schen Selbstbewußtseins« (Bubner) zielt; zudem ist wahrscheinlich die Entwicklung einer pädagogischen Gesamttheorie auch aufgrund der gegenwärtig differenzierten Wissenschaftsentwicklung kaum möglich. Zur Zeit ist der Bereich kritischer Erziehungswissenschaft durch Ansätze und Positionen gekennzeichnet, die trotz gemeinsamer Grundüberzeugungen zum Teil durchaus konfligieren, da sie das Konzept der Kritik unterschiedlich radikal fassen und in verschiedenem Maße bemüht sind, die — auch im Rahmen der Kritischen Theorie lange vernachlässigte Seite — konkreter pädagogisch-gesellschaftlicher Veränderung in den Mittelpunkt zu rücken. Aufgrund der stets vorgegebenen, der theoretischen Anleitung bedürftigen Praxis erscheint daher ein Konzept der Kritischen Theorie unzulässig, das der doppelten Negation oder der Verweigerung das Wort redet. »Als objektive Widerspiegelung der materiellen Wirklichkeit ist Theorie aus der Praxis, die selbst Teil dieser Wirklichkeit ist, sowohl unmittelbar bestimmt als auch in ihrer bewußten Einsicht und Einstimmung in die wirkliche Gesetzmäßigkeit unmittelbar bestimmend für menschliche Praxis. Praxis wird so zum Grund und zum Prüfstein der Wahrheit der sie widerspiegelnden Theorie und Theorie zum Organ der Abbildung und zum Steuerungsinstrument der Praxis« (Schmied-Kowarzik 1974, S. 135).

(8) Die Analyse der gesellschaftlichen Widersprüche, in die das Erziehungssystem verstrickt ist, stellt für die kritische Erziehungswissenschaft einen wichtigen Ausgangspunkt dar. Mit Hilfe der Kritik kann die kritische Erziehungstheorie zur Aufklärung über die die Erziehungspraxis bestimmenden Gesellschaftsstrukturen beitragen. Darüber hinaus bedarf es der *Ausarbeitung der Erziehungstheorie, damit sie auch in widersprüchlichen Situationen das erzieherische Handeln anleiten kann,* ohne es mit Hilfe erziehungswissenschaftlicher Technologien bestimmen zu wollen. Die kritische Orientierung des Erziehungshandelns soll es vor unzulässigen Verkürzungen schützen; zugleich darf jedoch das *erzieherische Handeln als ein symbolisch vermitteltes kommunikatives Handeln* nicht mit dem kritischen Denken in eins gesetzt werden. Der qualitative Unterschied zwischen theoretischer Kritik und konstruktivem Handeln ist in der kritischen Erziehungswissenschaft nicht immer deut-

lich gesehen worden, wodurch zeitweilig die Bedeutung hermeneutischer und erfahrungswissenschaftlicher Verfahren abgewertet worden ist.

(9) Die kritische Erziehungswissenschaft richtet sich gegen *Herrschaft, Unterdrückung, Verdinglichung und Selbstentfremdung im Interesse der Aufklärung, Emanzipation und Selbstbestimmung.* Dabei begreift sie Erziehung nicht mehr nur wie die geisteswissenschaftliche Pädagogik als einen individuellen Vorgang, sondern durchaus auch als einen *kollektiven Prozeß*, in dem es darum geht, zur Entwicklung vernünftiger gesellschaftlicher Zustände für möglichst viele Menschen beizutragen. Für die Verwirklichung dieses Ziels muß sie sich immer wieder der Aufgabe stellen, das Theorie-Praxis-Verhältnis konstruktiv zu lösen.

(10) Kritische Erziehungswissenschaft verlangt immer wieder nach *der (kritischen) Sinndeutung der Erziehungspraxis*; sie hält aber auch an der Notwendigkeit *erfahrungswissenschaftlicher Erforschung der Erziehungspraxis* fest, wodurch sich eine Reihe methodologischer, bislang im Paradigma kritischer Erziehungswissenschaft nicht gelöster Probleme ergibt. Zugleich verlangt die kritische Erziehungswissenschaft auch die Begründung der in ihrem Rahmen getroffenen *praxisrelevanten Entscheidungen* sowie deren normativer Basis im praktischen Diskurs der Betroffenen. Sie beschränkt sich nicht auf eine Wissenschaftslehre bzw. Methodologie, sondern hält an der Frage nach der Wahrheit, der »richtigen« Erkenntnis und ihrer Begründung sowie den daraus resultierenden Folgen für die Erziehungspraxis fest.

(11) Aufgrund der Komplexität der behandelten Zusammenhänge teilt die kritische Erziehungswissenschaft mit der Kritischen Theorie *die Schwierigkeit, ihre Begriffe präzise zu fassen.* Selbst wenn man den Anspruch des Kritischen Rationalismus an die Präzision von Begriffen nicht für gerechtfertigt hält, muß man zugestehen, daß die Kritische Theorie und in ihrer Nachfolge auch manche der kritischen Erziehungswissenschaft zugehörende Autoren dem Bemühen um sprachliche Klarheit und Verständlichkeit nicht genügend Aufmerksamkeit zugewandt haben; hierin dürfte auch ein Grund für die Verständnisschwierigkeit liegen, auf die die kritische Erziehungswissenschaft in der Erziehungspraxis oft gestoßen ist.

(12) Die Entwicklung kritischer Erziehungswissenschaft ist nicht nur unter Rückgriff auf die kritische Theorie der Gesellschaft entstanden; wesentlich ist für ihre Entwicklung auch der Einfluß der benachbarten *Sozialwissenschaften*, die in manchen Teilbereichen der Erziehungswissenschaft zentrale Bedeutung erlangten. Insofern die Sozialwissenschaften von der Kritischen Theorie beeinflußt worden sind, wirkte sich die Kritische Theorie auch über diesen Umweg auf die Erziehungswissenschaft aus. Dabei kamen häufig Gesichtspunkte zum Tragen, die auf eine unmittelbare Rezeption bzw. Modifikation von Kategorien des historischen Materialismus zurückgehen und durch die es teilweise auch zu einer Radikalisierung marxistischer Vorstellungen gekommen ist.

(13) Kritisch ist verschiedentlich das »Elend« (Rohrmoser 1970), der »Konservativismus« (Ritsert/Rohlshausen 1971) oder das »politische Defizit« (Willms 1973) der Kritischen Theorie beklagt worden. Dabei tauchten in diesen Kritiken sowie in anderen Auseinandersetzungen wie dem Positivismusstreit (Adorno u. a. 1972), dem Hermeneutikstreit (Apel u. a. 1971) oder der Auseinandersetzung um die Systemtheorie (Habermas/Luhmann 1971) wichtige Gesichtspunkte auf, deren Berücksichtigung zu einer *Weiterentwicklung der Kritischen Theorie und der kritischen Erziehungswissenschaft* führten bzw. führen können.

(14) Insgesamt dürfte deutlich geworden sein, daß für die Erziehungswissenschaft heute eine Auseinandersetzung mit der Kritischen Theorie unerläßlich ist. Dies gilt selbst dann, wenn in ihrem Kontext einige der für die Erziehung und ihre Wissenschaft zentralen Probleme nicht gelöst werden können. Diese Einsicht hat daher auch in jüngster Zeit zu Bemühungen geführt, die darauf zielen, mit der Entwicklung einer *praxisbezogenen erziehungswissenschaftlichen Forschung* der Lösung einiger bislang in wissenschaftstheoretischer Hinsicht offener Probleme näherzukommen.

5. Kapitel
Perspektiven für eine handlungsorientierte Erziehungswissenschaft

Einführung

Bereits in der vorausgegangenen Untersuchung der geisteswissenschaftlichen Pädagogik, der empirischen und der kritischen Erziehungswissenschaft zeigte es sich, daß das erzieherische Handeln als Gegenstand und Aufgabe der Erziehungswissenschaft immer wieder in den Mittelpunkt trat. Besonders nach Auffassung der geisteswissenschaftlichen Pädagogik und der kritischen Erziehungswissenschaft hat sich die Erziehungswissenschaft als praktische Wissenschaft der Erziehungspraxis zuzuwenden, um sie theoretisch zu durchdringen, empirisch aufzuarbeiten und mit dem Ziel anzuleiten, einen Beitrag zu ihrer Verbesserung zu leisten. Trotz der erheblichen Unterschiede zwischen geisteswissenschaftlicher Pädagogik und kritischer Erziehungswissenschaft besteht zwischen beiden Paradigmen teilweise eine Übereinstimmung im Hinblick auf die Aufgaben, die die erziehungswissenschaftliche Theorie bzw. die Erziehungswissenschaft für die erzieherische Praxis erfüllen soll. Ausgangspunkt für die Bestimmung des Theorie-Praxis-Verhältnisses in der Erziehung ist in beiden Richtungen der Erziehungswissenschaft die Erkenntnis einer weder theoretisch noch praktisch aufhebbaren Interdependenz von Theorie und Praxis. Über die Erkenntnis dieser Interdependenz hinausgehend bestimmt die geisteswissenschaftliche Pädagogik das Verhältnis von Theorie bzw. Wissenschaft zur Praxis dergestalt, daß sie der praktischen Erziehungstätigkeit den Vorrang einräumt. Demzufolge gewinnt die Erziehungswissenschaft ihren gesellschaftlich-pädagogischen Wert vor allem dadurch, daß sie sich in den Dienst der Praxis stellt. Die kritische Erziehungswissenschaft modifiziert diese Sicht des Theorie-Praxis-Verhältnisses und der daran anknüpfenden Beziehung zwischen der Erziehungswissenschaft und der Erziehungspraxis; nach Auffassung der kritischen Erziehungswissenschaft stellt die Erziehungspraxis als solche noch keinen aus sich heraus gültigen Wert dar. Obwohl die kritische Erziehungswissenschaft der Forderung nach dem Primat der Praxis prinzipiell zustimmen könnte, kann sie es angesichts der gegebenen gesellschaftlichen Bedingungen nicht. Denn zu nachhaltig wird die Erziehungspraxis durch die gegenwärtigen gesellschaftlichen Strukturen deformiert. Um die gesellschaftlichen und erzieherischen Bedingungen ideologiekritisch zu durchschauen und in ihrem Einfluß auf den jungen Menschen und den Erzieher zu relativieren, ist Theorie daher nur als Kritische Theorie und Erziehungswissenschaft nur als kritische Erziehungswissenschaft möglich. Unter Einbeziehung der gesellschaftlichen und pädagogischen Zielvorstellungen Kritischer Theorie kommt der Erziehungswissenschaft die Aufgabe zu, Perspektiven für eine Verbesserung und Weiterentwicklung der Erziehungspraxis aufzuzeigen.

Im unmittelbaren Umgang mit der Erziehungspraxis fallen jedoch sowohl die geisteswissenschaftliche Pädagogik als auch die kritische Erziehungswissenschaft hinter ihre Erkenntnis der Aufgaben der Erziehungswissenschaft — gegenüber der Erziehungspraxis — zurück. Weder im Zusammenhang mit der geisteswissenschaftlichen Pädagogik noch im Zusammenhang mit der kritischen Erziehungswissenschaft sind ausreichende Anstrengungen unternommen worden, aus der theoretischen Einsicht in die Notwendigkeit der kontinuierlichen Auseinandersetzung der Erziehungswissenschaft mit der Erziehungspraxis die entsprechenden praktischen Konsequenzen zu ziehen. Zwar gibt es dafür eine Reihe von gesellschaftlichen, wissenschaftsgeschichtlichen und wissenschaftssoziologischen Gründen; doch darf sich die Erziehungswissenschaft heute nicht mit einer bloßen Erklärung der Ursachen für diesen Sachverhalt zufrieden geben; es kommt vielmehr darauf an, ihn zu verändern.

Von dieser Einsicht ausgehend hat es in den letzten Jahren verstärkte Bemühungen auf seiten der Erziehungswissenschaft gegeben, durch eine Intensivierung der praxisbezogenen Arbeit und Forschung die Relevanz der Erziehungswissenschaft für die Erziehungspraxis zu erhöhen (vgl. Deutscher Bildungsrat 1975). Im Rahmen dieser Bemühungen muß den Ansätzen zur Entwicklung einer *erziehungswissenschaftlichen Handlungsforschung*, auch »Aktionsforschung« oder »aktivierende Sozialforschung«

genannt, besondere Aufmerksamkeit zuteil werden. Unter den normativen Ansprüchen einer an der Kritischen Theorie orientierten Erziehungswissenschaft und unter Einbeziehung erfahrungswissenschaftlicher Methoden wurde im Rahmen der Handlungsforschung bislang am konsequentesten versucht, ein Konzept der *Erziehungswissenschaft als Handlungswissenschaft* zu entwickeln. Die Konzeption einer handlungsorientierten Erziehungswissenschaft beinhaltet, daß sich die Erziehungswissenschaft entschlossener als bisher als Wissenschaft von der Erziehungspraxis und für die Erziehungspraxis begreift. In Übereinstimmung mit diesem Ziel muß die Ausarbeitung des Selbstverständnisses der Erziehungswissenschaft in Zusammenarbeit mit der Erziehungspraxis geschehen. Die Kooperation zwischen Wissenschaft und Praxis kann nicht nur den in der jeweiligen Erziehungspraxis tätigen Lehrern oder Erziehern zu einer besseren Bewältigung ihrer Probleme helfen; zugleich bewirkt sie auch konzeptuelle, methodologische und instrumentelle Einsichten, die für das Selbstverständnis der Erziehungswissenschaft wichtig sind. Dabei sind einige im Rahmen der erziehungswissenschaftlichen Handlungsforschung gewonnene Erkenntnisse durchaus kontrovers. Häufig entzündet sich die Kontroverse daran, daß manche in diesem Zusammenhang erarbeiteten Erkenntnisse gegen das metatheoretische Regelsystem der empirisch-analytischen Erziehungswissenschaft verstoßen und daher von zahlreichen Mitgliedern der »Gemeinschaft der Wissenschaftler« nicht als wissenschaftliche Erkenntnisse anerkannt werden. Zum Teil erklären sich diese Kontroversen wahrscheinlich daraus, daß sich die Bemühungen um die Entwicklung eines stringenten Konzepts erziehungswissenschaftlicher Handlungsforschung einschließlich der dazu gehörenden Methoden und Instrumente noch in einem relativ frühen Stadium befinden. Dennoch ist es im Rahmen der erziehungswissenschaftlichen Handlungsforschung ansatzweise bereits gelungen, die Erziehungswissenschaft als Wissenschaft von der Erziehungspraxis und für die Erziehungspraxis in konzeptueller, methodischer, instrumenteller und institutioneller Hinsicht zu konkretisieren. Die Grenzen des Beitrags erziehungswissenschaftlicher Handlungsforschung zur Konzeption und zur Konkretisierung handlungsorientierter Erziehungswissenschaft liegen auf der Hand. Sie bestehen einmal darin, daß die Zahl der bislang mit Erfolg durchgeführten erziehungswissenschaftlichen Handlungsforschungsprojekte noch relativ gering ist; zum anderen liegen die Grenzen darin, daß die im Zusammenhang mit der erziehungswissenschaftlichen Handlungsforschung entwickelten Konzepte handlungsorientierter Erziehungswissenschaft davon ausgehen, daß in ausreichendem Maße institutionelle, personelle und materielle Möglichkeiten dafür bestehen, daß Praktiker und Wissenschaftler erfolgreich zusammenarbeiten können. Berücksichtigt man, daß aufgrund begrenzter Ressourcen eine solche Zusammenarbeit nur in wenigen Situationen stattfinden kann, so erhebt sich die Frage nach der *Übertragbarkeit* der im Rahmen erziehungswissenschaftlicher Handlungsforschung entwickelten Konzepte, Methoden und Instrumente auf den gesamten Bereich handlungsorientierter Erziehungswissenschaft. Obwohl die Erforschung der Übertragbarkeit dieser Erkenntnisse auf den Gesamtbereich handlungsorientierter Erziehungswissenschaft eine wichtige Aufgabe ist, fehlen dazu bislang noch relevante Untersuchungen.

Aufgrund der beschriebenen Problemlage sollen in diesem Kapitel
— zunächst einige Aspekte des Theorie-Praxis-Verhältnisses in der handlungsorientierten Erziehungswissenschaft skizziert werden;
— sodann die zentralen methodologischen Fragen und Probleme handlungsorientierter Erziehungswissenschaft in der Form und Ausprägung skizziert werden, wie sie im Rahmen der erziehungswissenschaftlichen Handlungsforschung entwickelt worden sind; und
— soll die wichtige Frage nach den Modalitäten der Kommunikation und Kooperation zwischen Wissenschaftlern und Praktikern erörtert werden.
Zusammenfassend soll schließlich eine Einschätzung des Entwicklungsstandes handlungsorientierter Erziehungswissenschaft versucht werden.

Ohne hier die Ausführungen zum Theorie-Praxis-Verhältnis in der geisteswissenschaftlichen Pädagogik (vgl. Kap. 2, S. 47) und in der Kritischen Theorie bzw. kritischen Erziehungswissenschaft (vgl. Kap. 4, S. 182) im einzelnen wieder aufzunehmen, sollen einige Aspekte des Theorie-Praxis-Verhältnisses einer handlungsorientierten Erziehungswissenschaft erörtert werden. Für ein angemessenes Verständnis dieses Problemfeldes muß davon ausgegangen werden, daß die Erziehungspraxis der Wissenschaft stets vorgegeben ist. Daraus folgt, daß sich die Erziehungswissenschaft als Wissenschaft nur unter Bezug auf die jeweiligen historisch-gesellschaftlichen Bedingungen des Erziehungsfeldes entwickeln kann, das seinerseits weitgehend von den Makrostrukturen des Gesellschaftssystems geprägt wird. Doch besteht nicht nur eine Abhängigkeit der Erziehungswissenschaft von der Erziehungspraxis. Auch die Erziehungspraxis ist auf eine Theorie bzw. die Erziehungswissenschaft angewiesen. Nur mit ihrer Hilfe erfolgt eine Sinndeutung erzieherischen Handelns, werden Kenntnisse über das Erziehungsfeld und das erzieherische Handeln systematisch gewonnen und kann das erzieherische Handeln angeleitet werden.

Eine solche Aufgabenbestimmung der Erziehungswissenschaft hat zwei Konsequenzen. Einmal muß sich die Erziehungswissenschaft auf die Erziehungspraxis »hinbewegen«, d. h., die Erziehungswissenschaftler müssen den unmittelbaren Kontakt mit der Erziehungspraxis suchen. Zum anderen muß die Erziehungspraxis sich um den Bezug zur Wissenschaft bemühen, d. h., die im Erziehungsfeld tätigen Lehrer oder Erzieher müssen die Auseinandersetzung mit der Wissenschaft suchen. Für die Erziehungswissenschaft bedeutet dies: Sie muß jeweils nach der Praxisrelevanz ihrer Ergebnisse fragen. Für die Erziehungspraxis ergibt sich als Konsequenz: Sie muß sich für die Ergebnisse der Wissenschaft, für eine Anleitung durch die Wissenschaft öffnen. Die in der Erziehungspraxis tätigen Lehrer oder Erzieher benötigen eine Erziehungswissenschaft, die ihnen dabei hilft, die Ursprünge und Auswirkungen ihres erzieherischen Handelns zu erkennen, und die sie außerdem dabei unterstützt, sich »ihre« Theorie der Erziehung zu erarbeiten. Dadurch, daß die dem erzieherischen Handeln Orientierung gebende Theorie immer wieder an den Erkenntnisstand der Erziehungswissenschaft zurückgebunden wird, kann es den jeweiligen Lehrern oder Erziehern gelingen, ihr Erziehungsfeld kritisch zu durchdringen und ihr eigenes Handeln selbstkritisch einzuschätzen und zu bestimmen. Unter institutionellem Gesichtspunkt gesehen, kann diese Durchdringung von Theorie und Praxis im Rahmen handlungsorientierter Erziehungswissenschaft am ehesten im Bereich einer praxisbezogenen Ausbildung oder einer diese Probleme explizit angehenden Fortbildung der Lehrer oder Erzieher erfolgen.

Für das Verhältnis von Erziehungswissenschaft und Erziehungspraxis ist charakteristisch, daß sich Erziehungwissenschaft und Erziehungspraxis nicht in ein Kontinuum eintragen lassen, in dessen Rahmen man linear von bestimmten theoretischen Erkenntnissen zu den entsprechenden praktischen Konsequenzen vorstoßen kann. Vielmehr besteht zwischen der Theorie der Erziehung bzw. der Erziehungswissenschaft und der Erziehungspraxis eine qualitative Differenz. Diese hat zur Folge, daß die Erziehungstheorie bzw. die Erziehungswissenschaft nicht in der Lage ist, »die erzieherische Praxis in ihrer konkreten Wirklichkeit zu erfassen; noch kann sie in die konkrete erzieherische Wirklichkeit unmittelbar praktisch eingreifen« (Schmied-Kowarzik 1974, S. 168). Diese »doppelte pädagogische Differenz« der Theorie der Erziehung bzw. der Erziehungswissenschaft zur Erziehungspraxis ist weder theoretisch noch praktisch ohne weiteres überwindbar. Sie kann nur durch den in der Erziehungspraxis tätigen Menschen überwunden werden, an den sich die Theorie der Erziehung richtet. Doch ist diese Überwindung erst möglich, wenn die Erziehungswissenschaft »als wissenschaftliche Theorie dem Erzieher die Wirklichkeit der Praxis erschlossen hat und Orientierung für seine Praxis geworden ist« und somit die Theorie bzw. die Erziehungswissenschaft »auch einen *doppelten pädagogischen* Auftrag gegenüber der Praxis der Erziehung« erfüllt (a.a.O., S. 168).

Angesichts dieser Beschreibung der Erziehungswissenschaft als Wissenschaft vom und für das erzieherische Handeln muß vor einer zu schnellen »Versöhnung« von Theorie und Praxis gewarnt werden. Zumindest unter den gegebenen gesellschaftlichen Bedingungen — wahrscheinlich aber auch prinzipiell — ist eine »Versöhnung« von Theorie und Praxis nicht möglich. »Denn der Bruch (zwischen Theorie und Praxis, Ch. W.) ist ein nur zu notwendiger, dann zumal, wenn theoretisch darauf insistiert werden darf, was praktisch verhindert wird« (Gruschka 1976, S. 113). Das Spannungsverhältnis zwischen Theorie und Praxis ist notwendig und muß von der Erziehungswissenschaft und von der Erziehungspraxis ausgehalten werden; es ist das Resultat einer theoretischen Durchdringung der Erziehungspraxis und der Praxisbezogenheit der Erziehungswissenschaft.

Auf der Grundlage dieser Ausführungen erhebt sich die Frage, wie sich die hier entwickelte Bestimmung des Theorie-Praxis-Verhältnisses so konkretisieren läßt, daß sie nicht nur theoretisch, sondern auch praktisch relevant wird. Die Bearbeitung der praktischen Relevanz dieser Bestimmung kann nur in begrenztem Maße theoretisch erfolgen; sie muß unter Bezug auf erzieherische Handlungsfelder geschehen. Daher hat es in den letzten Jahren im Bereich der erziehungswissenschaftlichen Handlungsforschung erhebliche Anstrengungen gegeben, die »Handlungsorientierung« der Erziehungswissenschaft sowohl in theoretischer Hinsicht als auch vor allem in praktischer Absicht auszuarbeiten und zu verwirklichen. Im folgenden Abschnitt soll daher eine Reihe der relevant gewordenen methodologischen Ergebnisse erörtert werden.

Methodologische Probleme handlungsorientierter Erziehungswissenschaft

Der im Rahmen handlungsorientierter Erziehungswissenschaft im Zentrum stehende Versuch, Theorie und Praxis nicht nur theoretisch, sondern auch praktisch besser miteinander zu vermitteln, hat tiefgreifende Auswirkungen auf die Methodologie handlungsorientierter Erziehungswissenschaft. In der erziehungswissenschaftlichen Handlungsforschung werden diese methodologischen Auswirkungen sehr deutlich; denn in diesem Teilbereich sind die Bemühungen um die Entwicklung einer Methodologie, die

die besonderen Anliegen handlungsorientierter Erziehungswissenschaft zu verwirklichen versucht, am weitesten gediehen. Daher sollen sich die folgenden Ausführungen auch auf diese methodologischen Einsichten, Fragen und Probleme beziehen. Offen muß dabei zunächst bleiben, inwieweit sich diese methodologischen Erkenntnisse auf den Gesamtbereich handlungsorientierter Erziehungswissenschaft übertragen lassen.

Wissenschaftsgeschichtlich gesehen, erfolgten die Bemühungen um die Entwicklung einer Methodologie erziehungswissenschaftlicher Handlungsforschung zunächst im Bewußtsein der Notwendigkeit einer deutlichen Abgrenzung gegenüber der traditionellen empirisch-analytischen Erziehungswissenschaft, die besonders in bezug auf die folgenden Aspekte kritisiert wurde (vgl. Haeberlin 1975, S. 662 f.):

— Technologisierung und Funktionalisierung des empirisch-analytisch gewonnenen Wissens;

— rigide Trennung zwischen Objektbereich und analysierenden Wissenschaftlern;

— dogmatische Trennung zwischen Entdeckungs- und Begründungszusammenhang;

— Unveränderbarkeit des Forschungsfeldes im Verlauf des Forschungsprozesses;

— Isolation einzelner Variablen und dadurch bedingte Erschwerung der ganzheitlichen Erfassung des Forschungsfeldes;

— Reduktion der Erkenntnismöglichkeiten durch das vorhandene empirische Instrumentarium;

— fehlende Übertragbarkeit von Forschungsergebnissen auf neue soziale Situationen.

Aus dieser Kritik hat die erziehungswissenschaftliche Handlungsforschung die entsprechenden methodologischen Konsequenzen gezogen. Thesenartig sollen diese im weiteren dargestellt werden:

(1) Nicht länger soll das von der Erziehungswissenschaft erarbeitete Wissen funktionalisiert und, ohne genaue Kenntnisse der jeweiligen Bedingungen eines Praxisfeldes in Technologien überführt, zur Beeinflussung der Erziehungspraxis verwendet werden. Durch die kontinuierliche gleichberechtigte Einbeziehung der Lehrer oder Erzieher in den erziehungswissenschaftlichen Forschungsprozeß sollen die gewonnenen Erkenntnisse zur Selbstaufklärung, Selbst-

kontrolle und Selbstreflexion der in einem Erziehungsfeld zusammenarbeitenden Personen führen. Erst auf der Grundlage derartiger Prozesse wird eine wirkliche Verbesserung des erzieherischen Handelns und damit der Erziehungspraxis für möglich gehalten.

(2) An der Trennung zwischen dem den Gegenstand der Forschung ausmachenden Objektbereich und den analysierenden Wissenschaftlern soll im Interesse einer aktiven Beteiligung der Praktiker am Forschungsprozeß nicht rigide festgehalten werden. Vielmehr soll die eindeutige Rollentrennung zwischen Forschern und Erforschten flexiblen Formen der Aufgabenverteilung weichen. So müssen z. B. Verfahren im Forschungsprozeß verwendet werden, die so einfach einzusetzen und auszuwerten sind, daß sie es den Praktikern möglich machen, mit ihrer Hilfe die eigene Erziehungspraxis mitzuerforschen und aus den gewonnenen Erkenntnissen Konsequenzen für das erzieherische Handeln zu ziehen.

(3) Läßt sich die von der Wissenschaftslehre des Kritischen Rationalismus geforderte Trennung zwischen Entdeckungs- und Begründungszusammenhang schon in der Wissenschaftspraxis empirisch-analytischer Forschung nicht mit der verlangten Konsequenz durchhalten, so stößt dieses methodologische Postulat im Rahmen erziehungswissenschaftlicher Handlungsforschung noch eher und nachhaltiger an die Grenzen seiner Verwirklichbarkeit. Vor allem bei der Verwendung hermeneutischer Verfahren, die im Rahmen handlungsorientierter Erziehungswissenschaft häufig eingesetzt werden, läßt sich das Postulat der Trennung von Entdeckungs- und Begründungszusammenhang nicht aufrechterhalten. Denn hermeneutische Verfahren beruhen ja gerade auf einer »Horizontverschmelzung« (Gadamer) beider Zusammenhänge. Zudem verlangt eine handlungsorientierte Erziehungswissenschaft, die die Erkenntnisse Kritischer Theorie in sich aufnimmt, die ausdrückliche Berücksichtigung des Entstehungszusammenhangs von Wissenschaft, dessen Bedeutung für die Ergebnisse der Forschung nach dem metatheoretischen Regelsystem des Kritischen Rationalismus für unerheblich gehalten wird.

(4) Im Unterschied zu der von der Wissenschaftslehre des Kritischen Rationalismus geforderten Unveränderbarkeit des Forschungsfeldes muß eine handlungsorientierte Erzie-

hungswissenschaft an der Veränderbarkeit desselben festhalten. Denn nur so kann eine erziehungswissenschaftliche Handlungsforschung ihrem Praxis-Kriterium gerecht werden, nach dem der Erfolg handlungsorientierter Erziehungswissenschaft auch an der Verbesserung der Erziehungspraxis gemessen wird. Im Interesse transparenter Forschungsergebnisse kommt es darauf an, nach Möglichkeit den Einfluß der Elemente durchschaubar bzw. »kontrollierbar« zu machen, die das Forschungsfeld im Verlauf des Forschungsprozesses verändern. Entsprechendes gilt auch für die Berücksichtigung und Behandlung »ungewollter Nebenwirkungen«.

(5) Während es der empirisch-analytischen Forschung vorwiegend um die Untersuchung einzelner Variablen bzw. um die Überprüfung nomologischer Hypothesen oder Theorien geht, zielt die handlungsorientierte Erziehungswissenschaft tendenziell eher auf die Erforschung und Anleitung eines erzieherischen Praxisfeldes insgesamt. Daher sucht die handlungsorientierte Erziehungswissenschaft nach Verfahren, die der Komplexität und Dynamik der Erziehungsfelder und Fragestellungen gerecht werden. Dazu gehören auch hermeneutische Verfahren wie die Lebensweltanalyse oder andere im Rahmen der Ethnomethodologie verwendete Methoden (Weingarten u. a. 1976).

(6) In der empirisch-analytischen Erziehungswissenschaft kommt den verschiedenen Arten der Untersuchungsinstrumente ein unterschiedlicher Wert zu. So finden häufig quantifizierende Verfahren eine höhere Anerkennung als qualifizierende Verfahren. Denn sie werden den von der Wissenschaftslehre des Kritischen Rationalismus entwickelten Kriterien wie Validität, Reliabilität, Objektivität, Repräsentativität usw. leichter gerecht als die qualifizierenden Verfahren. Dieser Sachverhalt führt oft zu einer Reduktion der in empirischen Untersuchungen verwendeten Methoden auf quantifizierende Verfahren und bewirkt damit zugleich eine Verringerung der Erkenntnismöglichkeiten. Um eine solche Reduktion der Fragestellungen und Erkenntnismöglichkeiten zu vermeiden, muß sich eine handlungsorientierte Erziehungswissenschaft für eine »Aufwertung« der qualifizierenden Untersuchungsverfahren und der damit verbundenen, in methodischer Hinsicht häufig »neuen« Erkenntnisse einsetzen.

(7) Trotz der fortwährend für die Ergebnisse empirisch-analytischer Forschung postulierten Generalisierbarkeit lassen sich die in den entsprechenden Untersuchungen gewonnenen Ergebnisse häufig nur unzureichend auf »normale« soziale Situationen übertragen. Damit verringert sich der Wert dieser Ergebnisse für eine handlungsorientierte Erziehungswissenschaft, deren Bemühungen gerade auf die Verbesserung der erzieherischen Alltagssituationen gerichtet sind. Aufgrund dieser Situation findet im Rahmen handlungsorientierter Erziehungswissenschaft eine starke Konzentration auf die unter »normalen« Bedingungen stehende Erziehungspraxis statt; daraus ergeben sich entsprechende Konsequenzen für die Forschungspraxis.

(8) Während die empirisch-analytische Forschung auf einer deutlichen Trennung zwischen wertfreier wissenschaftlicher Forschungstätigkeit und davon losgelöstem politisch-pädagogischem Handeln besteht, fordert eine kritische handlungsorientierte Erziehungswissenschaft ein Engagement für die Mündigkeit und Emanzipation der Betroffenen in Forschung und praktischer Arbeit. Daraus ergibt sich eine Parteinahme des Forschers für die Interessen derjenigen, mit denen er in der Erziehungspraxis zusammenarbeitet und denen er Partizipationsrechte im Hinblick auf den gesamten Forschungsprozeß einräumen muß.

(9) Handlungsorientierte Erziehungswissenschaft versucht dort, wo sie in ein Erziehungsfeld eintritt, einen kontinuierlichen Kommunikations- und Kooperationsprozeß zwischen allen in diesem Praxisfeld tätigen Personen zu initiieren und mit dem Ziel durchzuführen, Aufklärungsprozesse zu realisieren, aus denen eine Verbesserung der Erziehungspraxis erwachsen soll.

(10) Im Rahmen handlungsorientierter Erziehungswissenschaft kommt der Institutionalisierung von praktischen Diskursen eine zentrale Bedeutung zu. In ihrem Verlauf werden divergierende Geltungsansprüche argumentativ überprüft; die in Diskursen in ihrem Geltungsanspruch überprüften Erkenntnisse gelten so lange als »relative Wahrheiten«, wie sie nicht durch die Wiedereröffnung eines neuen Diskurses in Frage gestellt werden. Die im Verlauf von Diskursen ermittelten Erkenntnisse beanspruchen eine kontrafaktische Geltung.

Diese im Rahmen pädagogischer Handlungsforschung entwickelten Merkmale handlungsorientierter Erziehungswissenschaft, in denen der Versuch gemacht wird, zentrale Gesichtspunkte aus den verschiedenen erziehungswissenschaftlichen Paradigmen aufeinander zu beziehen und in methodologischer Hinsicht zu konkretisieren, sind in der wissenschaftlichen Diskussion nicht unumstritten. So wurde immer wieder auf die Unvereinbarkeit der verschiedenen Paradigmen verwiesen und auf dieser Grundlage die Handlungsforschung der Kritik unterzogen. Besonders von seiten der klassischen empirisch-analytischen Erziehungswissenschaft wird nachdrücklich die Unvereinbarkeit einiger Zielsetzungen handlungsorientierter Erziehungswissenschaft mit dem Paradigma empirisch-analytischer Erziehungswissenschaft betont. So wird diesen Bemühungen vor allem entgegengehalten (vgl. Eichner/Schmidt 1974, S. 163; Haeberlin 1975):

— Die Veränderung des Forschungsgegenstandes während des Forschungsprozesses verändert die Erhebung von gültigen, zuverlässigen, objektiven und damit generalisierbaren Ergebnissen.

— Die Vermischung von deskriptiven und präskriptiven Aussagen ist mit dem Wissenschaftsparadigma des Kritischen Rationalismus und damit mit der empirisch-analytischen Forschung unvereinbar.

— Die Aufgabe der Trennung zwischen Objektbereich und Forschungssubjekt verhindert die Entstehung von wissenschaftlichen, d. h. generalisierbaren Ergebnissen.

— Die Aufgabe der Trennung von Entdeckungszusammenhang und Begründungszusammenhang verhindert die Gewinnung von wissenschaftlichen Ergebnissen mit prognostischem, d. h. praxisrelevantem Wert.

— Die Vermischung von wissenschaftlicher Arbeit und präskriptivem pädagogisch-politischem Handeln ist unzulässig, weil dadurch die »Neutralität« wissenschaftlicher Forschung verletzt wird.

Aufgrund dieser andernorts bereits näher erörterten Einschätzung einiger zentraler Postulate handlungsorientierter Erziehungswissenschaft wird von den Vertretern des am Kritischen Rationalismus orienterten Paradigmas empirisch-analytischer Erziehungswissenschaft, die den Zielsetzungen handlungsorientierter Erziehungswissenschaft im Hinblick auf ihre Bedeutung für die Erziehungspraxis eher

»wohlwollend« gegenüberstehen, eine zeitliche und räumliche Trennung zwischen den Phasen empirisch-analytischer Forschung und den Phasen der Intervention gefordert. Nur wenn eine solche Unterscheidung zwischen wissenschaftlicher Forschung und den aus ihren Ergebnissen folgenden erziehungspraktischen Interventionen gewährleistet ist, könne auch die wissenschaftliche Qualität der Forschungsergebnisse gesichert werden. Präzise formuliert Haeberlin (1975, S. 673) diese Position im Hinblick auf die Handlungsforschung:

»Handlungsforschung hat eine grundsätzlich andere Funktion als empirisch-analytische Forschung. Die Funktion der Handlungsforschung ist die Veränderung von Praxisfeldern, die der empirisch-analytischen Forschung ist die Bestimmung vorfindlicher Gesetzmäßigkeiten. Jede Ablehnung einzelner Prinzipien und konstitutiver Merkmale der empirisch-analytischen Forschung impliziert deren Ablehnung insgesamt und umgekehrt. Es ist deshalb wenig fruchtbar, im Hinblick auf das Wissenschaftsziel von Handlungsforschung die empirisch-analytische Forschungsmethodologie teils abzulehnen und teils zu übernehmen. Solange unter dem emanzipatorischen Wissenschaftsziel von Handlungsforschung Praxis verändert wird, ist die Möglichkeit empirischer Analyse aufgehoben; denn durch den Veränderungsprozeß wird notwendigerweise zumindest gegen einzelne Prinzipien der empirisch-analytischen Forschung verstoßen, was gleichbedeutend ist mit einer generellen Aufhebung empirisch-analytischer Erkenntnismöglichkeiten. Solange unter der Funktionsbestimmung empirisch-analytischer Wissenschaft geforscht wird, ist die Möglichkeit der Handlungsforschung nicht gegeben: Die Prinzipien empirisch-analytischer Forschung schließen Eingriffe ins Forschungsfeld aus, wie sie unter der Funktionsbestimmung von Handlungsforschung notwendig sind; es sei denn, die Eingriffe selbst würden zum Objektbereich erklärt, was aber einer Verschiebung und Neubestimmung des Forschungsfelds gleichkommen würde.«

In eine detaillierte Auseinandersetzung mit dieser Position einzutreten, würde den Rahmen dieser Ausführungen sprengen (vgl. dazu Blankertz/Gruschka 1975; Mollenhauer/Rittelmeyer 1975). Doch muß zumindest in folgender Hinsicht Kritik angemeldet werden. Dadurch, daß die Handlungsforschung lediglich als eine auf die Veränderung von Praxisfeldern bezogene Forschung begriffen wird, soll ihr die Möglichkeit abgesprochen werden, den gesellschaftlich anerkannten Status wissenschaftlicher Forschung zu erlangen. Wissenschaftliche Forschung wird —

und das zeigt sich an anderer Stelle des Haeberlinschen Aufsatzes noch deutlicher — nur als empirisch-analytische Forschung akzeptiert. Dadurch wird der bereits kritisierte Hegemonieanspruch der Einheitswissenschaft im Hinblick auf die Kriterien von Wissenschaft auch hier vertreten. Unseres Erachtens ist jedoch ein Vorgehen, in dem die Kriterien eines Wissenschaftsparadigmas absolut gesetzt und alle anderen Wissenschaftsparadigmen an ihnen gemessen werden, kaum zu rechtfertigen. Denn mit einem solchen Verfahren kann man diesen Paradigmen genausowenig gerecht werden wie den Bemühungen um die Entwicklung einer erziehungswissenschaftlichen Handlungsforschung. Auch der Hinweis darauf, daß eine modifizierte Rezeption der empirischen Forschungsmethodologie durch die handlungsorientierte Erziehungswissenschaft prinzipiell gegen die Anwendungsmöglichkeiten empirischer Verfahren verstoße, kann kaum überzeugen. Haeberlins Auffassung legt die Vermutung nahe, als wären die Instrumente und Verfahren klassischer Empirie in einem »methodologischen Geheimarsenal angesiedelt« (Mollenhauer/Rittelmeyer). Gegenüber einer solchen Annahme wird hier die Auffassung vertreten, daß alle Verfahren aus dem Bereich der empirischen Sozialwissenschaften Verfeinerungen und Präzisierungen von Alltagsoperationen wie Verstehen, Interpretieren, Beschreiben, Messen usw. darstellen. Mit Hilfe solcher Operationen führen wir sowohl im Alltagshandeln als auch in der sozialwissenschaftlichen Forschung Untersuchungen durch, deren Funktion sich wie folgt charakterisieren läßt:

»Untersuchungen stellen *die* praktischen Tätigkeiten dar, die dem Ziel dienen, *neue* Situations- und Handlungsdeutungen — sei es für neuartige Praxiszusammenhänge, sei es im Rahmen einer Uminterpretation vertrauter Praxis — zu finden. ... Untersuchungen sind gesellschaftliche Lernprozesse, bei denen das sonst Nichthinterfragte als hinterfragbar thematisiert, der geltende soziale Horizont dessen, was die Gesellschaft oder was gesellschaftliche Gruppen wahrzunehmen in der Lage sind, erweitert wird« (Heinze u. a. 1975, S. 25).

Wenn nun die Untersuchung sozialer Realität mit Operationen erfolgt, bei denen es im Hinblick auf die Funktion keinen Unterschied zwischen der Anwendung im Alltag und in der empirischen Forschung gibt, können diese Operationen und die entsprechenden Verfahren und Methoden

auch nicht mehr von einem bestimmten Wissenschaftsparadigma ausschließlich in Anspruch genommen werden; sie
können dann auch von seiten einer handlungsorientierten
Erziehungswissenschaft eingesetzt werden; dabei können
sich dann allerdings die Regeln der Anwendung durchaus
ändern.

Für die Weiterentwicklung handlungsorientierter Erziehungswissenschaft in methodologischer Hinsicht müssen die
weiter oben thesenartig formulierten Gesichtspunkte ausgearbeitet werden. Dabei müssen zugleich auch einige Auffassungen, die im Rahmen der ersten Ansätze erziehungswissenschaftlicher Handlungsforschung vorgetragen worden
sind, aufgrund der seitdem erfolgten methodologischen
Diskussion aufgegeben oder zumindest modifiziert werden.
Dazu gehören folgende Gesichtspunkte:

— Die Forderung nach einer Aufhebung der Subjekt-
Objekt-Differenz im Rahmen erziehungswissenschaftlicher
Forschung kann kaum eingelöst werden. Denn selbst im
Rahmen hermeneutischer bzw. ideologiekritischer Verfah-
ren kann Forschung nur erfolgen, wenn Forschung das,
worauf sie sich richtet, wenigstens zu dem Zeitpunkt der
Erforschung in seiner Subjekthaftigkeit begrenzt und zum
Gegenstand der Aufmerksamkeit macht.

— Die Gegenüberstellung von »Erforschung der Totalität
der erzieherischen Situation« im Rahmen handlungsorientierter Erziehungswissenschaft und »Isolierung einzelner
Variablen« durch die empirisch-analytische Forschung stellt
eine falsche Alternative dar. Denn man kann es wohl kaum
jemandem unterstellen, »daß er den Wunsch nach Erforschung der ›Erziehungswirklichkeit als ganzer‹ *nicht* für
sinnvoll hält; aber die ›Wirklichkeit‹ ist uns stets nur in
Gestalt einer historisch gewordenen Begriffswelt *segmen-
tiert* zugänglich. ... Entscheidend ist allein, ob uns jene
Theorien befriedigen können, durch die jene Segmenttheo-
reme mit umfassenderen Erklärungsversuchen verklam-
mert werden können« (Mollenhauer/Rittelmeyer 1975,
S. 688).

— Die im Rahmen der Kritischen Theorie und der neueren
Sprachphilosophie erarbeitete Einsicht in die prinzipielle
Unmöglichkeit einer eindeutigen Unterscheidung zwischen
»faktischen« und »normativen« Aussagen kann nur in
begrenztem Maße auf die handlungsorientierte Erzie-

hungswissenschaft übertragen werden; denn hier muß an einer Unterscheidung zwischen »Tatsachenaussagen« und »Geltungsfragen« so lange festgehalten werden, wie es eine Differenz zwischen den im Erziehungsbereich gegebenen realen Entwicklungen und ihrer kritischen, auf eine Verbesserung der Praxis gerichteten Bewertung gibt.

Eine Klärung der zahlreichen in methodologischer Hinsicht kontroversen Fragen ist nur im Kontext einer entsprechenden erziehungswissenschaftlichen Forschung und praktischen Arbeit möglich. Dabei stellt sich die forschungs- und methodenpraktische Frage, welche Arten von Informationen erhoben, mit welchen Methoden, Verfahren und Instrumenten die Erhebung durchgeführt werden soll und wie die gewonnenen Informationen ausgewertet und für die Verbesserung des Praxisfeldes fruchtbar gemacht werden können. Da die Beantwortung dieser Fragen von den konkreten Bedingungen des Erziehungsfeldes abhängig ist, sollen hier lediglich einige kontextübergreifende Gesichtspunkte festgehalten werden. So lassen sich bei der Gewinnung und Bearbeitung empirischer Informationen z. B. folgende im Rahmen eines konkreten handlungsorientierten erziehungswissenschaftlichen Projekts erarbeitete Aspekte unterscheiden; sie haben keinen Vorbildcharakter, sondern sollen lediglich zur Konkretisierung unserer Ausführungen über verschiedene methodische Vorgehensweisen im Rahmen handlungsorientierter Erziehungswissenschaft dienen (Moser 1976; 1975, S. 360):

(1) *Methoden der Informationssammlung:* Es lassen sich z. B. drei Vorgehensweisen bei der Datengewinnung unterscheiden. Einmal können relevante Daten unter dem Gesichtspunkt der Häufigkeit, zum anderen im Prozeß teilnehmender Beobachtung und schließlich durch die Befragung von Gewährspersonen erhoben werden.

(2) *Informationstypen:* Um den verschiedenen Zielvorstellungen handlungsorientierter Erziehungswissenschaft gerecht zu werden, bedarf es unterschiedlicher Arten von Informationen. Eine Gruppe von Informationen bilden die quantitativen Daten; eine zweite Gruppe besteht aus Geschehnissen bzw. wichtigen Ereignissen; eine dritte Gruppe schließlich umfaßt vorwiegend Normen bzw. Handlungsorientierungen etc.

(3) *Informationsauswertung:* Die Auswertung von Informationen kann unter qualitativem oder quantitativem Gesichtspunkt erfolgen; der gewählte Gesichtspunkt bestimmt das methodische Vorgehen bei der Datensammlung; daher bedarf es einer Entscheidung über den Gesichtspunkt der Auswertung bereits zu Beginn der Informationsgewinnung. Im Prozeß der Informationsauswertung können verschiedene Daten auch unter unterschiedlichem Gesichtspunkt bearbeitet werden. »(a) Quantitative Daten können als singuläre Ereigniskonstellation gewertet und dahingehend qualitativ interpretiert werden; (b) Geschehnisse und wichtige Ereignisse können als Standardsituationen aufgefaßt und auf ihre Auftretenshäufigkeit hin quantitativ untersucht werden; (c) Aussagen über Normen können analog behandelt werden: Qualitäten können quantifizierend zusammengefaßt werden; Quantitäten können qualitativ ausgewertet werden« (Moser 1976, S. 360).

(4) *Informationsverarbeitung:* Im Rahmen der Verarbeitung von Informationen, die in der handlungsorientierten Erziehungswissenschaft für die Erforschung und die Verbesserung eines Erziehungsfeldes gewonnen worden sind, müssen die verschiedenen Informationstypen berücksichtigt werden. Denn gerade aus der Verschiedenartigkeit der Informationen lassen sich in der Informationsverarbeitung einander ergänzende Erkenntnisse gewinnen.

Die mit Hilfe der verschiedenen Verfahren gewonnenen, ausgewerteten und verarbeiteten Informationen über das Praxisfeld müssen nun im »praktischen Diskurs« zwischen Lehrern und Erziehern sowie Erziehungswissenschaftlern auf ihre Gültigkeit abgeschätzt werden. Dabei gilt es, die Widersprüchlichkeiten in den Informationen aufzudecken, zu erörtern und die erforderlichen Konsequenzen für die Verbesserung der Erziehungspraxis zu ziehen. In der Praxis handlungsorientierter erziehungswissenschaftlicher Arbeit stellt sich das Problem, wie solche Gespräche bzw. Diskurse so geführt werden können, daß die genannten Ziele erreicht und die im Rahmen handlungsorientierter Erziehungswissenschaft intendierte Kooperation zwischen Wissenschaftlern und Praktikern realisiert werden kann. Zahlreiche Berichte aus der Praxis machen deutlich, wie schwierig die Prozesse der kooperativen Erörterung der in einem Erziehungsfeld gewonnenen Informationen sind (Heinze u. a. 1975; Zinnecker u. a. 1975; Rathmayr 1975; Gstettner 1976). Auf die hiermit verbundenen Fragen soll im nächsten Abschnitt näher eingegangen werden.

Kommunikation und Kooperation zwischen Wissenschaftlern und Praktikern

Eine unerläßliche Voraussetzung für die Kommunikation und Kooperation zwischen Lehrern oder Erziehern und Erziehungswissenschaftlern besteht darin, daß sich die Erziehungswissenschaftler in die Erziehungspraxis hineinbegeben und zusammen mit den Praktikern, die an einer Kooperation interessiert sind, die relevanten Probleme bearbeiten. Ziel der Zusammenarbeit ist die Erforschung und nach Möglichkeit die Lösung der Probleme der Praxis. Die Kooperation der verschiedenen Gruppen gelingt nur, wenn sie den Prinzipien der Gleichberechtigung und Solidarität verpflichtet ist. So muß sich z. B. die Partizipation der Lehrer oder Erzieher grundsätzlich auf alle Fragen beziehen, die mit den gemeinsam zu behandelnden Problemen zusammenhängen. Dazu gehören nach der Identifikation der Probleme unter anderem: die Gewinnung von Informationen, die eine bessere Einschätzung der Probleme erlauben; die Entwicklung von Problemlösungsstrategien; die Auswertung der mit diesen Strategien gemachten Erfahrungen. Im Verlauf der Kooperation zwischen Lehrern oder Erziehern und Wissenschaftlern ergeben sich des öfteren erhebliche Schwierigkeiten. So wird z. B. die unter einem Interesse an Verständigung mit den Praktikern stehende Kommunikation über Fragen des erzieherischen Handelns häufig durch die Dominanz der Wissenschaftler behindert; zum Ausdruck kommt diese Dominanz vor allem darin, daß die Wissenschaftler im Verlauf der gemeinsamen Diskussion mit den Praktikern oft auf Theorien und abstrakte Vorstellungen zurückgreifen, die den Praktikern nicht verfügbar sind, sie demzufolge häufig verunsichern, einschüchtern und ihre Kooperationsbereitschaft einschränken (Gstettner 1976). Um diese sich leicht einstellende Dominanz abzubauen, müssen die Wissenschaftler sich ent-

sprechend zurückhalten und versuchen, die Initiativbereit-
schaft der Praktiker zu fördern (Rathmayr 1975). Insofern
im Verlauf der Zusammenarbeit zwischen Wissenschaftlern
und Praktikern die Kompetenz der Praktiker in theoretischer bzw. wissenschaftlicher Hinsicht zunimmt, wächst auch
die Möglichkeit, eine gleichgewichtige Kooperation zu verwirklichen.

Aufgrund tiefgreifender Unterschiede in den Lebenswelten und Berufsrollen der Wissenschaftler und Praktiker lassen sich manche Kommunikations- und Kooperations-
schwierigkeiten jedoch nur schwer überwinden. Diese Unterschiede führen z. B. zu differierenden Einschätzungen
der Probleme der Erziehungspraxis, auseinandergehenden
Zielvorstellungen im Hinblick auf die Verbesserung des
Erziehungsfeldes sowie zu verschiedenen Lösungsstrategien.
Insgesamt scheinen Lehrer oder Erzieher eher an einer
(pragmatischen) Verbesserung der Erziehungspraxis interessiert zu sein, die sich ohne zu großen zusätzlichen Zeit-
und Kraftaufwand durchführen läßt. Wissenschaftler hingegen neigen eher dazu, sich für weiterreichende, grundsätz-
liche Veränderungsstrategien zu engagieren, durch die sie
die für ihre weitere berufliche Laufbahn wichtige Aufmerksamkeit der Forschergemeinschaft gewinnen können.
Erschwert wird die Kooperation zwischen Wissenschaftlern
und Praktikern zudem oft durch politische und soziale Kon-
textbedingungen, die sich der Einflußnahme der beiden
Gruppen entziehen, die aber dennoch auf ihre Zusammenarbeit Einfluß ausüben und daher sorgfältiger Beachtung
bedürfen.

Das sich immer wieder bei der Kooperation von Wissenschaftlern und Praktikern ergebende Spannungsverhältnis
muß von beiden Seiten auch als Ausdruck der strukturell
gegebenen Schwierigkeiten begriffen werden, Theorie
bzw. Wissenschaft und Praxis miteinander zu vermitteln.
Geschieht dies, so können die entstandenen Spannungen
häufig leichter ausgehalten werden. Der Versuch, das Spannungsverhältnis in der Kommunikation zwischen Praktikern und Erziehungswissenschaftlern zu beseitigen, darf
nicht dazu führen, daß in der Zusammenarbeit das theoretische Anspruchsniveau vermindert und die Praxis von der
Aufforderung befreit wird, dem gesetzten Anspruch
gerecht zu werden. Das Spannungsverhältnis zwischen

Theorie und Praxis darf aber auch nicht dazu führen, daß die Erziehungswissenschaft ihren Anspruch auf Praxisorientierung lockert bzw. aufgibt und sich damit der Praxis entzieht. Sowohl die Reduktion des wissenschaftlichen Anspruchsniveaus als auch die Verringerung des Praxisbezugs der Erziehungswissenschaft würden auf Kosten einer möglichen Verbesserung der Praxis gehen.

Im Rahmen der Kooperation zwischen Wissenschaftlern und Praktikern, in deren Verlauf sich beide Gruppen eine neue Deutung ihres Handlungs- und Aufgabenfeldes erarbeiten, geht es um die Lösung von Problemen, die durch die jeweiligen Voraussetzungen bei den Lehrern bzw. Erziehern oder durch den Kontext des Erziehungsfeldes gegeben sind. Häufig handelt es sich dabei um Probleme, die in anderen Zusammenhängen in ähnlicher Form auftreten; die in der Zusammenarbeit zwischen Wissenschaftlern und Praktikern in bestimmten Erziehungsfeldern erarbeiteten Lösungen sind dann auch für die Lösung der strukturell ähnlichen Probleme in den anderen Erziehungsfeldern relevant. Damit jedoch die Problemlösungen in dem Kontext, in dem sie erarbeitet worden sind, und darüber hinaus in anderen Erziehungsfeldern ihre volle Bedeutung erhalten können, müssen sie unmittelbar an den Problemen und Erfahrungen anknüpfen, die die Lehrer oder Erzieher in ihrer Erziehungspraxis machen. Nur wenn eine neue Sicht der Praxisprobleme an Interpretationsmuster anknüpft, die der Praktiker in seiner Alltagswelt herausgebildet hat, können die neuen Deutungs- und Handlungsmuster auch in bereits vorhandene professionelle Erfahrungen und Kompetenzen integriert werden; nur so kann eine wirkliche Verbesserung der Erziehungspraxis gelingen. Anderenfalls bleiben die erarbeiteten Problemstellungen und Problemlösungsmuster für den Lehrer oder Erzieher äußerlich und können nicht für die Verbesserung der Erziehungspraxis fruchtbar gemacht werden.

Damit die in der Kommunikation und Kooperation zwischen Lehrern und Erziehern sowie Wissenschaftlern bestehende Möglichkeit der wechselseitigen Durchdringung von Wissenschaft und Praxis ausgeschöpft werden kann, bedarf es der Entwicklung eines *Kriterien- und Interpretationsrahmens*. Ein solcher Bezugsrahmen muß die Gesichtspunkte festlegen, die bei der Gewinnung und Auswertung der für die Lösung der Praxisprobleme relevanten Informationen zu berücksichtigen sind. Um dadurch eine Verbesserung erzieherischen Handelns zu verwirklichen, wurden z. B. im Rahmen der wissenschaftlichen Begleitung des Kollegstufenversuchs Nordrhein-Westfalens die folgenden Kriterien entwickelt (Gruschka 1976, S. 147 f.): (1) *Kommunikation*, (2) *Intervention*, (3) *Transparenz* und (4) *Relevanz*.

(1) *»Kommunikation«* weist darauf hin, daß es im Rahmen handlungsorientierter Erziehungswissenschaft darauf ankommt, die Verfahrensweisen erziehungswissenschaftlicher Forschung »zu Mitteln rationaler Verständigung und Entscheidung« zwischen den Erziehungswissenschaftlern und den Praktikern zu machen.

(2) Das Kriterium *»Intervention«* macht darauf aufmerksam, daß die Interaktion zwischen den Erziehungswissenschaftlern und Lehrern oder Erziehern »keinen Ausnahmezustand, sondern eine kontinuierliche Interaktionssituation« konstituieren soll.

(3) *»Transparenz«* soll gewährleisten, daß die im Rahmen handlungsorientierter Erziehungswissenschaft erfolgende Forschung für alle Betroffenen durchschaubar und nachvollziehbar ist.

(4) Das Kriterium der *»Relevanz«* zielt schließlich auf die dezidierte Anwendung der wissenschaftlichen Verfahren auf die praktischen Fragen; es impliziert die Aufforderung, die für die Erziehungspraxis relevanten Probleme zu untersuchen.

Idealtypisch gesehen führt der Kommunikationsprozeß zwischen Lehrern bzw. Erziehern und Erziehungswissenschaftlern, der diese vier Kriterien berücksichtigt, vom »Verstehen« über das »Interpretieren« und »Verständigen« zum »Entscheiden«. Das heißt: Der Kommunikationsprozeß verläuft von einem ersten *Verstehen* der vorhandenen Probleme und einem Sammeln der dazu relevanten Informationen über ein *Interpretieren* der entdeckten Widersprüche und kontroversen Einstellungen sowie ein *Verständigen* nach der Problematisierung verschiedener Geltungsansprüche durch Einvernehmen auf einer neuen Verständigungsebene zum *Entscheiden* über die anliegenden Probleme. Durch die Berücksichtigung der verschiedenen Kriterien und die Explikation dieser Phasen des Kommunikationsprozesses zwischen Praktikern und Wissenschaftlern soll vermieden werden, daß Gesichtspunkte übersehen werden, die für die Erforschung des jeweiligen Erziehungsfeldes und die Förderung der Vermittlung von erziehungswissenschaftlichen Erkenntnissen in diese Erziehungspraxis wichtig sind.

Da dieser Kriterienrahmen für die Kommunikation zwischen den in der handlungsorientierten erziehungswissenschaftlichen Forschung zusammenarbeitenden Gruppen lediglich die Interaktionsprozesse im erzieherischen Feld berücksichtigt, dabei jedoch die Voraussetzungen und Kontextbestimmungen des Erziehungsfeldes vernachlässigt, bedarf er der Ergänzung durch einen *bedingungsanalytischen Bezugsrahmen*. Die in Handlungsforschungsprojekten häufig fehlende Berücksichtigung des bedingungsanalytischen Bezugsrahmens ist um so notwendiger, als diese Bedingungen einen erheblichen Einfluß auf die Erziehungspraxis haben. So bestimmen die in einem Erziehungsfeld gegebenen Voraussetzungen weitgehend, wo der Ausgangspunkt für die Verbesserung des erzieherischen Handelns der Lehrer oder Erzieher liegt und welche Möglichkeiten und Grenzen in zeitlicher, finanzieller und persönlicher Hinsicht bestehen, das Erziehungsgeschehen zu verbessern. Bei der Untersuchung dieses Bedingungsgefüges müssen die in der Erziehungswirklichkeit faktisch gegebenen Bedingungen erforscht werden; darüber hinaus muß sich die Aufmerksamkeit aber auch auf die systematische Erarbeitung der Kategorien richten, die zu einer Analyse dieser Voraussetzungen von Erziehungsfeldern relevant sind. Im Rahmen der wissenschaftlichen Begleitung des Kollegstufenversuchs in Nordrhein- Westfalen hat man daher zwischen einer *Realanalyse* und einer *Kategorialanalyse* unterschieden (Gruschka 1976). Während die Realanalyse darauf abzielt, die in der Realität des Erziehungsfeldes gegebenen Bedingungen und die dort ablaufenden Prozesse zu erheben, fällt der Kategorialanalyse die Aufgabe zu, Kategorien »zur gesellschaftstheoretischen Einschätzung von Funktion, Umfang und Bedingung« des Erziehungsfeldes zu erarbeiten (a.a.O., S. 189). Als Methoden für die Realanalyse bieten sich prinzipiell alle in den Sozial- und Geisteswissenschaften verwendeten Verfahren an. Für die Kategorialanalyse bedarf es unter anderem der gesellschafts-, institutions- und kommunikationstheoretischen Kategorien, die im Rahmen kritischer Erziehungswissenschaft und kritischer Sozialwissenschaft entwickelt wurden. Schließlich hat die Münsteraner Arbeitsgruppe um Herwig Blankertz auch auf die Unterscheidung von zwei sich ergänzenden Verfahren aufmerksam gemacht, die für die Bedingungsanalyse wichtig sind: die *funktionale,* nach den Kontingenzen fragende Methode und die *strukturell-genetische,* die Kausalbeziehungen untersuchende Methode. Die strukturell-genetische Methode versucht zu erklären, warum bestimmte Entwicklungen so und nicht anders eingetreten sind und wo die Ursachen liegen, die diese Entwicklungen bewirkt haben. Die funktionale, auf Kontingenzen zielende Methode fragt danach, welche Möglichkeiten bestehen, daß sich Erziehungsprozesse auch anders vollziehen, als dies in dem jeweiligen Erziehungsfeld gerade der Fall ist. Sie will die Möglichkeiten für gelingendes erzieherisches Handeln unter den jeweils eingeschränkten gesellschaftlichen, institutionellen und personellen Bedingungen erforschen; sie versucht Alternativen zu denken und den Prozeß anzuleiten, in dessen Verlauf aus den faktischen Gegebenheiten durch entsprechende Reflexionsprozesse ein besseres erzieherisches Handeln werden kann.

Ein solcher Reflexionsprozeß ist nur in einem »praktischen Diskurs« möglich, der im Rahmen der Kommunikation und Kooperation zwischen Wissenschaftlern und Praktikern eine zentrale Stellung einnimmt (vgl. Kap. 4, S. 179). In seinem Verlauf wird der Geltungsanspruch eingefahrener bzw. verhärteter Handlungsmuster problematisiert und gegebenenfalls infolge systematischer Argumentation durch den Geltungsanspruch neuer Handlungsorientierungen ersetzt. »Ergebnis solcher Verhandlungen sind konsentierte (mit Übereinstimmung erstellte, Ch. W.) Handlungsorientierungen, so etwas wie vorläufige gesellschaftliche Wahrheiten« (Moser 1976, S. 359). Der dabei zugrunde gelegte Wahrheitsbegriff ist ein dialogischer Wahrheitsbegriff. Das heißt: Die Wahrheit von Aussagen kann nur im Rahmen eines Dialogs ermittelt werden, in dem einzelnen Ausssagen — nach ihrer Problematisierung — Wahrheitsgehalt zugebilligt wird. Indem ein neuer Diskurs über die entsprechenden Aussagen eröffnet wird, kann der so ermittelte Wahrheitsgehalt jederzeit wieder in Frage gestellt werden. Somit kann der Kommunikations- und Kooperationsprozeß zwischen Wissenschaftlern und Praktikern als ein Teil verstanden werden, in dem Erkenntnisse über Praxiszusammenhänge — zunächst für die am Diskurs beteiligten Personen — zu einer vorläufigen Wahrheit werden, aus der dann Konsequenzen für das praktische erzieherische Handeln gezogen werden können. Damit hat der Diskurs gleichsam die Funktion einer »Meßlatte«, an der die Wahrheit von Aussagen und Erkenntnissen aus dem Praxiszusammenhang gemessen wird. Der Diskurs als Mittel kontrafaktischer Antizipation von Gültigkeit und Wahrheit stößt allerdings dort auf die Grenzen seiner Relevanz für die konkrete Verbesserung der Erziehungspraxis, wo den am Diskurs beteiligten Personen die Macht fehlt, ihre kontrafaktisch gewonnenen Einsichten und Erkenntnisse im Erziehungsfeld durchzusetzen: sei es nun, daß es zu ihrer Durchsetzung an den erforderlichen zeitlichen, finanziellen oder personellen Ressourcen fehlt, oder sei es, daß ihnen im Erziehungsfeld bzw. seinem Bedingungsgefüge Widerstände entgegengebracht werden, die sich durch wissenschaftliche Erkenntnisse bzw. auf ihnen beruhendes erzieherisches Handeln nicht verändern lassen. Hier bedarf es der Ergänzung erzieherischen Handelns durch eine praktische Politik in emanzipatorischer Absicht, deren Handlungsspielraum allerdings ebenfalls durch eine Reihe makrostruktureller Bedingungen eingeschränkt wird.

Ausblick

Welchen Stellenwert die im Umfeld pädagogischer Handlungsforschung erarbeiteten Vorstellungen und Konkretisierungen für die Entwicklung einer handlungsorientierten Erziehungswissenschaft einnehmen, ist beim gegenwärtigen Stand der Diskussion nur schwer abzuschätzen. Auch die Frage, inwieweit die bislang erarbeiteten Vorstellungen als Grundlage für die Entwicklung eines neuen Paradigmas handlungsorientierter Erziehungswissenschaft dienen können, ist zur Zeit noch kaum entscheidbar. Doch wird dies nicht allein von wissenschaftsimmanenten Faktoren, sondern auch von der allgemeinen gesellschaftlichen Entwicklung und ihrem Einfluß auf den Bildungsbereich abhängen.

Aus dem bisherigen Entwicklungsstand handlungsorientierter Erziehungswissenschaft ergibt sich, daß die Ausarbeitung und Konkretisierung der »Handlungsorientierung« der Erziehungswissenschaft die zentrale Aufgabe der weiteren Wissenschaftsentwicklung darstellt, d. h., die theoretisch erarbeitete Aufgabenbestimmung handlungsorientierter Erziehungswissenschaft muß in der praktischen wissenschaftlichen Arbeit noch weitgehend eingelöst werden. Erst wenn die Erziehungswissenschaft die praxisbezogene Ausrichtung verwirklicht, kann sie ihren Anspruch, eine praxisorientierte Sozialwissenschaft zu sein, auch wirklich einlösen. Als praxisorientierte Sozialwissenschaft zielt die Erziehungswissenschaft darauf, die in der Gegenwart relevanten Elemente geisteswissenschaftlicher Pädagogik kritisch zu rezipieren, eine kontinuierliche Auseinandersetzung mit dem empirisch-analytischen Wissenschaftsparadigma zu führen und sich im Sinne Kritischer Theorie ihres gesellschaftlichen Standorts und ihres pädagogisch-politischen Engagements zu versichern. Zugleich muß sich die Erziehungswissenschaft der praxisbezogenen Auseinandersetzung mit den verschiedenen Erziehungsfeldern stellen. Dabei gilt es, die gesellschaftlichen bzw. institutionellen Bedingungen, die diesen Praxisfeldern zugrunde liegen, herauszuarbeiten und die in ihnen ablaufenden Erziehungsprozesse zu analysieren und in ihren Auswirkungen zu untersuchen; die gewonnenen Ergebnisse müssen aufgearbeitet und weitergegeben werden, damit sie nicht nur eine die Praxis erschließende bzw. aufklärende, sondern auch kritisch-anleitende Funktion haben. Nur so kann die Verwirklichung einer *handlungsorientierten Erziehungswissenschaft als Wissenschaft von der Erziehung und für die Erziehung* gelingen.

Literatur

Abel, Th.: The operation called »Verstehen«, in: Albert, H. (Hrsg.): Theorie und Realität, Tübingen 1964, S. 177—188.

Abendroth, W., u. a.: Die Linke antwortet Jürgen Habermas, Frankfurt 1968.

Achtenhagen, F.: Erziehungswissenschaft und empirisch-analytische Wissenschaftstheorie, in: Pädagogische Rundschau, 23 (1969), S. 840—856.

Adorno, Th. W.: Soziologie und empirische Forschung, in: Ders. u. a.: Der Positivismusstreit in der deutschen Soziologie, Neuwied/Berlin 1972, S. 81—101.

Ders.: Erziehung zur Mündigkeit, Frankfurt 1970.

Ders. (Hrsg.): Spätkapitalismus oder Industriegesellschaft? Stuttgart 1969.

Ders.: Neun kritische Modelle, Frankfurt 1968[5].

Ders.: Negative Dialektik, Frankfurt 1966.

Ders.: Theorie der Halbbildung, in: Sociologica, Bd. 2, Frankfurt 1962, S. 168—192.

Ders.: Zum Verhältnis von Soziologie und Psychologie, in: Sociologica, Bd. 1, Frankfurt 1955, S. 11—45.

Adorno, Th. W./*Horkheimer*, M.: Ideologie, in: Dies.: Soziologische Exkurse, Frankfurt 1956, S. 162—181.

Adorno, Th. W., u. a.: Der Positivismusstreit in der deutschen Soziologie, Neuwied/Berlin 1972.

Albert, H.: Positivismus — Kritischer Rationalismus, in: Wulf, Ch. (Hrsg.): Wörterbuch der Erziehung, München 1976[2], S. 466—470.

Ders.: Probleme der Wissenschaftslehre in der Sozialforschung, in: König, R. (Hrsg.): Handbuch der empirischen Sozialforschung, Bd. 1, Stuttgart 1973[3], S. 57—102.

Ders.: Konstruktion und Kritik. Aufsätze zur Philosophie des kritischen Rationalismus, Hamburg 1972.

Ders.: Plädoyer für kritischen Rationalismus, München 1971.

Ders.: Ethik und Meta-Ethik, in: Albert, H./Topitsch, E. (Hrsg.): Werturteilsstreit, Darmstadt 1971a, S. 472—517.

Ders.: Konstruktivismus oder Realismus? Bemerkungen zu Holzkamps dialektischer Überwindung der modernen Wissenschaftslehre, in: Zeitschrift für Sozialpsychologie, 2 (1971b), 1, S. 5—23.

Ders.: Sozialtheorie und soziale Praxis, Meisenheim am Glan 1971c.

Ders.: Traktat über kritische Vernunft, Tübingen 1969[2].

Ders.: Wertfreiheit als methodisches Prinzip. Zur Frage der Notwendigkeit einer normativen Sozialwissenschaft, in: Topitsch, E. (Hrsg.): Logik der Sozialwissenschaften, Köln/Berlin 1965, S. 181—210.

Ders.: Im Rücken des Positivismus? Dialektische Umwege in kritischer Beleuchtung, in: Kölner Zeitschrift für Soziologie und Sozialpsychologie, 17 (1965a), S. 879—908.

Ders. (Hrsg.): Theorie und Realität. Ausgewählte Aufsätze zur Wissenschaftslehre der Sozialwissenschaften, Tübingen 1964.

Ders.: Der Mythos der totalen Vernunft. Dialektische Ansprüche im Lichte undialektischer Kritik, in: Kölner Zeitschrift für Soziologie und Sozialpsychologie, 16 (1964a), S. 225—256.

Albert, H./*Topitsch*, E. (Hrsg.): Werturteilsstreit, Darmstadt 1971.

Altvater, E./*Huisken*, F.: Materialien zur politischen Ökonomie des Ausbildungssektors, Erlangen 1971.

Anacker, U.: Natur und Intersubjektivität, Frankfurt 1974.

Ders.: Erkenntnis und Interesse, in: Philos., 78 (1971), S. 394 ff.

Apel, K.-O.: Hermeneutik, in: Wulf, Ch. (Hrsg.): Wörterbuch der Erziehung, München 1976², S. 277—283.
Ders.: Sprachpragmatik und Philosophie, Frankfurt 1976a.
Ders.: Transformation der Philosophie, Bd. 1 u. 2, Frankfurt 1973.
Ders.: Wissenschaft als Emanzipation? Eine kritische Würdigung der Wissenschaftskonzeption der »Kritischen Theorie«, in: Ders.: Transformation der Philosophie, Bd. 2, Frankfurt 1973a, S. 128—154.
Ders.: Szientistik, Hermeneutik, Ideologiekritik. Entwurf einer Wissenschaftslehre in erkenntnisanthropologischer Sicht, in: Ders. u. a.: Hermeneutik und Ideologiekritik, Frankfurt 1971, S. 7—44.
Apel, K.-O., u. a.: Hermeneutik und Ideologiekritik, Frankfurt 1971.
Arbeitsgruppe Bielefelder Soziologen (Hrsg.): Alltagswissen, Interaktion und gesellschaftliche Wirklichkeit, Bd. 1. u. 2, Reinbek 1973.
Archambault, R. D. (Hrsg.): Philosophical analysis and education, New York 1965.
Archibald, W. P.: Zur Theorie des symbolischen Interaktionismus, in: Zeitschrift für Soziologie, 1 (1972), 3, S. 193—208.
Armbruster, W./*Bodenhöfer*, H.-J., u. a.: Expansion und Innovation. Bedingungen und Konsequenzen der Aufnahme und Verwendung expandierender Bildungsangebote, Berlin 1971.
Atteslander, P.: Methoden der empirischen Sozialforschung, Berlin 1969.
Auernheimer, G.: »Protestbewegung« gegen die herkömmliche Wissenschaftspraxis. Über einige Neuerscheinungen zur Handlungsforschung, in: Zeitschrift für Pädagogik, 22 (1976), 3, S. 377—386.
Ders.: Erziehungswissenschaft kontra Pädagogik. Vierteljahresschrift für wissenschaftliche Pädagogik, N. F., Erg. Heft 9, Bochum 1968.
Auwärter, M./*Kirsch* E. (Hrsg.): Seminar: Kommunikation — Interaktion — Identität, Frankfurt 1976.
Baacke, D.: Kommunikation und Kompetenz, München 1973.
Ders.: Aspekte einer Vermittlung von Kommunikations- und Erziehungswissenschaft, in: Hoffmann, D./Tütken, H. (Hrsg.): Realistische Erziehungswissenschaft, Hannover 1972, S. 11—36.
Badura, B. (Hrsg.): Seminar: Angewandte Sozialforschung. Studien über Voraussetzungen und Bedingungen der Produktion, Diffusion und Verwertung sozialwissenschaftlichen Wissens, Frankfurt 1976.
Baethge, M.: Bildungspolitik — Bildungsreform, in: Wulf, Ch. (Hrsg.): Wörterbuch der Erziehung, München 1976², S. 89—95.
Ders.: Abschied von Reformillusionen, in: betrifft:erziehung, 5 (1972), 11, S. 19—28.
Ders.: Ausbildung und Herrschaft. Unternehmerinteressen in der Bildungspolitik, Frankfurt 1970.
Bahr, H.-D., Kritik der »politischen Technologie«. Eine Auseinandersetzung mit H. Marcuse und J. Habermas, Frankfurt/Wien 1970.
Bardt, H. P./*Kern*, H./*Osterland*, M./*Schumann*, M.: Zwischen Drehbank und Computer, Hamburg 1970.
Bartels, K.: Pädagogischer Bezug, in: Speck, J./Wehle, G. (Hrsg.): Handbuch pädagogischer Grundbegriffe, Bd. 2, München 1970, S. 268 bis 287.
Barth, H.: Wahrheit und Ideologie, Frankfurt 1974.
Basis Arbeitsergebnisse: Zur Kritik der Politischen Ökonomie. Einführung in das »Kapital«. Bd. 1, Frankfurt 1972.
Bath, H.: Emanzipation als Erziehungsziel? Überlegungen zum Gebrauch und zur Herkunft eines Begriffs, Bad Heilbrunn 1974.
Beck, J./*Clemenz*, M./*Heinisch*, F./*Jouhy*, E./*Markert*, W./*Müller*, H./*Pressel*, A.: Erziehung in der Klassengesellschaft. Einführung in die Soziologie der Erziehung, München 1970.

Beck, U.: Objektivität und Normativität, Reinbek 1974.

Becker, E./*Jungblut*, M.: Strategien der Bildungsproduktion, Frankfurt 1972.

Becker, W.: Idealistische und materialistische Dialektik, Stuttgart 1970.

Benner, D.: Hauptströmungen der Erziehungswissenschaft. Eine Systematik traditioneller und moderner Theorien, München 1973.

Ders.: Theorie und Praxis. Systemtheoretische Betrachtungen zu Hegel und Marx, Wien 1966.

Benner, D./*Schmied-Kowarzik*, W.: Prolegomena zur Grundlegung der Pädagogik I. Herbarts praktische Philosophie und Pädagogik. Möglichkeiten und Grenzen einer Erziehungsphänomenologie, Ratingen 1967.

Berg, Ch./*Gaebe*, B./*Keim*, W./*Koch*, L./*Kracht*, H. J./*Röhrig*, P.: Einführung in die Erziehungswissenschaft, Köln 1976.

Berger, H.: Untersuchungsmethode und soziale Wirklichkeit, Frankfurt 1974.

Berger, P./*Luckmann*, T.: Die gesellschaftliche Konstruktion der Wirklichkeit, Frankfurt 1970.

Bergmann, J. E.: Die Theorie des sozialen Systems von Talcott Parsons. Eine kritische Analyse, Frankfurt 1967.

Bergmann, J. E., u. a.: Herrschaft, Klassenverhältnis und Schichtung, in: Adorno, Th. W. (Hrsg.): Spätkapitalismus oder Industriegesellschaft? Stuttgart 1969, S. 67—87.

Bernfeld, S.: Sisyphos oder die Grenzen der Erziehung, Frankfurt 1973.

Bernstein, B., u. a.: Lernen und soziale Struktur. Aufsätze 1965—1970, Amsterdam 1970.

betrifft:erziehung, 6 (1973) 5. Thema: Der heimliche Lehrplan. Was *wirklich* gelernt wird.

Betzen, K./*Nipkow*, L. E. (Hrsg.): Der Lehrer in Schule und Gesellschaft, München 1971.

Bittner, G.: Psychoanalyse und soziale Erziehung, München 1967.

Bittner, G./*Schmid-Cords*, E. (Hrsg.): Erziehung in früher Kindheit, München 1968.

Blankertz, H.: Wissenschaftstheorie, in: Wulf, Ch. (Hrsg.): Wörterbuch der Erziehung, München 1976², S. 630—634.

Ders.: Demokratische Bildungsreform, kapitalistische Systemerhaltung, politische Erziehungswissenschaft. Versuch einer Analyse aus Anlaß des Kollegstufenmodells Nordrhein-Westfalen, in: Vierteljahresschrift für wissenschaftliche Pädagogik (1973), 4, S. 314—334.

Ders.: Pädagogik unter wissenschaftstheoretischer Kritik, in: Oppolzer, S. (Hrsg.): Erziehungswissenschaft 1971. Zwischen Herkunft und Zukunft der Gesellschaft, Wuppertal/Ratingen 1971, S. 20—33.

Ders.: Pädagogische Theorie und empirische Forschung, in: Zur Bedeutung der Empirie für die Pädagogik als Wissenschaft, in: Vierteljahresschrift für wissenschaftliche Pädagogik. N. F., Erg. Heft 5, Bochum 1966, S. 65—78.

Blankertz, H./*Gruschka*, A.: Handlungsforschung: Rückfall in die Empiriefeindlichkeit oder neue Erfahrungsdimension? (Zum Beitrag von Haeberlin), in: Zeitschrift für Pädagogik, 21 (1975), 5, Seite 677 bis 686.

Blankertz, H./*Hoffmann*, D.: Geschichtsunterricht und Politische Bildung, in: Dahmer, I./Klafki, W. (Hrsg.): Geisteswissenschaftliche Pädagogik am Ausgang ihrer Epoche — Erich Weniger, Weinheim 1968, S. 175—194.

Bloch, E.: Paedagogica, Frankfurt 1972².

Ders.: Das Prinzip Hoffnung, Bd. 1—3, Frankfurt 1967.

Böhler, D.: Paradigmawechsel in analytischer Wissenschaftstheorie? In: Zeitschrift für allgemeine Wissenschaftstheorie, 3 (1972), 2, S. 219—242.

Ders.: Metakritik und Marxsche Ideologiekritik, Frankfurt 1971.

Böhme, G./*van den Daele*, W./*Krohn*, W.: Alternativen in der Wissenschaft, in: Zeitschrift für Soziologie, 1 (1972), 4, S. 302—316.

Bokelmann, H.: Erziehungsnormen, in: Wulf, Ch. (Hrsg.): Wörterbuch der Erziehung, München 1976², S. 192—195.

Ders.: Wozu taugen historische Erkenntnisse? In: Die Deutsche Berufs- und Fachschule, 68 (1972), S. 898—922.

Ders.: Die Bedeutung der »Geschichte der Pädagogik« im hermeneutischen Verständnis, in: Zur Problematik wissenschaftstheoretischer Voraussetzungen der Curriculum-Forschung. Vierteljahresschrift für wissenschaftliche Pädagogik, N. F., Erg. Heft 10, Bochum 1969, S. 63—92.

Ders: Maßstäbe pädagogischen Handelns. Normenkonflikte und Reformversuche in Erziehung und Bildung, Würzburg 1965.

Bollnow, O. F.: Empirische Wissenschaft und hermeneutische Pädagogik. Bemerkungen zu Wolfgang Brezinka: Von der Pädagogik zur Erziehungswissenschaft, in: Zeitschrift für Pädagogik, 17 (1971), 5, S. 683—708.

Ders.: Zur Logik der Sozialwissenschaften, in: Zeitschrift für Pädagogik, 14 (1968), 1, S. 69—77.

Ders.: Der Erfahrungsbegriff in der Pädagogik, in: Zeitschrift für Pädagogik, 14 (1968a), S. 221—252.

Ders.: Pädagogische Forschung und philosophisches Denken, in: Röhrs, H. (Hrsg.): Erziehungswissenschaft und Erziehungswirklichkeit, Frankfurt 1967, S. 221—238.

Ders.: Zur Frage nach der Objektivität der Geisteswissenschaften, in: Oppolzer, S. (Hrsg.): Denkformen und Forschungsmethoden der Erziehungswissenschaft, Bd. 1, München 1966, S. 53—79.

Ders.: Existenz-Philosophie und Pädagogik, Stuttgart 1962.

Ders.: Das Verstehen. Drei Aufsätze zur Theorie der Geisteswissenschaften, Mainz 1949.

Bott, H.: Ein Versöhnungsversuch zwischen historisch-materialistischer Gesellschaftsanalyse und bürgerlicher Pädagogik. Anmerkungen zu Mollenhauers »Theorien zum Erziehungsprozeß«, in: Erziehung und Klassenkampf, 3 (1973), 12, S. 63—70.

Bourdieu, P./*Passeron*, J. C.: Grundlagen einer Theorie der symbolischen Gewalt, Frankfurt 1973.

Dies.: Die Illusion der Chancengleichheit. Untersuchungen zur Soziologie des Bildungswesens am Beispiel Frankreichs, Stuttgart 1971.

Brentano, M. v.: Die unbescheidene Philosophie. Der Streit um die Theorie der Sozialwissenschaften, in: Ulich, D. (Hrsg.): Theorie und Methode der Erziehungswissenschaft, Weinheim 1972, S. 104—119.

Brezinka, W.: Von der Pädagogik zur Erziehungswissenschaft, Weinheim/Berlin/Basel 1972².

Ders.: Über Erziehungsbegriffe. Eine kritische Analyse und ein Explikationsvorschlag, in: Zeitschrift für Pädagogik, 17 (1971), 5, S. 567 bis 615.

Ders.: Philosophie der Erziehung, in: Zeitschrift für Pädagogik, 15 (1969), S. 551—597.

Ders.: Von der Pädagogik zur Erziehungswissenschaft, in: Zeitschrift für Pädagogik, 14 (1968), S. 317—334, 435—475.

Ders.: Über den Wissenschaftsbegriff der Erziehungswissenschaft und die Einwände der weltanschaulichen Pädagogik, in: Zeitschrift für Pädagogik, 13 (1967), S. 135—168.

Ders.: Eine kritische Prinzipiengeschichte der Erziehungswissenschaft, in: Zeitschrift für Pädagogik, 11 (1965), S. 270—287.

Bridgeman, P. W.: The logic of modern physics, New York 1927.

Brinkmann, G., u. a. (Hrsg.): Theorie der Schule, Bd. 1 u. 2, Kronberg 1974.

Brinkmann, H./*Bruder,* K. J./*Münch,* R.: Wissenschaftstheorie und gesellschaftliche Praxis, Gießen 1972.

Bruder, K. J.: Die Atomisierung des Lernens, in: betrifft:erziehung, 4 (1971), 6, S. 23—32.

Brückner, P./*Krovoza,* A.: Was heißt Politisierung der Wissenschaft und was kann sie für die Sozialwissenschaft heißen? Frankfurt 1972.

Brumlik, M.: Der symbolische Interaktionismus und seine pädagogische Bedeutung, Frankfurt 1973.

Bubner, R.: Transzendentale Hermeneutik? In: Simon-Schaefer, R./ Zimmerli, W. Ch. (Hrsg.): Wissenschaftstheorie der Geisteswissenschaften, Hamburg 1975, S. 56—70.

Ders.: Dialektik und Wissenschaft, Frankfurt 1973.

Ders.: Dialektische Elemente einer Forschungslogik, in: Ders.: Dialektik und Wissenschaft, Frankfurt 1973a, S. 129—174.

Ders.: Was ist kritische Theorie? In: Apel, K.-O., u. a.: Hermeneutik und Ideologiekritik, Frankfurt 1971, S. 160—209.

Bubner, R./*Cramer,* K./*Wiehl,* R.: Hermeneutik und Dialektik, Bd. 1 u. 2, Tübingen 1970.

Carnap, R./*Stegmüller,* W.: Induktive Logik und Wahrscheinlichkeit, Wien 1959.

Chomsky, N.: Sprache und Geist, Frankfurt 1973.

Ders.: Aspekte der Syntax-Theorie, Frankfurt 1969.

Cicourel, A. V.: Sprache in der sozialen Interaktion, München 1975.

Ders.: Methode und Messung in der Soziologie und die Struktur von Common-sense-Akten, in: Wiggershaus, R. (Hrsg.): Sprachanalyse und Soziologie, Frankfurt 1975a, S. 203—211.

Ders.: Generative Semantik und die Struktur der sozialen Interaktion, in: Wiggershaus, R. (Hrsg.): Sprachanalyse und Soziologie, Frankfurt 1975b, S. 212—250.

Ders.: Methode und Messung in der Soziologie, Frankfurt 1974.

Clark, P. A.: Action research and organizational change, London/ New York 1972.

Claussen, B.: Erziehungswissenschaft und Kritischer Rationalismus. Anmerkungen zur Integrationsfähigkeit aus der Sicht einer Kritischen Erziehungswissenschaft, in: Zeitschrift für Pädagogik, 21 (1975), 5, S. 709—718.

Combe, A.: Kritik der Lehrerrolle. Gesellschaftliche Voraussetzungen und soziale Folgen des Lehrerbewußtseins, München 1973.

Coser, L. A.: Theorie sozialer Konflikte, Neuwied/Berlin 1965.

Cube, F. v.: Kybernetische Grundlagen des Lernens und Lehrens, Stuttgart 1968[2].

Dahmer, H., u. a.: Psychoanalyse als Gesellschaftswissenschaft, Frankfurt 1971.

Dahmer, I.: Erziehungswissenschaft als kritische Theorie und ihre Funktion in der Lehrerbildung, in: Didactica, 3 (1969), S. 16—32; 4 (1970), S. 157—165.

Dies.: Theorie und Praxis, in: Dahmer, I./Klafki, W. (Hrsg.): Geisteswissenschaftliche Pädagogik am Ausgang ihrer Epoche — Erich Weniger, Weinheim/Berlin 1968, S. 35—80.

Dahmer, I/*Klafki,* W. (Hrsg.): Geisteswissenschaftliche Pädagogik am Ausgang ihrer Epoche — Erich Weniger, Weinheim/Berlin 1968.

Dahrendorf, R.: Homo sociologicus. Ein Versuch zur Geschichte, Be-

237

deutung und Kritik der Kategorie der sozialen Rolle, Köln/Opladen 1971[10].

Ders.: Zu einer Theorie des sozialen Konflikts, in: Zapf, W. (Hrsg.): Theorien des sozialen Wandels, Köln 1969, S. 108—123.

Ders.: Pfade aus Utopia. Arbeiten zur Theorie und Methode der Soziologie, Gesammelte Abhandlungen, Bd. 1, München 1967.

Ders.: Bildung ist Bürgerrecht — Plädoyer für eine aktive Bildungspolitik, Hamburg 1965.

Ders.: Gesellschaft und Freiheit. Zur soziologischen Analyse der Gegenwart, München 1963.

Damus, R.: Habermas und der »heimliche Positivismus« bei Marx, in: Sozialistische Politik (1969), 4.

Davidson, D.: Handlungen, Gründe und Ursachen, in: Giesen, B./ Schmid, M. (Hrsg.): Theorie, Handeln und Geschichte. Erklärungsprobleme in den Sozialwissenschaften, Hamburg 1975, S. 310—324.

Derbolav, J.: Pädagogik und Politik. Eine systematisch-kritische Analyse ihrer Beziehungen, Stuttgart/Berlin/Köln/Mainz 1975.

Ders.: Systematische Perspektiven der Pädagogik, Heidelberg 1971.

Deutscher Bildungsrat: Gutachten und Studien der Bildungskommission: Bildungsforschung. Probleme — Perspektiven — Prioritäten, Bd. 51 u. 52, Stuttgart 1975.

Ders.: Empfehlungen der Bildungskommission. Aspekte für die Planung der Bildungsforschung, Bonn 1974.

Diederich, J.: Unterrichtsforschung: vertikale Designs, in: Zeitschrift für Pädagogik, 21 (1965), 6, S. 823—834.

Diederich, W. (Hrsg.): Theorien der Wissenschaftsgeschichte, Frankfurt 1974.

Dilthey, W.: Einleitung in die Geisteswissenschaften. Versuch einer Grundlegung für das Studium der Gesellschaft und der Geschichte, Gesammelte Schriften, Bd. 1, Stuttgart/Göttingen 1973[7].

Ders.: Die Entstehung der Hermeneutik, in: Oppolzer, S. (Hrsg.): Denkformen und Forschungsmethoden der Erziehungswissenschaft, Bd. 1, München 1966, S. 13—24.

Ders.: Erleben, Ausdruck und Verstehen, in: Oppolzer, S. (Hrsg.): Denkformen und Forschungsmethoden der Erziehungswissenschaft, Bd. 1, München 1966a, S. 25—52.

Ders.: Der Aufbau der geschichtlichen Welt in den Geisteswissenschaften, in: Ders.: Die geistige Welt. Einleitung in die Philosophie des Lebens. Abhandlungen zur Grundlage der Geisteswissenschaften, Gesammelte Schriften, Bd. 6, Stuttgart/Göttingen 1958[2].

Ders.: Über die Möglichkeit einer allgemeingültigen pädagogischen Wissenschaft, in: Ders.: Die geistige Welt. Einleitung in die Philosophie des Lebens. Abhandlungen zur Poetik, Ethik und Pädagogik, Gesammelte Schriften, Bd. 6, Stuttgart/Göttingen 1958[2].

Ders.: Der Aufbau der geschichtlichen Welt in den Geisteswissenschaften, Gesammelte Schriften, Bd. 7, Stuttgart/Göttingen 1958[2].

Döpp-Vorwald, H.: Erziehungswissenschaft und Erziehungsphilosophie, Ratingen 1967[2].

Ders.: Über den »hermeneutisch-pragmatischen« Wissenschaftscharakter der Pädagogik, in: Pädagogische Rundschau, 15 (1961), Seite 1 bis 9.

Döring, K. W.: Lehrerverhalten und Lehrerberuf, Weinheim 1973[4].

Dreitzel, H. P.: Die gesellschaftlichen Leiden und das Leiden an der Gesellschaft. Vorstudien zu einer Pathologie des Rollenverhaltens, Stuttgart 1968.

Droysen, J. G.: Historik. Vorlesungen über Enzyklopädie und Methodologie der Geschichte, Darmstadt 1971[6].

Duhem, P.: To save the phenomena, Chicago/London 1969.

Ebel, R. L. (Hrsg.): Encyclopedia of educational research, London 1969.

Eichner, K./*Schmidt*, P.: Aktionsforschung — eine neue Methode? In: Soziale Welt, 25 (1974), S. 145—168.

Eigler, G.: Methoden: Empirische Verfahren in der Erziehungswissenschaft, in: Speck, J./Wehle, G. (Hrsg.): Handbuch pädagogischer Grundbegriffe, Bd. 2, München 1970, S. 129—162.

Erziehung und Klassenkampf. Zeitschrift für marxistische Pädagogik, 1 (1971) ff.

Essler, K. W.: Wissenschaftstheorie, Bd. 1 u. 2, Freiburg/München 1970—1971.

Fachbereich Sozialpädagogik an der Pädagogischen Hochschule Berlin: Überlegungen zur Handlungsforschung in der Sozialpädagogik, in: Haag, F./Krüger, H./Schwärzel, W./Wildt, J.: Aktionsforschung. Forschungsstrategien, Forschungsfelder und Forschungspläne, München 1972, S. 56—75.

Feil, H.-D.: Erziehungswissenschaft zwischen Empirie und Normativität, Stuttgart 1974.

Fend, H.: Sozialisationseffekte der Schule, Weinheim 1976.

Ders.: Gesellschaftliche Bedingungen schulischer Sozialisation, Weinheim 1974.

Ders.: Konformität und Selbstbestimmung, Weinheim 1973².

Ders.: Sozialisierung und Erziehung, Weinheim 1969.

Feuerstein, T.: Methodologische Schwierigkeiten einer kritischen Erziehungswissenschaft und Perspektiven zu ihrer Überwindung, in: Pädagogische Rundschau, 29 (1975), 1, S. 165—177.

Ders.: Emanzipation und Rationalität einer kritischen Erziehungswissenschaft. Methodologische Grundlagen im Anschluß an Habermas, München 1973.

Feyerabend, P.: Against method, London 1972.

Ders.: Reply to criticism — comments on Smart, Sellars and Putnam, in: Cohen/Wartofsky (Hrsg.): Boston studies in the philosophy of science, Bd. 2 (1965), S. 223—261.

Fijalkowski, J.: Über einige Theoriebegriffe in der deutschen Soziologie der Gegenwart, in: Kölner Zeitschrift für Soziologie und Sozialpsychologie, 13 (1961), S. 88—109.

Fischer, A.: Deskriptive Pädagogik (1914), in: Oppolzer, S. (Hrsg.): Denkformen und Forschungsmethoden der Erziehungswissenschaft, Bd. 1, München 1966, S. 83—99.

Fischer, W.: Schule und Kritische Pädagogik, Heidelberg 1972.

Fittkau, B./*Müller-Wolf*, H.-M./*Schulz von Thun*, F. (Hrsg.): Kommunikations- und Verhaltenstraining für Erziehung, Unterricht und Ausbildung, Pullach 1974.

Flechsig, K.-H.: Forschungsschwerpunkte im Bereich der Unterrichtstechnologie, in: Deutscher Bildungsrat: Gutachten und Studien der Bildungskommission, Bd. 51, Stuttgart 1975, S. 125—180.

Ders.: Die Funktion des Experiments in der Unterrichtsforschung, in: Die Deutsche Schule, 59 (1967), S. 397—413.

Fleischer, H.: Marxismus und Geschichte, Frankfurt 1969.

Flitner, W.: Rückschau auf die Pädagogik in futuristischer Absicht, in: Zeitschrift für Pädagogik, 22 (1976), 1, S. 1—8.

Ders.: Stellung und Methode der Erziehungswissenschaft (1956), in: Nicolin, F. (Hrsg.): Pädagogik als Wissenschaft, Darmstadt 1969, S. 370—379.

Ders.: Die Geisteswissenschaften und die pädagogische Aufgabe, in: Röhrs, H. (Hrsg.): Erziehungswissenschaft und Erziehungswirklichkeit, Frankfurt 1967², S. 85—91.

239

Ders.: Das Selbstverständnis der Erziehungswissenschaft in der Gegenwart, Heidelberg 1963.
Ders.: Theorie des pädagogischen Weges und der Methode (1928/1950), Weinheim 1953².
Ders.: Allgemeine Pädagogik, Stuttgart 1950³.
Flitner, W./*Kudritzki,* G. (Hrsg.): Die deutsche Reformpädagogik, Bd. 1 u. 2, Düsseldorf/München 1961—1962.
Foucault, M.: Die Ordnung des Diskurses, München 1974.
Ders.: Wahnsinn und Gesellschaft, Frankfurt 1969.
Freire, P.: Pädagogik der Unterdrückten. Bildung als Praxis der Freiheit, Reinbek 1973.
Freud, S.: Gesammelte Werke, Bd. 1—18, London/Frankfurt 1952 bis 1968.
Frey, K., u. a. (Hrsg.): Handbuch Curriculum, Bd. 1—3, München 1975.
Friedrich, W. (Hrsg.): Methoden der marxistisch-leninistischen Sozialforschung, Berlin (DDR) 1972³.
Friedrichs, J.: Methoden empirischer Sozialforschung, Reinbek 1974².
Frischeisen-Köhler, M.: Philosophie und Pädagogik, Weinheim 1962².
Fuchs, E.: Hermeneutik, Tübingen 1970⁴.
Fuchs, W.: Empirische Sozialforschung als politische Aktion, in: Soziale Welt, 21 (1970), 1, S. 1—17.
Funke, G.: Die Problematik der rein empirisch betriebenen Pädagogik, in: Vierteljahresschrift für wissenschaftliche Pädagogik, N. F., Erg. Heft 7, Bochum 1968, S. 62—93.
Ders.: Möglichkeit und Grenze des hermeneutischen Ansatzes für die Grundlegung der Pädagogik, in: Vierteljahresschrift für wissenschaftliche Pädagogik, N. F., Erg.Heft 4, Bochum 1966, S. 58—79.
Gadamer, H.-G.: Wahrheit und Methode. Grundzüge einer philosophischen Hermeneutik, Tübingen 1972³.
Ders.: Rhetorik, Hermeneutik und Ideologiekritik. Metakritische Erörterungen zu »Wahrheit und Methode«, in: Apel, K.-O., u. a.: Hermeneutik und Ideologiekritik, Frankfurt 1971, S. 57—82.
Gadamer, H.-G./*Boehm,* G. (Hrsg.): Seminar: Philosophische Hermeneutik, Frankfurt 1976.
Galbraith, J.-K.: Die moderne Industriegesellschaft, München 1968.
Gamm, H.-J.: Einführung in das Studium der Erziehungswissenschaft, München 1974.
Ders.: Das Elend der spätbürgerlichen Pädagogik, München 1972.
Ders.: Kritische Schule. Eine Streitschrift für die Emanzipation von Lehrern und Schülern, München 1970.
Gehlen, A.: Der Mensch. Seine Natur und seine Stellung in der Welt, Frankfurt 1962⁷.
Gente, H.-P. (Hrsg.): Marxismus Psychoanalyse Sexpol, Bd. 1 u. 2, Frankfurt 1973³.
Gerhardt, U.: Rolle, in: Wulf, Ch. (Hrsg.): Wörterbuch der Erziehung, München 1976², S. 499—506.
Dies.: Rollenanalyse als kritische Soziologie, Berlin 1971.
Giegel, H.-G.: Reflexion und Emanzipation, in: Apel, K.-O., u. a.: Hermeneutik und Ideologiekritik, Frankfurt 1971, S. 244—282.
Giesen, B./*Schmid,* M. (Hrsg.): Theorie, Handeln und Geschichte. Erklärungsprobleme in den Sozialwissenschaften, Hamburg 1975.
Göttinger Kollektiv: Lehrerbildung durch Projektstudium, Reinbek 1973.
Goffman, E.: Interaktion: Spaß am Spiel / Rollendistanz, München 1973.
Ders.: Wir alle spielen Theater. Die Selbstdarstellung im Alltag, München 1969.

240

Ders.: Stigma. Über Techniken der Bewältigung beschädigter Identität, Frankfurt 1967.
Ders.: Encounters. Two studies in the sociology of interaction, Indianapolis 1961.
Goldschmidt, D./Händle, Ch./Lepsius, M. R./*Roeder,* P.-M./*Wellendorf,* F.: Erziehungswissenschaft als Gesellschaftswissenschaft. Probleme und Ansätze, Heidelberg 1969.
Goslin, D. A (Hrsg.): Handbook of socialization theory and research, Chicago 1969.
Gottschalch, W.: Bedingungen und Chancen politischer Sozialisation, Frankfurt 1972.
Gottschalch, W./*Neumann-Schönwetter,* M./*Soukup,* G.: Sozialisationsforschung. Materialien, Probleme, Kritik, Frankfurt 1971.
Greiffenhagen, M. (Hrsg.): Emanzipation, Hamburg 1973.
Ders.: (Hrsg.): Demokratisierung in Staat und Gesellschaft. Reader zur Politologie, Soziologie und Ökonomie, München 1973a.
Grewendorf, G./Meggle, G. (Hrsg.): Seminar: Sprache und Ethik. Zur Entwicklung der Metaethik, Frankfurt 1974.
Gröll, J: Erziehung im gesellschaftlichen Reproduktionsprozeß. Vorüberlegungen zur Erziehungstheorie in praktischer Absicht, Frankfurt 1975.
Gronemeyer, R.: Integration durch Partizipation? Frankfurt 1973.
Groothoff, H.-H.: Funktion und Rolle des Erziehers, München 1972.
Ders.: Historische Pädagogik, in: Groothoff, H.-H./Stallmann, M. (Hrsg.): Neues pädagogisches Lexikon, Stuttgart/Berlin 1971⁵, S. 832 bis 835.
Ders.: Das Selbstverständnis der Pädagogik, in: Röhrs, H. (Hrsg.): Erziehungswissenschaft und Erziehungswirklichkeit, Frankfurt 1964, S. 105—119.
Grundke, P.: Interaktionserziehung in der Schule. Modell eines therapeutischen Unterrichts, München 1975.
Gruschka, A. (Hrsg.): Ein Schulversuch wird überprüft. Das Evaluationsdesign für die Kollegstufe NW als Konzept handlungsorientierter Begleitforschung, Frankfurt 1976.
Gstettner, P.: Handlungsforschung unter dem Anspruch diskursiver Verständigung. Analyse einiger Kommunikationsprobleme, in: Zeitschrift für Pädagogik, 22 (1976), 3, S. 321—333.
Gstettner, P./Seidl, P.: Sozialwissenschaft und Bildungsreform, Köln 1975.
Haag, F./Krüger, H./*Schwärzel,* W./*Wildt,* J.: Aktionsforschung. Forschungsstrategien, Forschungsfelder und Forschungspläne, München 1972.
Habermas, J.: Zur Rekonstruktion des Historischen Materialismus, Frankfurt 1976.
Ders.: Zur Entwicklung der Interaktionskompetenz, Frankfurt 1975.
Ders.: Sprachspiel, Intention und Bedeutung. Zu Motiven bei Sellars und Wittgenstein, in: Wiggershaus, R. (Hrsg.): Sprachanalyse und Soziologie, Frankfurt 1975a, S. 319—340.
Ders.: Strukturwandel der Öffentlichkeit, Neuwied/Berlin 1974⁶.
Ders.: Erkenntnis und Interesse, Frankfurt 1973.
Ders.: Legitimationsprobleme im Spätkapitalismus, Frankfurt 1973a.
Ders.: Theorie und Praxis. Sozialphilosophische Studien, Frankfurt 1972.
Ders.: Vorbereitende Bemerkungen zu einer Theorie der kommunikativen Kompetenz, in: Habermas, J./Luhmann, N.: Theorie der Gesellschaft oder Sozialtechnologie, Frankfurt 1971, S. 101—141.

Ders.: Zu Gadamers »Wahrheit und Methode«, in: Apel, K.-O., u. a.: Hermeneutik und Ideologiekritik, Frankfurt 1971a, S. 45—56.
Ders.: Der Universalitätsanspruch der Hermeneutik, in: Apel, K.-O., u. a.: Hermeneutik und Ideologiekritik, Frankfurt 1971b, S. 120—159.
Ders.: Zur Logik der Sozialwissenschaften, Frankfurt 1970.
Ders.: Protestbewegung und Hochschulreform, Frankfurt 1970a.
Ders.: Technik und Wissenschaft als »Ideologie«, Frankfurt 1969[2].
Ders.: Thesen zur Theorie der Sozialisation. Stichworte und Literatur zur Vorlesung. Manuskript, Frankfurt 1968.
Habermas, J./*Luhmann*, N.: Theorie der Gesellschaft oder Sozialtechnologie — Was leistet die Systemforschung? Frankfurt 1971.
Haeberlin, U.: Empirische Analyse und pädagogische Handlungsforschung, in: Zeitschrift für Pädagogik, 21, (1975), 5, S. 653—676.
Hartfield, G. (Hrsg.): Emanzipation — Ideologischer Fetisch oder reale Chance? Opladen 1975.
Hartmann, K.: Die Marxsche Theorie, Berlin 1970.
Haug, F.: Kritik der Rollentheorie und ihrer Anwendung in der bürgerlichen deutschen Soziologie, Frankfurt 1972.
Haug, W. F.: Kritik der Warenästhetik, Frankfurt 1971.
Haymann, J. L., Jr.: Praktische Erziehungsforschung. Eine Einführung, Neuwied/Berlin 1975.
Hegel, G. W. F.: Werke in 20 Bänden, Frankfurt 1969—1971.
Heidegger, M.: Sein und Zeit, Tübingen 1963[10].
Heintel, E.: Einführung in die Sprachphilosophie, Darmstadt 1972.
Heinze, Th.: Unterricht als soziale Situation, München 1976.
Heinze, Th./*Müller*, E./*Stickelmann*, B./*Zinnecker*, J.: Handlungsforschung im pädagogischen Feld, München 1975.
Heiseler, J. H./*Steigerwald*, R./*Schleifstein*, J. (Hrsg.): Die »Frankfurter Schule« im Lichte des Marxismus, Frankfurt 1970.
Heitger, M.: Pädagogik als Wissenschaft und ihre gesellschaftliche Verantwortung, in: Vierteljahresschrift für wissenschaftliche Pädagogik, 44 (1968), 3, S. 180—189.
Ders.: Bildung und moderne Gesellschaft, München 1963.
Helle, H. J.: Symbolbegriff und Handlungstheorie, in: Kölner Zeitschrift für Soziologie und Sozialpsychologie, 20 (1968), 1, S. 17—37.
Herbart, J. F.: Allgemeine Pädagogik, Bochum o. J.
Ders.: Pädagogische Schriften, Bd. 1—3, Düsseldorf 1964 f.
Herrmann, U.: Historisch-systematische Dimensionen der Erziehungswissenschaft, in: Wulf, Ch. (Hrsg.): Wörterbuch der Erziehung, München 1976[2], S. 283—289.
Ders.: Die Pädagogik Wilhelm Diltheys. Ihr wissenschaftstheoretischer Ansatz in Diltheys Theorie der Geisteswissenschaften, Göttingen 1971.
Hesse, H. A.: Über den Gebrauch des Begriffs »Emanzipation« in der erziehungswissenschaftlichen Literatur der Gegenwart, in: Greiffenhagen, M. (Hrsg.): Emanzipation, Hamburg 1973, S. 246—257.
Heydorn, H.-G./*Koneffke*, G.: Studien zur Sozialgeschichte und Philosophie der Bildung, Bd. 1.: Zur Pädagogik der Aufklärung, Bd. 2.: Aspekte des 19. Jahrhunderts in Deutschland, München 1973.
Heydorn, H.-J.: Zu einer Neufassung des Bildungsbegriffs, Frankfurt 1972.
Ders.: Über den Widerspruch von Bildung und Herrschaft, Frankfurt 1970.
Hierdeis, H. (Hrsg.): Sozialistische Pädagogik im 19. und 20. Jahrhundert, Bad Heilbrunn 1973.
Hilgenheger, N.: Erziehungswissenschaft und Praktische Pädagogik, in: Pädagogische Rundschau, 25 (1971), S. 425—434.
Ders.: Die Krise der Erziehungsphilosophie im Spiegel eines ihr ge-

widmeten Artikels. Zu einem Aufsatz W. Brezinkas, in: Vierteljahresschrift für wissenschaftliche Pädagogik, 46 (1970), 1, S. 50—61.
Hirsch, J.: Staatsapparat und Reproduktion des Kapitals, Frankfurt 1974.
Ders.: Wissenschaftlich-technischer Fortschritt und politisches System, Frankfurt 1971.
Hirst, P. H./*Peters*, R. S.: Die Begründung der Erziehung durch die Vernunft, Düsseldorf 1972.
Hoernle, E.: Grundfragen proletarischer Erziehung, Frankfurt 1969.
Hoffmann, D.: Zur historischen Funktion kritischer Erziehungswissenschaft, in: Westermanns Pädagogische Beiträge, 25 (1973), 3, S. 136 bis 143.
Hofmann, W.: Grundelemente der Wirtschaftsgesellschaft. Ein Leitfaden für Lehrende, Reinbek 1969.
Hohendorf, G.: Die pädagogische Bewegung in den ersten Jahren der Weimarer Republik, Berlin (DDR) 1954.
Holz, H.-H.: Aufklärung, in: Wulf, Ch. (Hrsg.): Wörterbuch der Erziehung, München 1976^2, S. 40—44.
Ders.: Utopie und Anarchismus. Zur Kritik der kritischen Theorie Herbert Marcuses, Köln 1968.
Holzer, H.: Kommunikationssoziologie, Reinbek 1973.
Holzkamp, K.: Kritische Psychologie, Frankfurt 1972.
Horkheimer, M.: Sozialphilosophische Studien. Aufsätze, Reden und Vorträge (1930—1972), Frankfurt 1972.
Ders.: Traditionelle und kritische Theorie. Aufsätze, Frankfurt 1970.
Ders.: Traditionelle und kritische Theorie, in: Ders.: Traditionelle und kritische Theorie, Frankfurt 1970a, S. 12—56.
Horkheimer, M./*Adorno*, Th. W.: Dialektik der Aufklärung. Philosophische Fragmente, Frankfurt 1971.
Horn, K.: Emanzipation aus der Perspektive einer zu entwickelnden Kritischen Theorie des Subjekts, in: Greiffenhagen, M. (Hrsg.): Emanzipation, Frankfurt 1973, S. 277—324.
Ders. (Hrsg.): Gruppendynamik und der »subjektive Faktor«. Repressive Entsublimierung oder politische Praxis, Frankfurt 1972.
Ders.: Psychoanalyse — Kritische Theorie des Subjekts. Aufsätze 1969—1972, Frankfurt 1972a.
Hornstein, W./*Bastine*, R./*Junker*, H./*Wulf*, Ch., u. a.: Beratung in der Erziehung, Bd. 1 u. 2, Frankfurt 1977.
Hülst, D./*Tjaden*, K. H./*Tjaden-Steinhauer*, M.: Methodenfragen der Gesellschaftsanalyse. Zum Verhältnis von gesellschaftlicher Konstitution und sozialwissenschaftlicher Erkenntnis, Frankfurt 1973.
Huisken, F.: Zur Kritik bürgerlicher Didaktik und Bildungsökonomie, München 1972.
Hurrelmann, K.'(Hrsg.): Sozialisation und Lebenslauf. Empirie und Methodik sozialwissenschaftlicher Persönlichkeitsforschung, Reinbek 1976.
Ders.: Erziehungssystem und Gesellschaft, Reinbek 1975.
Ders. (Hrsg.): Soziologie der Erziehung, Weinheim/Basel 1974.
Ingenkamp, K./*Parey*, P. (Hrsg.): Handbuch der Unterrichtsforschung, Bd. 1—3, Weinheim 1970—1971 (Deutsche Bearbeitung des Handbook of Research on Teaching, hrsg. v. N. L. Gage).
Jaeggi, U.: Theoretische Praxis. Probleme eines strukturalen Marxismus, Frankfurt 1976.
Ders.: Kapital und Arbeit in der Bundesrepublik. Elemente einer gesamtgesellschaftlichen Analyse, Frankfurt 1973.
Jänicke, M. (Hrsg.): Herrschaft und Krise, Opladen 1973.

243

Janich, F./*Kambartel* F./*Mittelstraß*, J.: Wissenschaftstheorie als Wissenschaftskritik, Frankfurt 1974.
Janossy, F.: Das Ende des Wirtschaftswunders, Frankfurt 1969.
Jencks, Ch., u. a.: Chancengleichheit, Reinbek 1973.
Kambartel, F.: Erfahrung und Struktur. Bausteine zu einer Kritik des Empirismus und Formalismus, Frankfurt 1968.
Kamper, D.: Theorie-Praxis-Verhältnis, in: Wulf, Ch. (Hrsg.): Wörterbuch der Erziehung, München 1976², S. 585—589.
Ders. (Hrsg.): Abstraktion und Geschichte. Rekonstruktion des Zivilisationsprozesses, München 1975.
Ders.: Hermeneutik — Theorie einer Praxis? In: Zeitschrift für allgemeine Wissenschaftstheorie, 5 (1974), 1, S. 39—53.
Ders.: Kritische Theorie der Gesellschaft, in: Rombach, H. (Hrsg.): Wissenschaftstheorie, Bd. 1, Freiburg/Basel/Wien 1974a, S. 78—86.
Ders. (Hrsg.): Studienführer Sozialisationstheorie, Freiburg 1974b.
Ders.: Geschichte und menschliche Natur, München 1973.
Kanitz, O. F.: Kämpfer der Zukunft. Für eine sozialistische Erziehung, hrsg. v. L. von Werder, Darmstadt 1970.
Kant, I.: Kritik der praktischen Vernunft. Grundlegung zur Metaphysik der Sitten, Frankfurt 1974.
Ders.: Beantwortung der Frage: Was heißt Aufklärung? In: Ders.: Werke (Akademie-Ausgabe), Bd. 8, Berlin 1968, S. 35—42.
Ders.: Kritik der reinen Vernunft, Stuttgart 1966.
Kanz, H. (Hrsg.): Ideologiekritik in der Erziehungswissenschaft, Frankfurt 1972.
Kaplan, A.: The conduct of inquiry. Methodology for behavioural science, San Francisco 1964.
Kaufmann, F.: Methodenlehre der Sozialwissenschaften, Wien 1963.
Kern, H./*Schumann*, M.: Industriearbeit und Arbeiterbewußtsein, Frankfurt 1970.
Kerstiens, L.: Modelle emanzipatorischer Erziehung, Bad Heilbrunn 1974.
Klafki, W.: Aspekte kritisch-konstruktiver Erziehungswissenschaft. Gesammelte Beiträge zur Theorie-Praxis-Diskussion, Weinheim/Berlin/Basel 1976.
Ders.: Handlungsforschung, in: Wulf, Ch. (Hrsg.): Wörterbuch der Erziehung, München 1976a², S. 267—272.
Ders.: Ideologiekritik und Erziehungswissenschaft. Eine Problemskizze, in: Ders.: Aspekte kritisch-konstruktiver Erziehungswissenschaft, Weinheim/Berlin/Basel 1976b, S. 50—55.
Ders.: Handlungsforschung im Schulfeld, in: Zeitschrift für Pädagogik, 19 (1973), 4, S. 487—516.
Ders.: Erziehungswissenschaft als kritisch-konstruktive Theorie: Hermeneutik, Empirie, Ideologiekritik, in: Zeitschrift für Pädagogik, 17 (1971), S. 351—385.
Ders.: Hermeneutische Verfahren in der Erziehungswissenschaft, in: Ders. u. a.: Erziehungswissenschaft, Bd. 3, Frankfurt 1971a, S. 126 bis 153.
Ders.: Sechs Merkmale des Pädagogischen Verhältnisses, in: Klafki u. a.: Erziehungswissenschaft, Bd. 1, Frankfurt 1970, S. 58—65.
Ders.: Das pädagogische Problem des Elementaren und die Theorie der kategorialen Bildung, Weinheim 1964⁴.
Klafki, W., u. a.: Erziehungswissenschaft, Bd. 1—3, Frankfurt 1971.
Klauer, K. J.: Revision des Erziehungsbegriffs. Grundlagen einer empirisch-rationalen Pädagogik, Düsseldorf 1973.
Klüver, J./*Krüger*, H.: Aktionsforschung und soziologische Theorie. Wissenschaftstheoretische Überlegungen zum Erkenntnisinteresse in

der Aktionsforschung, in: Haag, F./Krüger, H./Schwärzel, W./Wildt, J.: Aktionsforschung. Forschungsstrategien, Forschungsfelder und Forschungspläne, München 1972, S. 76—99.

Klüver, J./*Wolf*, F. O. (Hrsg.): Wissenschaftskritik und sozialistische Praxis. Konsequenzen aus der Studentenbewegung, Frankfurt 1973.

Kluge, A. (Hrsg.): Das pädagogische Verhältnis, Darmstadt 1973.

Kluge, A./*Negt*, O.: Kritische Theorie und Marxismus, Gießen 1974.

Koch, T./*Kodalle*, K.-M./*Schweppenhäuser*, H.: Negative Dialektik und die Idee der Versöhnung. Eine Kontroverse über Theodor W. Adorno, Stuttgart 1973.

Kochan, D. C. (Hrsg.): Sprache und kommunikative Kompetenz. Theoretische und empirische Beiträge zur sprachlichen Sozialisation und Primärsprachdidaktik, Stuttgart 1973.

König, E.: Theorie der Erziehungswissenschaft. Bd. 1 u. 2, München 1975.

König, R. (Hrsg.): Handbuch der empirischen Sozialforschung, Bd. 1—4, Stuttgart 1973[3]—1974[3].

Kofler, L.: Zur Geschichte der bürgerlichen Gesellschaft, Neuwied/Berlin 1966.

Kolakowski, L.: Die Philosophie des Positivismus, München 1971.

Koneffke, G.: Integration und Subversion. Zur Funktion des Bildungswesens in der spätkapitalistischen Gesellschaft, in: Das Argument, 54 (1969), S. 389—430.

Koroljow, F. F./*Gmurman*, W. J.: Allgemeine Grundlagen der marxistischen Pädagogik, Pullach 1973.

Koselleck, R.: Kritik und Krise. Eine Studie zur Pathogenese der bürgerlichen Welt, Frankfurt 1973.

Kraft, V.: Wertbegriffe und Werturteile, in: Albert, H./Topitsch, E. (Hrsg.): Werturteilsstreit, Darmstadt 1971, S. 44—63.

Ders.: Der Wiener Kreis. Der Ursprung des Neopositivismus. Ein Kapitel der jüngsten Philosophiegeschichte, Wien/New York 1968[2].

Ders.: Die Grundlagen der Erkenntnis und der Moral, Berlin 1968a.

Ders.: Einführung in die Philosophie. Philosophie, Weltanschauung, Wissenschaft, Wien/New York 1967[2].

Ders.: Geschichtsforschung als strenge Wissenschaft, in: Topitsch, E. (Hrsg.): Logik der Sozialwissenschaften, Köln/Berlin 1965, Seite 72 bis 82.

Krappmann, L.: Soziologische Dimensionen der Identität, Stuttgart 1971.

Krauch, H.: Prioritäten für die Forschungspolitik, München 1971.

Krauch, H., u. a. (Hrsg.): Forschungsplanung, München/Wien 1966.

Krausser, P.: Kritik der endlichen Vernunft. Wilhelm Diltheys Revolution der allgemeinen Wissenschafts- und Handlungstheorie, Frankfurt 1968.

Kress, G./*Senghaas*, D.: Politikwissenschaft, Frankfurt 1972.

Krüger, H./*Klüver*, J./*Haag*, F.: Aktionsforschung in der Diskussion, in: Soziale Welt, 26 (1975), 1, S. 1—30.

Kuhn, Th. S.: Die Struktur wissenschaftlicher Revolutionen, Frankfurt 1973.

Ders.: Postskript — 1969 zur Analyse der Struktur wissenschaftlicher Revolutionen, in: Weingart, P. (Hrsg.): Wissenschaftssoziologie, Bd. 1, Frankfurt 1972, S. 287—319.

Kutscha, G.: Die »realistische Wendung in der Pädagogischen Forschung« ohne Wendung der Realität, in: Die Deutsche Berufs- und Fachschule, 70 (1974), 1, S. 62—67.

Laing, D.: Phänomenologie der Erfahrung, Frankfurt 1969.

Lakatos, I.: Changes in the problem of inductive logic, in: Ders. (Hrsg.): The problem of inductive logic, 1968, S. 315—417.
Lakatos, I./*Musgrave,* A. (Hrsg.): Kritik und Erkenntnisfortschritt, Braunschweig 1974.
Landesheere, G. *de:* Einführung in die pädagogische Forschung, Weinheim 1969.
Lassahn, F.: Einführung in die Pädagogik, Heidelberg 1974.
Lay, R.: Grundzüge einer komplexen Wissenschaftstheorie, Bd. 2: Wissenschaftsmethodik und spezielle Wissenschaftstheorie, Frankfurt 1973.
Lay, W. A.: Volkserziehung. Eine Erneuerung der Erziehungswissenschaft in Umrissen, Berlin/Dresden/Leipzig 1921.
Ders.: Experimentelle Pädagogik mit besonderer Rücksicht auf die Erziehung durch die Tat, Leipzig 1912².
Lefèbvre, H.: Der dialektische Materialismus, Frankfurt 1967.
Lempert, W.: Aufgaben der Berufsbildungsforschung, in: Zeitschrift für Pädagogik, 22 (1976), 1, S. 57—76.
Ders.: Berufliche Bildung als Beitrag zur gesellschaftlichen Demokratisierung. Vorstudien für eine politisch reflektierte Berufspädagogik, Frankfurt 1974.
Ders: Zum Begriff der Emanzipation, in: Greiffenhagen, M. (Hrsg.): Emanzipation, Hamburg 1973, S. 216—226.
Ders.: Leistungsprinzip und Emanzipation. Studien zur Realität, Reform und Erforschung des beruflichen Bildungswesens, Frankfurt 1971.
Ders.: Bildungsforschung und Emanzipation, in: Ders.: Leistungsprinzip und Emanzipation, Frankfurt 1971a, S. 310—334.
Lenk, H.: Wozu Philosophie? Eine Einführung in Frage und Antwort, München 1974.
Ders. (Hrsg.): Ideologie. Ideologiekritik und Wissenssoziologie, Neuwied/Berlin 1964².
Lenzen, D.: Didaktik und Kommunikation, Frankfurt 1973.
Lewin, K.: Tatforschung und Minoritätenprobleme, in: Ders.: Die Lösung sozialer Konflikte, Bad Nauheim 1968³, S. 278—298.
Lieber, H.-J. (Hrsg.): Ideologienlehre und Wissenssoziologie, Darmstadt 1974.
Lingelbach, K. Ch.: Konflikt, in: Wulf, Ch. (Hrsg.): Wörterbuch der Erziehung, München 1976², S. 337—347.
Litt, Th.: Pädagogik und Kultur, hrsg. v. F. Nicolin, Bad Heilbrunn 1965.
Ders.: Naturwissenschaft und Menschenbildung, Heidelberg 1964.
Ders.: Mensch und Welt. Grundlinien einer Philosophie des Geistes, Heidelberg 1961.
Ders.: Das Bildungsideal der deutschen Klassik und die moderne Arbeitswelt, Bonn 1959⁶.
Ders.: Die Selbsterkenntnis des Menschen, Hamburg 1949.
Ders.: Denken und Sein, Stuttgart 1948.
Ders.: Das Allgemeine im Aufbau der geisteswissenschaftlichen Erkenntnis, Leipzig 1941.
Loch, W.: Empirisches Erkenntnisinteresse und Sprachanalyse in der Erziehungswissenschaft, in: Bildung und Erziehung, 20 (1967), S. 456—468.
Lochner, R.: Deutsche Erziehungswissenschaft, Meisenheim a. G. 1963.
Ders.: Deskriptive Pädagogik, Reichenberg 1927.
Löwisch, D. J.: Erziehung und Kritische Theorie, München 1974.
Lohmann, Chr./ *Prose,* F.: Organisation und Interaktion in der Schule. Möglichkeiten und Grenzen des Diskurses, Köln 1975.
Lorenzen, P.: Konstruktive Wissenschaftstheorie, Frankfurt 1974.

Ders.: Methodisches Denken, Frankfurt 1974a.
Lorenzer, A.: Sprachzerstörung und Rekonstruktion. Vorarbeiten zu einer Metatheorie der Psychoanalyse, Frankfurt 1973.
Ders.: Über den Gegenstand der Psychoanalyse oder: Sprache und Interaktion, Frankfurt 1973a.
Ders.: Zur Begründung einer materialistischen Sozialisationstheorie, Frankfurt 1972.
Lorenzer, A., u. a.: Psychoanalyse als Sozialwissenschaft, Frankfurt 1971.
Luhmann, N.: Zweckbegriff und Systemrationalität. Über die Funktion von Zwecken in sozialen Systemen, Tübingen 1968.
Lukács, G.: Geschichte und Klassenbewußtsein, in: Lukács, G.: Gesammelte Werke, Bd. 2., Neuwied/Berlin 1968.
Mandel, E.: Der Spätkapitalismus. Versuch einer marxistischen Erklärung, Frankfurt 1972.
Ders., Marxistische Wirtschaftstheorie, Bd. 1 u. 2, Frankfurt 1972a.
Mangold, W.: Empirische Sozialforschung. Grundlagen und Methoden, Heidelberg 1967.
Marcuse, H.: Konterrevolution und Revolte, Frankfurt 1973.
Ders.: Versuch über Befreiung, Frankfurt 1969.
Ders.: Ideen zu einer kritischen Theorie der Gesellschaft, Frankfurt 1969a.
Ders.: Der eindimensionale Mensch. Studien zur Ideologie der fortgeschrittenen Industriegesellschaft, Neuwied/Berlin 1967.
Ders.: Kultur und Gesellschaft, Bd. 1. u. 2, Frankfurt 1965.
Ders.: Triebstruktur und Gesellschaft. Ein philosophischer Beitrag zu Sigmund Freud, Frankfurt 1965a.
Ders.: Eros und Kultur, Stuttgart 1957.
Marx, K.: Zur Kritik der politischen Ökonomie, MEW 13, Berlin 1969.
Ders.: Das Kapital. Kritik der politischen Ökonomie, MEW 23, Berlin 1969a.
Ders.: Zur Judenfrage, in: Marx, K./Engels, F.: Studienausgabe in 4 Bänden, Bd. 1, Frankfurt 1966, S. 31—60.
Ders.: Werke, Schriften, Briefe, Bd. 1—6, hrsg. v. H. J. Lieber/ P. Furth, Darmstadt 1962 ff.
Marx, K./*Engels,* F.: Studienausgabe in 4 Bänden, hrsg. v. I. Fetscher, Frankfurt 1966.
Marzahn, Ch.: Zur Bedeutung der revolutionären Pädagogik der Weimarer Republik für die Konstituierung einer marxistischen Erziehungstheorie und -praxis heute, in: Erziehung und Klassenkampf (1971), 1, S. 31—48.
Massing, O.: Politische Soziologie. Paradigmata einer kritischen Politikwissenschaft, Frankfurt 1974.
Mayntz, R./ *Holm,* K./*Hübner,* P.: Einführung in die Methoden der empirischen Soziologie, Opladen 1972³.
Mayntz, R./*Scharpf,* F. (Hrsg.): Planungsorganisation, München 1973.
Mead, G. H.: Geist, Identität und Gesellschaft. Aus der Sicht des Sozialbehaviorismus, hrsg. v. Ch. Morris, Frankfurt 1973.
Ders.: Philosophie der Sozialität, Frankfurt 1969.
Meile, B.: Voraussetzungen der empirischen Pädagogik. Ein wissenschaftstheoretischer Aufriß, in: Zeitschrift für Pädagogik, 18 (1972), 5, S. 709—733.
Menze, C.: Die Hinwendung der deutschen Pädagogik zu den Erfahrungswissenschaften. Eine geschichtliche Betrachtung, in: Vierteljahresschrift für wissenschaftliche Pädagogik, N. F., Erg. Heft 5, Bochum 1966, S. 26—52.

Merkens, H.: Die pädagogische Tatsachenforschung Else und Peter Petersens als Beispiel empirischer Unterrichtsforschung, in: Zeitschrift für Pädagogik, 21 (1975), 6, S. 835—842.

Merleau-Ponty, M.: Humanismus und Terror, Bd. 1 u. 2, Frankfurt 1968².

Ders.: Abenteuer der Dialektik, Frankfurt 1968a.

Meumann, E.: Abriß der experimentellen Pädagogik, Leipzig 1914 (1920²).

Meumann, E., u. a. (Hrsg.): Pädagogische Streitfragen der Gegenwart, Leipzig/München 1922².

Meyer, H. L.: Einführung in die Curriculum-Methodologie, München 1972.

Miles, M. B. (Hrsg.): Innovation in education, New York 1964.

Mills, C. W.: Kritik der soziologischen Denkweise. Neuwied 1963.

Mittelstraß, J. (Hrsg.): Methodologische Probleme einer normativ-kritischen Gesellschaftstheorie, Frankfurt 1975.

Ders.: Die Möglichkeit von Wissenschaft, Frankfurt 1974.

Mollenhauer, K.: Theorien zum Erziehungsprozeß, München 1972.

Ders.: Erziehung und Emanzipation, München 1968.

Ders.: Das Problem einer empirisch-positivistischen Pädagogik, in: Zur Bedeutung der Empirie für die Pädagogik als Wissenschaft, in: Vierteljahresschrift für wissenschaftliche Pädagogik, N. F., Erg. Heft 5, Bochum 1966, S. 53 ff.

Mollenhauer, K./*Rittelmeyer*, Ch.: »Empirisch-analytische Wissenschaft« versus »Pädagogische Handlungsforschung«: Eine irreführende Alternative (Zu den Beiträgen von Haeberlin und Blankertz/Gruschka), in: Zeitschrift für Pädagogik, 21 (1975), 5, S. 687—693.

Moser, H.: Anspruch und Selbstverständnis der Aktionsforschung, in: Zeitschrift für Pädagogik, 22 (1976), 3, S. 357—368.

Ders.: Zum Verhältnis von geisteswissenschaftlicher Pädagogik und kommunikativer Didaktik, in: Die Deutsche Schule, 68 (1976a), 6, S. 371—379.

Ders.: Aktionsforschung als kritische Theorie der Sozialwissenschaften, München 1975.

Ders.: Programmatik einer kritischen Erziehungswissenschaft, in: Zeitschrift für Pädagogik, 18 (1972), S. 639—657.

Müller, W.: Habermas und die Anwendbarkeit der Arbeitstheorie, in: Sozialistische Politik (1969), 1, S. 39 ff.

Münch, R.: Gesellschaftstheorie und Ideologiekritik, Hamburg 1973.

Ders.: Zur Kritik der empiristischen Forschungspraxis, in: Zeitschrift für Soziologie, 1 (1972), 4, S. 317—332.

Münch, R./*Schmid*, M.: Konventionalismus und empirische Forschungspraxis, in: Zeitschrift für Sozialpsychologie, 1 (1970), S. 299—310.

Mydral, G.: Objektivität in der Sozialforschung, Frankfurt 1971.

Ders.: Das Wertproblem in der Sozialwissenschaft, Hannover 1965.

Nagel, E./*Suppes*, P./*Tarski*, A. (Hrsg.): Logic, methodology and philosophy of science. Proceedings of the 1960 international congress, Stanford 1962.

Narr, W.-D.: Ist Emanzipation strukturell möglich? Bemerkungen zur kostenlosen Inflation eines Werts, in: Greiffenhagen, M. (Hrsg.): Emanzipation, Hamburg 1973. S. 193—215.

Ders.: Theoriebegriff — Systemtheorie. Einführung in die moderne politische Theorie, Bd. 1, Stuttgart 1972³.

Narr, W.-D./*Naschold*, F.: Theorie der Demokratie. Einführung in die moderne politische Theorie, Bd. 3, Stuttgart 1971.

Naschold, F.: Schulreform als Gesellschaftskonflikt, Frankfurt 1974.

Ders.: Systemsteuerung. Einführung in die moderne politische Theorie, Bd. 2, Stuttgart 1972³.

Naschold, F./*Väth,* W. (Hrsg.): Politische Planungssysteme, Opladen 1973.

Negt, O./*Kluge,* A.: Öffentlichkeit und Erfahrung. Zur Organisationsanalyse von bürgerlicher und proletarischer Öffentlichkeit, Frankfurt 1972.

Nicolin, F.: Geschichte der Pädagogik, in: Speck. J./Wehle, G. (Hrsg.): Handbuch pädagogischer Grundbegriffe, Bd. 1, München 1970, S. 493—516.

Ders. (Hrsg.): Pädagogik als Wissenschaft, Darmstadt 1969.

Nohl, H.: Pädagogik aus dreißig Jahren, Frankfurt 1949.

Ders.: Die pädagogische Bewegung in Deutschland und ihre Theorie, Frankfurt 1949a³.

Nyssen, F. (Hrsg.): Schulkritik als Kapitalismuskritik, Göttingen 1971.

Ders.: Schule im Kapitalismus. Der Einfluß wirtschaftlicher Interessenverbände im Felde der Schule, Köln 1970.

Oevermann, U.: Sprache und soziale Herkunft. Ein Beitrag zur Analyse schichtenspezifischer Sozialisationsprozesse und ihrer Bedeutung für den Schulerfolg, Frankfurt 1972².

Offe, C.: Bildungssystem, Beschäftigungssystem und Bildungspolitik. Ansätze zu einer gesamtgesellschaftlichen Funktionsbestimmung des Bildungssystems, in: Deutscher Bildungsrat: Gutachten und Studien der Bildungskommission, Bd. 50, Stuttgart 1975, S. 215—250.

Ders.: Strukturprobleme des kapitalistischen Staates, Frankfurt 1972.

Ders.: Politische Herrschaft und Klassenstrukturen, in: Kress, G./ Senghaas, D. (Hrsg.): Politikwissenschaft, Frankfurt 1972a, S. 135 ff.

Opp, K.-D.: Methodologie der Sozialwissenschaften. Einführung in Probleme ihrer Theorienbildung, Reinbek 1973³.

Oppolzer, S. (Hrsg.): Denkformen und Forschungsmethoden der Erziehungswissenschaft, Bd. 1 u. 2, München 1966—1969.

Orban, P.: Sozialisation. Grundlinien einer Theorie emanzipatorischer Sozialisation, Frankfurt 1973.

Osborn, R.: Marxismus und Psychoanalyse, Frankfurt 1970.

Pap, A.: Analytische Erkenntnistheorie. Kritische Übersicht über die neueste Entwicklung in USA und England, Wien 1955.

Parsons, T.: Zur Theorie sozialer Systeme, hrsg. v. St. Jensen, Opladen 1976.

Ders.: Das System sozialer Gesellschaften, München 1975².

Ders.: Sozialstruktur und Persönlichkeit, Frankfurt 1968.

Peirce, Ch. S.: Zur Entstehung des Pragmatismus, Frankfurt 1967.

Peters, R. S. (Hrsg.): The concept of education, London 1967.

Ders.: Ethics and education, London 1966.

Petersen, E.: Bemerkungen zu Günter Slotta »Die pädagogische Tatsachenforschung Peter und Else Petersens«, in: Pädagogische Rundschau, 19 (1965), S. 257—262.

Petersen, J./*Erdmann,* H. W.: Strukturen empirischer Forschungsprozesse, Bd. 1 u. 2, Ratingen/Kastellaun/Düsseldorf 1975.

Petersen, P./*Petersen,* E.: Die pädagogische Tatsachenforschung, hrsg. v. Th. Rutt, Paderborn 1965.

Petzelt, A.: Grundsätze systematischer Pädagogik, Stuttgart 1964.

Plamenatz, J.: Ideologie, München 1972.

Popper, K. R.: Logik der Forschung, Tübingen 1973⁵.

Ders.: Erkenntnistheorie ohne erkennendes Subjekt, in: Ders: Objektive Erkenntnis, Hamburg 1973a, S. 123 ff.

Ders.: Die Logik der Sozialwissenschaften, in: Adorno, Th. W., u. a.:

Der Positivismusstreit in der deutschen Soziologie, Neuwied/Berlin 1972, S. 103—123.

Ders.: Philosophische Selbstinterpretation und Polemik gegen die Dialektiker, in: Großner, K.: Verfall der Philosophie, Hamburg 1971, S. 278—289.

Ders.: Die offene Gesellschaft und ihre Feinde, Bd. 1. u. 2, Bern 1970².

Ders.: Das Elend des Historizismus, Tübingen 1965.

Ders.: Prognose und Prophetie in den Sozialwissenschaften, in: Topitsch, E. (Hrsg.): Logik der Sozialwissenschaften, Köln/Berlin 1965a, S. 113—125.

Ders.: Conjectures and refutations. The growth of scientific knowledge, London 1965b².

Prewo, R./Ritsert, J./Strake, E.: Systemtheoretische Ansätze in der Soziologie. Eine kritische Analyse, Reinbek 1973.

Priesemann, G.: Zur Theorie der Unterrichtssprache, Düsseldorf 1971.

Prim, R./Tilmann, H.: Grundlagen einer kritisch-rationalen Sozialwissenschaft, Heidelberg 1973.

Projektgruppe »Textinterpretation und Unterrichtspraxis«: Projektarbeit als Lernprozeß, Frankfurt 1974.

Rapaport, R. N.: Drei Probleme der Aktionsforschung, in: Gruppendynamik, 3 (1972), 1 S. 44—61.

Rathmayr, B.: Forschung für die Praxis. Das Problem der Verständigung zwischen Wissenschaftlern und Praktikern in Projekten pädagogischer Handlungsforschung, Innsbruck, Institut für Erziehungswissenschaft (Dissertation) 1975.

Reichelt, H.: Kritische Theorie, in: Wulf, Ch. (Hrsg.): Wörterbuch der Erziehung, München 1976², S. 353—360.

Reichwein, G.: Kritische Umrisse einer geisteswissenschaftlichen Bildungstheorie (1926—1933), Bad Heilbrunn 1963.

Rein, W.: Zur Neugestaltung unseres Bildungswesens, Jena 1917.

Ders.: Pädagogik in systematischer Darstellung, Bd. 1—3, Langensalza 1911—1912.

Ders.: Grundlagen der Pädagogik und Didaktik, Leipzig 1909.

Ricoeur, P.: Die Interpretation, Frankfurt 1969.

Ritsert, J.: Wissenschaftsanalyse als Ideologiekritik, Frankfurt 1975.

Ders.: Probleme politisch-ökonomischer Theoriebildung, Frankfurt 1973.

Ritsert, J./Rolshausen, C.: Der Konservativismus der kritischen Theorie, Frankfurt 1971.

Rittner, V.: Handlung — Interaktion — Symbolischer Interaktionismus, in: Wulf, Ch. (Hrsg.): Wörterbuch der Erziehung, München 1976², S. 254—267.

Ritzel, W.: Zur historischen Pädagogik, in: Vierteljahresschrift für wissenschaftliche Pädagogik, N. F., Erg. Heft 10, Bochum 1969, S.34 bis 62.

Ders.: Die Vielheit pädagogischer Theorien und die Einheit der Pädagogik, in: Vierteljahresschrift für wissenschaftliche Pädagogik, 43 (1967), 4, S. 237—280.

Roeder, P. M.: Erziehung und Gesellschaft, Weinheim/Berlin 1968.

Röhrs, H. (Hrsg.): Erziehungswissenschaft und Erziehungswirklichkeit, Frankfurt 1967².

Roessler, W.: Die Entstehung des modernen Erziehungswesens in Deutschland, Stuttgart 1961.

Rössner, L.: Rationalistische Pädagogik, Stuttgart/Berlin/Köln/Mainz 1975.

Ders.: Erziehungswissenschaft und kritische Pädagogik, Stuttgart/Berlin/Köln/Mainz 1974.

Ders.: »Kritische Pädagogik« und die Zielproblematik in der Erziehung, in: Die Deutsche Schule, 65 (1973), 7/8, S. 447—466.

Rohrmoser, G.: Das Elend der kritischen Theorie, Freiburg 1970.

Rolff, H. G.: Sozialisation und Auslese durch die Schule, Heidelberg 1972[5].

Rombach, H. (Hrsg.): Studienführer Wissenschaftstheorie, Bd. 1 u. 2, Freiburg/Basel/Wien 1974 und 1974a.

Ders.: Der Kampf der Richtungen in der Wissenschaft, in: Zeitschrift für Pädagogik, 13 (1967), S. 37—69.

Ronge, V./*Schmieg*, G. (Hrsg.): Politische Planung in Theorie und Praxis, München 1971.

Roth, H.: Pädagogische Anthropologie, Bd. 1 u. 2, Hannover 1971[3] und 1971a.

Ders.: Die Bedeutung der empirischen Forschung für die Pädagogik, in: Oppolzer, S. (Hrsg.): Denkformen und Forschungsmethoden der Erziehungswissenschaft, Bd. 2, München 1969, S. 15—62.

Ders.: Lernprozeß und Freiheit, in: Freiheit und Verantwortung in Gesellschaft und Erziehung. Festschrift für E. Stein, Bad Homburg 1969a, S. 205—216.

Ders. (Hrsg.): Begabung und Lernen, Stuttgart 1969b.

Ders.: Erziehungswissenschaft, Erziehungsfeld und Lehrerbildung, Hannover 1967.

Ders.: Die realistische Wendung in der pädagogischen Forschung, in: Röhrs, H. (Hrsg.): Erziehungswissenschaft und Erziehungswirklichkeit, Frankfurt 1967a[2], S. 179—191.

Ders.: Empirische Pädagogische Anthropologie. Konzeption und Schwierigkeiten, in: Zeitschrift für Pädagogik, 13 (1965), Seite 207 bis 221.

Rousseau, J.-J.: Emil oder über die Erziehung. 1.—5. Buch, Paderborn 1962[2].

Rühle, O.: Zur Psychologie des proletarischen Kindes, hrsg. v. L. v. Werder/R. Wolff, Frankfurt 1969.

Ruhloff, J.: Zur Kritik der emanzipatorischen Pädagogik-Konzeption, in: Fischer, W./Ruhloff, J.: Aufsätze zu Problemen des Unterrichts, Nürnberg 1972.

Rumpf, H.: Unterricht und Identität. Perspektiven für ein humanes Lernen, München 1976.

Ders.: Unterrichtsforschung im Zug von Curriculumentwicklung, in: Zeitschrift für Pädagogik, 21 (1975), 6, S. 843—865.

Runciman, W. G.: Sozialwissenschaft und politische Theorie, Frankfurt 1967.

Ryan, A.: Die Philosophie der Sozialwissenschaften, München 1973.

Sandkühler, H. J.: Praxis und Geschichtsbewußtsein. Studie zur materialistischen Dialektik, Erkenntnistheorie und Hermeneutik, Frankfurt 1973.

Ders.: Zur Begründung einer materialistischen Hermeneutik durch die materialistische Dialektik, in: Das Argument (1972), 77.

Sandkühler, J./*de la Vega*, R. (Hrsg.): Marxismus und Ethik. Texte zum neukantianischen Sozialismus, Frankfurt 1974[2].

Schäfer, K. H./*Schaller*, K.: Kritische Erziehungswissenschaft und kommunikative Didaktik, Heidelberg 1971.

Schäfer, L.: Erfahrung und Konvention. Zum Theoriebegriff der empirischen Wissenschaften, Stuttgart 1974.

Schaff, A.: Sprache und Erkenntnis, Reinbek 1974.

Ders.: Marxismus und das menschliche Individuum, Reinbek 1970.

Ders.: Geschichte und Wahrheit, Frankfurt 1970a.

Ders.: Zu einigen Fragen der marxistischen Theorie der Wahrheit, Berlin 1954.

Schaller, K.: Einführung in die kritische Erziehungswissenschaft, Darmstadt 1974.

Scharpf, F. W.: Planung als politischer Prozeß. Aufsätze zur Theorie der planenden Demokratie, Frankfurt 1973.

Scheffler, I.: Conditions of knowledge. An introduction to epistemology and education, Glenview 1965.

Ders.: The language of education, Springfield 1965a[4].

Scheibe, W.: Die Reformpädagogische Bewegung 1900—1932. Eine einführende Darstellung, Weinheim/Berlin/Basel 1971[2].

Schiwy, G.: Der französische Strukturalismus. Mode, Methode, Ideologie, Reinbek 1969.

Schleiermacher, F. D. E.: Gedanken zu einer Theorie der Erziehung. Aus der Pädagogik-Vorlesung von 1826, Heidelberg 1965.

Ders.: Hermeneutik, hrsg. v. H. Kimmerle, Heidelberg 1959.

Ders.: Pädagogische Schriften, Bd. 1. u. 2, hrsg. v. E. Weniger, Düsseldorf/München 1957.

Schmied-Kowarzik, W.: Dialektik, in: Wulf, Ch. (Hrsg.): Wörterbuch der Erziehung, München 1976[2], S. 141—145.

Ders.: Dialektische Pädagogik. Vom Bezug der Erziehungswissenschaft zur Praxis, München 1974.

Schmied-Kowarzik, W./Brenner, D.: Prolegomena zur Grundlegung der Pädagogik II. Die Pädagogik der frühen Fichtianer und Hönigswalds. Möglichkeiten und Grenzen einer Erziehungsphilosophie, Wuppertal/Ratingen/Düsseldorf 1969.

Schnädelbach, H.: Erfahrung, Begründung und Reflexion. Versuch über den Positivismus, Frankfurt 1971.

Schütz, A.: Der sinnhafte Aufbau der sozialen Welt, Frankfurt 1974.

Schumpeter, J. A.: Kapitalismus, Sozialismus und Demokratie, München 1972[3].

Schwenk, B.: Reformpädagogik, in: Wulf, Ch. (Hrsg): Wörterbuch der Erziehung, München 1976[2], S. 487—491.

Searle, J. R.: Theorie der menschlichen Kommunikation und Philosophie der Sprache — Einige Bemerkungen, in: Wiggershaus, R.: Sprachanalyse und Soziologie, Frankfurt 1975, S. 301—317.

Seiffert, H.: Einführung in die Wissenschaftstheorie, Bd. 1 u. 2, München 1973.

Ders.: Erziehungswissenschaft im Umriß, Stuttgart/Berlin/Köln/Mainz 1969.

Seiler, H.: Moderne Forschungstheorie und Erziehungswissenschaft, in: Zeitschrift für Pädagogik, 15 (1969), S. 501—528.

Senatskommission für Erziehungswissenschaft der DFG: Empfehlungen zur Förderung erziehungswissenschaftlicher Forschung, in: Zeitschrift für Pädagogik, 22 (1976), 1, S. 9—34.

Senghaas, D. (Hrsg.): Peripherer Kapitalismus, Frankfurt 1974.

Ders.: Gewalt — Konflikt — Frieden, Hamburg 1974a.

Ders. (Hrsg.): Imperialismus und strukturelle Gewalt, Frankfurt 1972.

Shonfield, A.: Geplanter Kapitalismus, Frankfurt 1968.

Shulman, L. S.: Pädagogische Forschung — Versuch einer Neufassung, Teil I, in: Die Deutsche Schule, 66 (1974), 12, S. 798—809.

Siller, R.: Strukturen erzieherischer Kommunikation, in: Westermanns Pädagogische Beiträge, 28 (1976), S. 42—54.

Simon-Schaefer, R./Zimmerli, W. Ch. (Hrsg.): Wissenschaftstheorie der Geisteswissenschaften, Hamburg 1975.

Slotta, G.: Die pädagogische Tatsachenforschung Peter und Else Petersens, Weinheim 1962.

Sohn-Rethel, A.: Geistige und körperliche Arbeit. Zur Theorie der gesellschaftlichen Synthesis, Frankfurt 1970.

Soltis, J. F.: Einführung in die Analyse pädagogischer Begriffe, Düsseldorf 1971.

Sonnemann, U.: Negative Anthropologie. Vorstudien zur Sabotage des Schicksals, Reinbek 1969.

Spanhel, D.: Die Schülersprache. Formen und Funktionen im Lernprozeß, in: Ders. (Hrsg.): Schülersprache und Lernprozesse, Düsseldorf 1973, S. 159—192.

Ders.: Die Sprache der Lehrer, Düsseldorf 1971.

Spiegel-Rösing, I. S.: Wissenschaftsentwicklung und Wissenschaftssteuerung. Einführung und Material zur Wissenschaftsforschung, Frankfurt 1973.

Spranger, E.: Gesammelte Schriften, Bd. 1—5, 8—11, Heidelberg 1969 bis 1974.

Ders.: Das deutsche Bildungsideal der Gegenwart in geschichtsphilosophischer Beleuchtung, in: Die Erziehung, Leipzig 1931.

Stegmüller, W.: Probleme und Resultate der Wissenschaftstheorie und Analytischen Philosophie, Bd. 1 u. 2, Berlin/Heidelberg/New York 1969—1970.

Ders.: Der Phänomenalismus und seine Schwierigkeiten. Sprache und Logik, Darmstadt 1969.

Ders.: Einheit und Problematik der wissenschaftlichen Welterkenntnis, München 1967.

Ders.: Der Begriff des Naturgesetzes, in: Studium Generale, 19 (1966), 11, S. 649—657.

Ders.: Hauptströmungen der Gegenwartsphilosophie. Eine kritische Einführung, Stuttgart 1965.

Ders.: Glauben, Wissen und Erkennen. Das Universalienproblem einst und jetzt, Darmstadt 1965a.

Ders.: Das Wahrheitsproblem und die Idee der Semantik. Eine Einführung in die Theorien, Wien 1957.

Ders.: Metaphysik — Wissenschaft — Skepsis, Frankfurt 1954.

Steinert, H. (Hrsg.): Symbolische Interaktion. Arbeiten zu einer reflexiven Soziologie, Stuttgart 1973.

Stölting, E.: Wissenschaft als Produktivkraft. Die Wissenschaft als Moment des gesellschaftlichen Arbeitsprozesses, München 1974.

Strasser, St.: Pädagogische Gesamttheorie als praktische Wissenschaft, in: Zeitschrift für Pädagogik, 18 (1972), 5, S. 659—684.

Stratmann, K.: Die Krise der Berufserziehung im 18. Jahrhundert als Ursprungsfeld pädagogischen Denkens, Ratingen 1967.

Ströker, E.: Einführung in die Wissenschaftstheorie, Darmstadt 1973.

Strzelewicz, W./*Raapke*, H.-D./*Schulenberg*, W.: Bildung und gesellschaftliches Bewußtsein. Eine mehrstufige soziologische Untersuchung in Westdeutschland, Stuttgart 1966.

Suchodolski, B.: Einführung in die marxistische Erziehungstheorie, Köln 1972.

Sweezy, P. M.: Theorie der kapitalistischen Entwicklung, Frankfurt 1970.

Taba, H./*Noel*, E.: Action research. A case study, Washington 1957.

Theorie der Gesellschaft oder Sozialtechnologie. Theorie-Diskussion, Supplement Bd. 1 u. 2, Frankfurt 1973/1974.

Theunissen, M.: Die Verwirklichung der Vernunft. Philosophische Rundschau, Beiheft 6, Tübingen 1970.

Ders.: Gesellschaft und Geschichte, Berlin 1969.

253

Thiersch, H.: Hermeneutik und Erfahrungswissenschaft. Zum Methodenstreit in der Pädagogik, in: Die Deutsche Schule, 58 (1966), Seite 3 bis 21.

Titze, H.: Die Politisierung der Erziehung. Untersuchungen über die soziale und politische Funktion der Erziehung von der Aufklärung bis zum Hochkapitalismus, Frankfurt 1973.

Tjaden, K.-H.: Gesellschaft, in: Wulf, Ch. (Hrsg.): Wörterbuch der Erziehung, München 1976[2], S. 237—240.

Ders.: Soziales System und sozialer Wandel. Untersuchungen zur Geschichte und Bedeutung zweier Begriffe, Stuttgart 1972.

Tjaden, K.-H./*Hebel*, A. (Hrsg..): Soziale Systeme. Materialien zur Dokumentation und Kritik soziologischer Ideologie, Neuwied/Berlin 1971.

Tohidipur, M. (Hrsg.): Politische Ökonomie des Bildungswesens, Weinheim/Basel 1974.

Topitsch, E. (Hrsg.): Logik der Sozialwissenschaften, Köln/Berlin 1972.

Ders. (Hrsg.): Probleme der Wissenschaftstheorie. Festschrift für Victor Kraft, Wien 1960.

Toulmin, E. (Hrsg.): Voraussicht und Verstehen. Ein Versuch über die Ziele der Wissenschaft, Frankfurt 1968.

Uhle, R.: Geisteswissenschaftliche Pädagogik und kritische Erziehungswissenschaft, München 1976.

Ulich, D.: Pädagogische Interaktion. Theorien erzieherischen Handelns und sozialen Lernens, Weinheim/Basel 1976.

Ders. (Hrsg.): Theorie und Methode der Erziehungswissenschaft, Weinheim 1972.

Voets, S. (Hrsg.): Sozialistische Erziehung. Texte zur Theorie und Praxis, Hamburg 1972.

Vogt, K.: Kritische Erziehungswissenschaft kritisch betrachtet, in: Westermanns Pädagogische Beiträge, 28 (1976), 3, S. 142—151.

Vogt, W. (Hrsg.): Seminar: Politische Ökonomie. Zur Kritik der herrschenden Nationalökonomie, Frankfurt 1973.

Walter, H. (Hrsg.): Sozialisationsforschung, Bd. 1—3, Stuttgart 1974.

Watzlawick, P./*Beavin*, J. H./*Jackson*, D. D.: Menschliche Kommunikation, Bern 1974[4].

Weber, E. (Hrsg.): Der Erziehungs- und Bildungsbegriff im 20. Jahrhundert, Bad Heilbrunn 1969.

Weingart, P. (Hrsg.): Wissenschaftssoziologie, Bd. 1 u. 2, Frankfurt 1972—1974.

Weingarten, E./*Sack*, F./*Schenkein*, J. (Hrsg.): Ethnomethodologie. Beiträge zu einer Soziologie des Alltagshandelns, Frankfurt 1976.

Wellendorf, F.: Ansätze zur erziehungswissenschaftlichen Theoriebildung in der BRD, in: Goldschmidt, D., u. a. (Hrsg.): Erziehungswissenschaft als Gesellschaftswissenschaft, Heidelberg 1969, S. 68—110.

Wellenreuther, M.: Handlungsforschung als naiver Empirismus? Für ein flexibles Modell »theoriegeleiteter« Handlungsforschung, in: Zeitschrift für Pädagogik, 22 (1976), 3, S. 343—356.

Wellmer, A.: Kritische Gesellschaftstheorie und Positivismus, Frankfurt 1969.

Weniger, E.: Zur Geistesgeschichte und Soziologie der pädagogischen Fragestellung. Prolegomena zu einer Geschichte der pädagogischen Theorie, in: Röhrs, H. (Hrsg.): Erziehungswissenschaft und Erziehungswirklichkeit, Frankfurt 1967[2].

Ders.: Didaktik als Bildungslehre, Teil 1: Theorie der Bildungsinhalte und des Lehrplans, Weinheim 1965[8].

Ders.: Die Eigenständigkeit der Erziehung in Theorie und Praxis. Probleme der akademischen Lehrerbildung, Weinheim 1953.

Ders.: Die Autonomie der Pädagogik, in: Ders.: Die Eigenständigkeit der Erziehung in Theorie und Praxis, Weinheim 1953a, S. 71—87.

Ders.: Die Pädagogik in ihrem Selbstverständnis heute, in: Ders.: Die Eigenständigkeit der Erziehung in Theorie und Praxis, Weinheim 1953b, S. 141—171.

Ders.: Theorie und Praxis in der Erziehung, in: Ders.: Die Eigenständigkeit der Erziehung in Theorie und Praxis, Weinheim 1953c, S. 7—22.

Ders.: Die Grundlagen des Geschichtsunterrichts. Untersuchungen zur geisteswissenschaftlichen Didaktik, Leipzig/Berlin 1926.

Wenzel, R.: Der Beitrag der empirisch-soziologischen Forschung zur Pädagogik, in: Vierteljahresschrift für wissenschaftliche Pädagogik, N. F., Erg. Heft 10, Bochum 1969, S. 22—33.

Werder, L. v.: Von der antiautoritären zur proletarischen Erziehung. Ein Bericht aus der Praxis, Frankfurt 1972.

White, A. R. (Hrsg.): The philosophy of action, Oxford 1973[3].

Whitehead, A. N./Russel, B.: Principia Mathematica, Bd. 1—3, Cambridge 1963[2].

Wiggershaus, R. (Hrsg.): Sprachanalyse und Soziologie. Die sozialwissenschaftliche Relevanz von Wittgensteins Sprachphilosophie, Frankfurt 1975.

Willms, B.: J. Habermas. Das politische Defizit der Kritischen Theorie, Frankfurt 1973.

Winch, P.: Die Idee der Sozialwissenschaft und ihr Verhältnis zur Philosophie, Frankfurt 1966.

Winnefeld, F. (Hrsg.): Kampf zwischen Empirie und Spekulation. Beiträge zur pädagogischen Psychologie, Halle 1969.

Ders.: Pädagogischer Kontakt und Pädagogisches Feld. Beiträge zur Pädagogischen Psychologie, München/Basel 1967[4].

Witschel, G.: Die Erziehungslehre der Kritischen Theorie. Darstellung und Kritik, Bonn 1973.

Wittgenstein, L.: Tractatus logico-philosophicus. Logisch-philosophische Abhandlung, Frankfurt 1973a[9].

Ders.: Philosophische Grammatik, Frankfurt 1973b.

Wolf, W.: Empirische Methoden in der Erziehungswissenschaft, in: Klafki, W., u. a.: Erziehungswissenschaft, Bd. 3, Frankfurt 1971, S. 81—125.

Wulf, Ch.: Der Lehrer als Berater in: Hornstein, W./Bastine, R./Junker, H./Wulf, Ch., u. a.: Beratung in der Erziehung, Bd. 2, Frankfurt 1977.

Ders.: Beratung in der Schule, in: Hornstein, W./Bastine, R./Junker, H./Wulf, Ch., u. a.: Beratung in der Erziehung Bd. 2, Frankfurt 1977a.

Ders. (Hrsg.): Wörterbuch der Erziehung, München 1976[2].

Ders. (Hrsg.): Kritische Friedenserziehung, Frankfurt 1973.

Ders. (Hrsg.): Friedenserziehung in der Diskussion, München 1973a.

Ders.: Das politisch-sozialwissenschaftliche Curriculum. Eine Analyse der Curriculumentwicklung in den USA, München 1973b.

Ders. (Hrsg.): Evaluation: Beschreibung und Bewertung von Unterricht, Curricula und Schulversuchen, München 1972.

Wunderlich, D.: Grundlagen der Linguistik, Reinbek 1974.

Wundt, M.: Die deutsche Schulphilosophie im Zeitalter der Aufklärung, Tübingen 1965.

Zapf, W. (Hrsg.): Theorien des sozialen Wandels, Köln/Berlin 1969.

Zeitschrift für allgemeine Wissenschaftstheorie, 1 (1970) ff.

Zeitschrift für Pädagogik. Thema: Handlungsforschung, 22 (1976), 3.
Zeitschrift für Pädagogik. Thema: Theorie- und Methodenprobleme der Erziehungswissenschaft, 21 (1975), 5.
Zeitschrift für Pädagogik. Thema: Pädagogische Begleitforschung, 19 (1973), 1.
Zenke, K. G.: Pädagogik — Kritische Instanz der Bildungspolitik. Zur technischen und emanzipatorischen Relevanz der Erziehungswissenschaft, München 1972.
Ziller, T.: Allgemeine Pädagogik, hrsg. v. K. Just, Leipzig 1892.
Ders.: Grundlegung zur Lehre vom erziehenden Unterricht, hrsg. v. Th. Vogt, Leipzig 1884[2].
Zinnecker, J./*Stickelmann,* B./*Müller,* E./*Heinze,* Th.: Die Praxis von Handlungsforschung. Berichte aus einem Schulprojekt, München 1975.
Zöckler, Ch.: Dilthey und die Hermeneutik. Diltheys Begründung der Hermeneutik als »Praxiswissenschaft« und die Geschichte ihrer Rezeption, Stuttgart 1975.